はじめての
ジェンダー論

INTRODUCTION TO GENDER
AND SEXUALITY STUDIES

著・加藤秀一

有斐閣ストゥディア

はじめに

本書のコンセプト

　数年前のことです。ある年輩の女性から，こんな話をうかがいました。その方が知人に，自分はジェンダーについて勉強していると言ったところ，「まだそんな古いことを言ってるの，ジェンダーなんてもう死語だよ」と嘲笑されたというのです。

　私が本書を書くことにしたのは，何よりも，そうした浅はかな考えでジェンダー論を退ける世間の風潮に抵抗したいと考えたからです。

　「ジェンダー」という言葉は，今日では主に人文社会科学の領域における一種の学術用語として定着しています。けれどもその歴史は，女性や性的マイノリティによる解放運動と切っても切り離せません。「ジェンダー論」や「ジェンダー学」と呼ばれている知的探究は，女性に対するさまざまな差別・抑圧・暴力に抵抗する 19 世紀以来のフェミニズム運動とともに成長してきたのです。20 世紀後半からは，さらに同性愛者やトランスジェンダーの人々による反差別運動とも連携し，同時に緊張関係をも保ちながら，現在もなおその視野を広げ，かつ深めつつあります。

　そのような学問が古びて役割を終えるとしたら，それは闘いの相手である差別・抑圧・暴力が消え去ったときでしょう。それでは，いま現実の社会を見まわしたとき，本当にジェンダー論はその役目を終えたと言えるでしょうか。それはもう「死語」として片づけるべきものになったのでしょうか。

　決してそうは言えないと——残念ながら——私は思います。私たちがともに暮らしているこの現実の世界には，いまだに不当な性差別や性暴力がはびこっていて，人々の生を息苦しいものにしています。ジェンダー論が取り組むべき問題はまだまだたくさん残っているのです。

　それでは，具体的にはどのような問題があるのでしょうか。それらを解決するためには，どのような視点が必要なのでしょうか。本書は，こうした問いへの答えを，知的好奇心にあふれた読者のみなさんといっしょに探っていこうと

i

する試みです。

ジェンダーという概念

本文に入る前に，「ジェンダー」という耳慣れない言葉の基本的な意味を説明しておきましょう。本書では，ジェンダーという概念を次のように定義することから出発します。

> 私たちは，さまざまな実践を通して，人間を女か男か（または，そのどちらでもないか）に〈分類〉している。ジェンダーとは，そうした〈分類〉する実践を支える社会的なルール（規範）のことである。

これだけではまだ何のことかよくわからないと思いますので，この定義の核をなす「〈分類〉する実践」という概念についてもう少し説明しておきましょう。このようなジェンダーの概念を設定することで具体的に何が見えてくるのかについては本文にまかせることにします。いましばらく我慢しておつきあいください。

〈分類〉と言うと，動物を種ごとに分類して図鑑をつくる，といった活動——本書ではこうした人間的な諸活動に「実践」という言葉を充てます——が思い浮かぶかもしれません。もちろんそれも「〈分類〉する実践」ではあるのですが，ここでのポイントは，〈分類〉とは頭の中で対象を並べるだけの作業ではないということです。私たちがある対象を〈分類〉する仕方は，その対象に対する感情や関わり方とも密接に結びついています。ごく身近なふるまいについて思い浮かべてみてください。たとえば，あなたは同性の友人を飲みに誘うことは気軽にできるのに，異性の友人に対してはそうはできない，といったことがありませんか（「全然そんなことないよ」という人は別の例を探してみてください）。もしそうであるならば，そのときあなたは他人をその性別によって〈分類〉しているのです。

これは決してあなたという特定の人だけのふるまいではありません。友人としてつきあうかどうか，恋人にしたいかどうか，社員として雇うかどうか，教科書に偉人として取り上げるかどうか……こうしたさまざまな選択に際して，

しばしば私たちは相手の性別，すなわち相手が女であるか男であるかを判断材料にしています。性別は，私たち一人ひとりの生活や人間関係や社会的地位に，要するに私たちの人生に，多大な影響を与える要因なのです。本書で言う〈分類〉とは，このような影響のすべてを包含する概念であると理解してください。

　このような定義は，ジェンダーという概念の一般的な説明とはずいぶん違ったものに見えますので，これまですでに「ジェンダー」という言葉をタイトルに掲げた本を読んだことがある方は，ちょっと戸惑われたかもしれません。一般的には，「ジェンダー」は「社会的性差」と訳され，「生物学的性差」を意味する「セックス」の対義語として，生育環境によって生じる性差（集団としての男女の違い）を表すとされることが多いでしょう。しかし実際にはそうした用法だけでなく，男らしさや女らしさのイメージや，男はこうあるべき・女はこうあるべきという性別役割を意味したり，さらには最近では，単に性別を指すのに「ジェンダー」という言葉が使われることも増えてきました。これらは，よく考えてみるとそれぞれ少しずつ違う意味なのに，それにもかかわらず漠然とすべてをジェンダーと呼ぶのでは，初心者（だけでなく，実は専門家も）は混乱してしまいます。

　そこで本書では，これらさまざまな用法を枝葉と見て，それらを派生させる樹の幹，あるいは根っこの部分をずばり指し示す定義を採用することにしたのです。たとえば，男の方が女より平均的な筋肉量が多いという科学的な認識も，男は理性的で女は感情的といった単なる偏見も，男は家族を経済的に支えるべきもので女は家事・育児を引き受けるべきものといった性役割の観念も，いずれも人間を男と女に〈分類〉する実践のバリエーションです。このポイントさえ理解すれば，性別に関係するさまざまな種類の現象たちの間のつながりを，よりすっきりと見通せるようになるでしょう（ただし，「ジェンダー」の多種多様な用法がある程度定着してしまっている以上，本書でもそれらに従わざるをえない場合があることは，あらかじめお断りしておきます）。

▌本書の特徴▐

　人間を男と女に〈分類〉する実践に着目するということは，すなわち**性別という現象そのものを一つの謎としてとらえる**ということです。「人間には男と

女がいる」ということを自明の前提として置くのではなく，逆に考え方次第で簡単にないことにできるようなものとして扱うのでもなく，〈「人間には男と女がいる」という現実を，私たちはどのようにしてつくりあげているのか〉を問い続けるということです。数多くのジェンダー論の本が出版されている中で，本書の内容上の特色は，まさにこのような問いの構えを貫いている点にあるでしょう。

　内容の難易度という点について言えば，本書はまったくの入門的テキストとして書かれました。入門書であるとは，本書を読みこなすために，ジェンダーをめぐる学問的言説についての予備知識は必要ないという意味です。専門用語をいきなり十分な説明抜きに使うといったことはできる限り避けるよう意識しました。論理的にものを考える力とある程度の常識的知識，そして何よりもジェンダーをめぐるさまざまな問題について知りたいという関心さえあれば，本書を読み通すことができるはずです。もちろん書物とは無限の読者に開かれたメディアですから，著者としては本書がすでにジェンダー論を深く学んできた方をも唸らせる充実した内容であることを望みますが，しかし本書は誰よりも，はじめて本気でジェンダー論を学ぼうとしている人たちのための本にほかなりません。

　ただしそれは，内容のレベルが低いということではありません（と信じています）。大学の教科書ないし参考書として利用されることを想定したシリーズの一冊として，紙幅や構成に制約がある中で，高度な内容とわかりやすさを両立させるために，本書では思い切って「広さ」や「バランス」といった側面を断念し，むしろ「深さ」や「緻密さ」を重視することにしました。したがって，本書で扱われるトピックの範囲は偏っていますが，その代わり，取り上げたトピックについてはかなりくわしく解説しています。また，理論的な内容を解説する場合でも，なるべく具体的な事象に即した論述となるよう心がけました。

　したがって，本書は，何かわからないことや知らないことがあったときに開いて調べるための本ではありません。装丁も含め，本書の佇まいはいかにも教科書風ですが，むしろふつうの単行本や新書本と同じように，頭から尻尾まで通して読むための本として書かれています。そのような本として，本書を授業内で教科書として使うだけでなく，参考書や副読本として利用していただくこ

とや，もちろん大学生以外のさまざまな年齢や職業の方々にも読んでいただけることも期待しています。

　以上のような執筆・編集方針から，本書では体裁についても読みやすさを重視し，学術書や学術論文のような注は付けないことにしました。当初は文献引用もいっさい行なわないつもりでしたが，これはさすがに無理でした。数カ所で他の文献から直接引用した場合には，その出典を示す文献注を本文中に織り込んであります。それ以外は，他の文献を参考にした場合（間接引用）でも注は付けず，章末の「読書案内」の中で出典を示しています。これは通常の学術論文とは違うやり方ですので，学生のみなさんがレポートや卒業論文を書く際には決して真似しないよう，ご注意ください。

　本書をみなさんが読み，その内容に刺激されて考え，また他の読者と議論し，さらには日々の生活に活かしていく——本書が，読者のみなさんのそんな「実践」をささやかでもサポートできるなら，著者としてこれほど嬉しいことはありません。

　なお本書の執筆にあたっては，有斐閣書籍編集部の松井智恵子さんに大変お世話になりました。心より感謝いたします。

　　2017 年 3 月

　　　　　　　　　　　　　　　　　　　　　　　加 藤 秀 一

目　次

はじめに ……………………………………………………………… i

CHAPTER 1　ジェンダーとの遭遇　　1
私たちは〈分類〉する

1　さまざまなジェンダー現象 ……………………………… 2
2　私たちは〈分類〉する──「ジェンダー」の定義 ……………… 7

CHAPTER 2　「女」「男」とは誰のことか　　15
性分化とインターセックス

1　妊娠・出産する男性？ ……………………………… 16
2　マイノリティとマジョリティ ……………………………… 17
3　性分化とインターセックス ……………………………… 19
4　二元的性別という「現実」 ……………………………… 22
5　「性別の基準」をめぐる考察 ……………………………… 23
6　アイデンティティと権力 ……………………………… 26

CHAPTER 3　性別という壁を乗り越える人々　　31
トランスジェンダー

1　トランスジェンダーとは ……………………………… 32
2　日本社会の中のトランスジェンダー ……………………………… 37

CHAPTER 4　ジェンダーは性と愛をも枠づける　　45
同性愛と異性愛

1　セクシュアリティ，アイデンティティ，権力関係 ……………… 46

vi

2 性自認と性的指向 ················· 48

3 同性愛という〈カテゴリー〉の発明 ········· 50

4 日本社会における同性間性愛 ········· 52

5 差別への抵抗 ················· 54

6 クィアから未来へ ················· 57

CHAPTER 5

「男なんだから，男らしくすべき」は論理じゃない　61
性差と性役割

1 男と女は別の惑星からやってきた？ ········· 62

2 性差の語られ方 ················· 64

3 性差とは集団間の違いである ········· 67

4 集団間の違いは個人間の違いとイコールではない ·········· 69

5 性役割——規範性と社会性 ········· 70

6 性差と性役割——事実と規範 ········· 72

CHAPTER 6

科学や数学は女には向いていない？　77
生物学的性差

1 女性の科学者が少ないのは，女性には不向きな職業だから？ ··· 78

2 性差の生物学的要因 ················· 79

3 進　化 ················· 85

4 生物学におけるジェンダー的偏見 ········· 88

5 生物学的性差の語られ方 ········· 90

CHAPTER 7

ジェンダーの彼方の国はどこにある　95
メディアと教育

1 女道と男道 ················· 96

目　次 ● vii

2 「女の子の国」と「男の子の国」 ………………… 97

3 ピンクカラーと女性役割 …………………………… 99

4 女らしい進路，男らしい進路？ …………………… 103

5 学校文化と隠れたカリキュラム …………………… 107

6 メディアとジェンダー——スポーツを通して観る ………… 110

CHAPTER 8 男が少女マンガを読むのは恥ずかしい？ 115

恋愛と性行動

1 少女マンガ／少年マンガという〈分類〉の不可思議 ………… 116

2 「青少年性行動」調査から見る変遷 ……………… 118

3 「草食系男子」は実在するか ……………………… 124

4 性教育バッシング——〈一人ひとりの性〉を奪う政治 ……… 126

CHAPTER 9 〈被害者〉の視点と〈加害者〉の視点 133

性暴力（1）

1 性暴力の〈意味〉 …………………………………… 134

2 暴力をどう定義すべきか——〈誰の視点〉から見るかが重要 ……… 135

3 性暴力の概念をめぐる誤解・曲解 ………………… 137

4 文化の違い？ ………………………………………… 139

5 ジェンダー・バイアスと強姦神話 ………………… 141

CHAPTER 10 「わいせつ」と「レイプ」は同じ罪なのか 147

性暴力（2）

1 性暴力の〈分類〉に着目する ……………………… 148

2 強姦罪とわいせつ罪 ………………………………… 149

3 セクシュアル・ハラスメント ……………………… 153

4	二次被害と性暴力の再生産	156
5	男性の被害	158
6	終わりに	160

CHAPTER 11 「女性差別は終わった」という残念な妄想 163
性別職務分離と統計的差別

1	女性優遇は男性差別？──女性専用車両とレディースデイ	164
2	男女間の賃金格差の現状	169
3	男女経済格差をもたらす企業側の要因 1 ──性別職務分離と男女特性論	173
4	男女経済格差をもたらす企業側の要因 2 ──統計的差別	176

CHAPTER 12 ワーク・ライフ・バランスを阻むものは何か 181
性別役割分業，ホモソーシャル，マタニティ・ハラスメント

1	男女賃金格差をもたらす労働者側の要因──性別役割分業	182
2	職場における女性の身体 ──セクシュアル・ハラスメントとマタニティ・ハラスメント	187
3	「少子化」問題とワーク・ライフ・バランス	193

CHAPTER 13 女は子どもを産んで一人前？ 199
母性愛神話，リプロダクティブ・ヘルス＆ライツ，生殖テクノロジー

1	「母性」という幻想	200
2	リプロダクティブ・ヘルス＆ライツ	204
3	わたしの身体，わたし自身	206
4	生殖テクノロジーが照らし出すもの	212
5	最後に──「人類としての義務」？	216

事項索引 ·· 221

人名索引 ·· 227

章扉イラスト：オカダケイコ

本書のコピー，スキャン，デジタル化等の無断複製は著作権法上での例外を
除き禁じられています。本書を代行業者等の第三者に依頼してスキャンや
デジタル化することは，たとえ個人や家庭内での利用でも著作権法違反です。

CHAPTER

第 1 章

ジェンダーとの遭遇

私たちは〈分類〉する

WHITEBOARD

KEYWORDS

身体化　〈分類〉　実践　基準　差別　ループ効果

1　さまざまなジェンダー現象

　私たちの生活はつねにジェンダーの作用に貫かれています。性別にもとづく〈分類〉を免れることのできる人はいないのです。けれども、「自分はフツーの女だ、男だ」と信じて疑わない人は、そのことを意識すらせずに日々を送っているかもしれません。そこで本章の前半では、まずはジェンダーの作用を実感的に理解していただくために、そのさまざまな現れをできるだけ具体的な場面に沿って検証してみましょう。そのうえで、後半では、そこから浮かび上がるジェンダーのメカニズムを、いくらか理論的に整理してみたいと思います。

歯磨き・洗顔／化粧（メイク）／ファッション

　あなたは朝起きてまず何をするでしょうか。たぶん顔を洗ったり歯を磨いたりする人が多いでしょう。「トイレに行く」「布団をたたむ」「スマホをチェックする」という人も結構いるようです。こうした習慣は一人ひとり違うものですが、統計的に見ると男女という集団間でしばしば違いが見られます。たとえば歯磨きについては、年齢が高くなるにつれて、女性の方が男性よりも一日の歯磨き回数が多くなるというデータがあります。

　化粧も男女差の大きい行動です。近年では男性も身だしなみに気を遣うようになったとも言われ、男性用化粧品の種類も増えていますが、ファウンデーションやマスカラといった狭義の化粧（「メイク」）用のものは少なく、ほとんどは「スキンケア」用品です。いくつかの調査結果から見て、大多数の女性がスキンケアとメイクの両方を毎朝行ない、平均して一日に十数分の時間をかけているのに対して、男性はせいぜい一部がスキンケアをしているだけで、メイクをしている男性はまだ稀なようです。

2 ● CHAPTER 1　ジェンダーとの遭遇

さて，学校や職場に行く時間になりました。洋服──和服でも別にいいのですが──を着て出かけねばなりません。ここ数年，大学生の女子たちの間ではミニスカートやショートパンツが流行し，冬場でも脚を出している，どう見ても寒そうな人がキャンパスに目立ちましたが，それに対して男子はどんなに暑くてもせいぜい膝丈の短パンで，足を付け根から出したりミニスカートをはいている姿を見かけることはほぼありませんでした（小学生のときは半ズボンをはいている男子が多かったのに，不思議なことではないでしょうか）。このように，ファッションにも性別による違いが見られることは，みなさんもご存じの通りです。

　それでは，ここまで列挙してきたような行動に見られる男女間の違い（性差）は何ゆえに生じるのでしょうか。それらはまったくの偶然の産物（＝ランダムに生じた個人差が集まった結果）でもなければ，生まれつきの本能で決まった行動でもありません。人々は，自分の性別が女であるか男であるかを自覚しているのと同時に，世の中において女と男がそれぞれどうふるまう・・べき（とされている）かを知っています。たとえば「社会人の女性は身だしなみとして化粧をするべきだ」といったルール（規範）があることを知ったうえで，それに従ったり，あるいはあえて逆らったりというように，自分自身のふるまい方を意図的に調整しているはずです。

　私などがクドクド言わなくても，読者のみなさんは「そんなこと知ってるよ」とお思いでしょう。もちろん，実際にどういうふるまいをするかは千差万別です。女は化粧をするのが当然と信じている女性や，より積極的に化粧が趣味だという女性は，毎朝たっぷり時間をかけて化粧をするかもしれません。反対に，化粧なんて面倒くさいだけだし，できればしたくないけれど，全然しないと周りからあれこれ言われるので最低限はやっているという女性は，なるべく短い時間で効率的に済ませるでしょう。まったく化粧はしないという女性もいることはいますが，数は少ないようです（かつて私のゼミ生の一人は，大げさにも「スッピンで外出すること，それは私にとって死を意味する」とレポートに書いてきました）。しかしメイクを実行するにせよしないにせよ，「大人の女は化粧をするのが普通である」「男は普通は化粧などしないものだ」という常識が世の中にあることを知らずに暮らしている人は滅多にいないでしょう。人間を，化粧

1　さまざまなジェンダー現象　● 3

すべき性別の持ち主と化粧すべきでない性別の持ち主とに〈分類〉する規範
——これは身近で典型的なジェンダーの一例です。

言　葉

　身だしなみを終えて家を出て人に会い，会話をすれば，そこでも私たちはジェンダーと無縁でいることはできません。世の中には，女にふさわしい話し方と男にふさわしい話し方を区別することで，コミュニケーションのあり方を枠づける規範があるからです。これがとりわけ甚だしいのは小説の会話文で，とくに海外小説の邦訳物では，いまだに「わたしはそんなことは言ってないわ。どうしてそんなふうに思うのかしら。邪推もいいところよ」みたいないわゆる女言葉や，「何言ってやがる。俺はそんなふうに思わないぜ。まどろっこしいのは嫌いなのさ」みたいな男言葉が頻出します。現代日本社会に生きる現実の女や男たちはこんな言葉遣いはしていないし，まして遠い未来を描いた SF 小説にこんな台詞が登場すると「どこが未来だよ！」という怒りさえ感じ，個人的には一気に読む気が萎えてしまうのですが，みなさんはいかがでしょうか。

　もちろん小説の会話文だけではなく，現実の人々のしゃべり方もジェンダーに縛られています。たとえば，一人称の人称代名詞について見てみましょう。言語学者の中村桃子によれば，言葉遣いには 1990 年代以降，全国的に 10 代の女性が使う一人称の主流は「うち」で，残りは「あたし」「ぼく」が多少使われているくらいだそうです。他方，男性の一人称はいまでも「僕」や「俺」が主で，数十年間はあまり変わっていないようです（そういう意味では，小説で用いられる「男言葉」は，「女言葉」よりはいくらか現実に近いかもしれません）。

　現実の言葉遣いはこのように変化し続けています。しかし，女性が「ぼく」や「俺」を使うことに顔をしかめる人はまだまだ多いようですし，男子が「あたし」を使うと気持ち悪いと言われたりします。こうした事実は，女らしい言葉遣い，男らしい言葉遣いに関する規範が根強く生きていることを示唆しています。

トイレ

　誰もが一日のうちに何度もお世話になる重要な施設，それがトイレです。ト

イレなんて，あまりに身近すぎてつまらない題材のように見えるかもしれませんが，それは偏見というものです。私たちが生きる社会のあり方を考えるうえで，トイレはきわめて興味深い素材なのです。

トイレは男女別，というのが私たちの常識です。実際，駅や学校やショッピングセンターなどの公共空間には，多くの場合，男女別のトイレが設置されています。でも，それはなぜなのでしょうか。男女の排泄器官の違いという肉体の構造を考えれば，トイレが男女別に分けられるのは当然と答える人もいるでしょう。あるいは，とくに女性は，とにかく男と一緒のトイレなんか生理的に嫌だ，と言う人も多いかもしれません。

ちょっと話が横道に逸れますが，こういうとき，人がしばしば「生理的に嫌」というレトリックを使うのは興味深い事実です。この「生理的に」という表現は，単に何らかの感情の強さを強調するだけではありません。それに加えて，その感情には理由などなく，とにかく嫌としか言えないのだということを主張するために用いられるようです。しかし，「理由をうまく説明できない」ということと「理由がない」ということとは違います。「生理的」という言葉で，もしも社会的文脈から切り離された体質のようなものを表したいのだとすれば，それはちょっと単純化が過ぎるというものです。なぜなら，嫌悪感のような感情あるいは感覚のあり方には，生まれつきの部分，究極的には生物進化に根ざした人類共通の部分だけでなく，その人が育った社会的環境に深く結びついた部分もあるからです。

たとえば，食べ物の好みはいかにも「生理的」に感じられますが，文化ごとに大きな多様性があることも事実です。現代日本人の多くは昆虫食に嫌悪を覚えますが，地域によっては昆虫を貴重なタンパク源として食するところもあるわけで，ムシなんか見るのも嫌と言っている現代日本人が，もしタイの農村部で生まれ育っていれば，昆虫を好物にしていたかもしれません（ついでに言っておけば，昆虫食の経験者の多くが，カミキリムシの幼虫のバター炒めほど美味いものはないと言っています。私自身はこれまでのところ食べる機会がなかったので，とても残念です）。そしていずれの場合も，当人は自分の味覚を「生理的」なものだと表現するでしょう。肉体的にはまったく同じ人間が，異なる環境で育っただけなのに。

1　さまざまなジェンダー現象　● 5

このように考えてくると，「生理的」云々という言い回しが示しているのは，味覚が生まれ持った体質で決まっているということではなく，むしろ私たちが環境の影響をどれほど深く「**身体化**」（エンボディメント）するかということなのだ，ということがわかります。

トイレに話を戻しましょう。それが男女別であることを，多くの人は「生理的」に当然だと感じるかもしれません。しかし，そうした感じ方を規定しているのは体質などではなく，社会的な慣習であり，文化が違えば人々の感じ方も変わります。実際，アメリカ合衆国の大きなホテルでは，男女一緒の空間に個室が並んでいるスタイルのトイレが珍しくありませんが，みんな平気で使っています。ついでながら，筆者が十数年前に立ち寄ったアメリカの田舎町の集会所にあったトイレは，男女区別なしに個室が並んでいるだけでなく，なんとそれぞれの個室（？）に扉がついていませんでした。しかしご当地の人たちは，別に大騒ぎするでもなく，順番に用を足していました。まさに慣習の違いはものごとの感じ方に大きな違いをもたらすのだなあと感慨深くその様子を眺めたものです。近年では，一部の州で，トランスジェンダー（第**3**章を参照）の子どもたちへの配慮から，男女別のトイレをやめる学校が出てきているようです。日本でも，身体に障害のある人が使いやすいよう配慮したトイレは，男女いずれもが使えるようになっているところが増えています。こうした設備に慣れた人たちは，やがては男女別のトイレを見て奇異の念を感じるようになるかもしれません。

このように，トイレを男女別に区分する慣習は，排泄器官の構造という肉体的条件をそのまま反映しているわけではありません。男女の肉体の構造や機能が異なることは事実ですが，しかし肉体的特徴のどこに・どのように着目し，それをどのように意味づけ，異なる設備を割り当てるかという社会的実践は，肉体的条件や本能によって決定されるものではないのです。このことをより深く実感していただくために，もう一つ別の証拠を付け加えておきましょう。1960 年代頃までの公民権運動以前のアメリカ合衆国では「人種別」のトイレが存在していました。公衆トイレの前には，白人（white）はこっち，有色人種（colored）はこっちと指示する文字盤がかかっていたのです。それははたして，白人と有色人種との肉体的・生理的な違いを反映する〈分類〉だったのでしょ

6 ● CHAPTER 1 ジェンダーとの遭遇

うか。そうではないでしょう。言うまでもなく，人種別のトイレを生み出した源泉は肉体や本能などではなく，人種差別という社会的実践でしかありえません。肉体の構造などに関わりなく，私たちの社会はトイレをどのように区分することもできるのです。

　トイレを人種別にするのも性別で分けるのも，あるいは身体に障害のある人が使いやすいトイレをつくるのもつくらないのも，肉体のしくみや本能などではなく，私たちがどのような規範にもとづいて行動するかにかかっています。そしてたとえば，外見と自己認識における性別が食い違う人々や，自分を男でも女でもないと感じる人々が安心して使えるトイレが少ないことも，私たちが行なう社会的実践の結果であり，人々を「男」と「女」という記号に関連づけて〈分類〉するやり方としてのジェンダーの現れなのです。

 私たちは〈分類〉する
　　　　　　　　　　▶︎「ジェンダー」の定義

　ここまで，日々の暮らしの中にあるジェンダーのさまざまな働きを見てきました。すでにおわかりのように，私たちはありとあらゆる場面で，人間を性別という基準で〈分類〉しています。それではどのようなやり方でそうしているのでしょうか。すなわち，どんな基準に従い，どんな理由を持ち出して，男と女の区別を正当化したり，ときには抗議したりしているのでしょうか。そしてそのことは，私たちの生活や社会のあり方に何をもたらしているのでしょうか。ここからは，こうした疑問に対する答えを，少々理論的にまとめていきたいと思います。

　まずは，「はじめに」に記したジェンダーの概念をもう一度確認しておきましょう。「私たちは，さまざまな実践を通して，人間を女か男か（または，そのどちらでもないか）に〈分類〉している。ジェンダーとは，そうした〈分類〉する実践を支える社会的なルール（規範）のことである」。ここから2つのポイントを取り出して，くわしく見ていきたいと思います。第1のポイントは〈分類〉する実践とはどういうことを指すのか，第2のポイントは，その実践を「私たち」が行なうということの意味です。

〈分類〉するということ

　私たちは，人間であれ動植物であれ物体であれ，ありとあらゆるものを〈分類〉しながら生活しています。起きてから寝るまで，意識しようとしまいと，私たちが〈分類〉することと無関係に生活をしていくことはありえません。たとえば朝食に「パン」を食べる人もいれば米の「ご飯」を食べる人もいる。どっちでもいいという人はいても，そもそもパンと米の違いがわからないという人はいないでしょう。むしろ反対に，もっと細かく，パンの種類や米の銘柄にこだわる人の方がずっと多いはずです。こうした身のまわりの事物をどう〈分類〉するかということは，私たちの生活にとって小さくない意味をもっているのです。

　なかでもとりわけ大きな意味をもつのが人間の〈分類〉です。「黒人」か「白人」か，「子ども」か「大人」か，「日本人」か「外国人」か，「障害者」か「健常者」か……，そしてもちろん「女」か「男」か。あなたが他人と関わるときには，こうした分類を——意識的にであれ，無意識的にであれ——行ないつつ，相手に対する意識や態度を変えているはずです。もちろん反対にあなた自身も，他の人たちによって〈分類〉されることを免れることはできません。世間からどんなラベルを貼られるかによってあなたの人生が多大な影響を受けるということは説明するまでもないでしょう。このように〈分類〉するという活動は，私たちの人生や社会のあり方にとって大きな意味をもっています。その中で，とくに性別すなわち男女の〈分類〉に焦点を当てるのがジェンダー概念なのです。

「私たち」ということ

　いま述べたように，人々はお互いに〈分類〉し合うことを通じて，社会をかたちづくっています。ジェンダーの定義に「私たち」という語句が不可欠なのは，この「人々はお互いに」という点を強調するためにほかなりません。

　これは非常に大切なポイントなのですが，その重みがいまひとつピンとこないという方は，「私たち」すなわち「人間」と対になる言葉を思い浮かべてみてください。さまざまな答えがありえますが，最も有力なのは「自然」ではな

いでしょうか（それに拮抗するライバルは「神」ですが，こちらは日本では実感できる人は少ないかもしれません）。

　人間と自然という二分法を前提にすると，「私たちが〈分類〉する」と対になる命題は，「自然が〈分類〉する」ということになります。ちょっと変な日本語ですが，「あらかじめ自然に〈分類〉されている」と言い換えれば少しわかりやすくなるでしょう。これはすなわち，女と男の〈分類〉（＝性別）を，私たち人間が「する」ものというよりも，自然の中にあらかじめ「ある」ものだと考える発想です。

　こうした発想は，通常はそれこそ自然なものとみなされ，広く共有されています。たとえば，「男と女はそもそもからだのつくりも脳の構造も違うんだから，区別して当然だ」というような主張をする人は，まさにそうした発想に立っているのでしょう。これは性差に限った話ではありません。「人種」であれ「血液型」であれ，人間を〈分類〉する際に用いられる枠組みを，人間の営みから独立したもの，すなわち社会や歴史を超越した（＝超歴史的な）もの，人間がどう考えどんな社会をつくろうとそれに先だって存在する固定的なものとみなす感覚は，少なからぬ人々に共有されているように思われます。

　けれども，人間における性別という現象の意味を考えるときには，そのような見方は的を外しています。イメージを浮かべやすくするために，性別以外の現象と対比してみましょう。まず大前提として，人間の営みとは独立に何かが実在しているということを認めておきます（哲学の領域では大論争が続いているテーマですが，ここでは深入りしません。そうしないと本書はジェンダーの話に行き着く前に終わってしまうので）。たとえば，宇宙の中に人類なんてものが発生しなかったとしても，陽子・電子各１個ずつから成る水素原子と陽子・電子各８個ずつから成る酸素原子は異なる性質をもつ物質だったはずです。それは実在する世界そのものに属する事柄であり，人間の営みとは関係ありません（なにしろ仮定により人類がいなくても成り立つのですから）。

　これに対して，たとえ（人間が制作したわけではないという意味で）自然に属する事物であっても，事物そのものではなくその「名前」が問題になるならば，話は変わってきます。なぜなら，対象を〈分類〉し名づける人間たちの側のものの見方によって分類のあり方が変わり，結果として「何が存在するか」に対

2　私たちは〈分類〉する　● 9

する答えも変わってくるからです。たとえば，近年における天文学の領域では，「冥王星を惑星として分類すべきか否か」が論議の的になりました。冥王星は1930年に発見されて以来「惑星」として扱われてきたのですが，実は他の惑星たちに比べて飛び抜けて小さく（地球の月より小さい），その後，冥王星よりも大きな小惑星が見つかったこともあり，惑星とはみなすべきではないという声が出てきたのです。結局，天文学者たちによる激しい議論の末にそれを「準惑星」に降格させることで決着がついたのは，2006年のことでした。

　人間がそれをどう〈分類〉しようと，冥王星と呼ばれていた天体＝物体そのものにとっては（たぶん）痛くも痒くもありません。何と名づけられようが，惑星と呼ばれようが呼ばれまいが，その天体は一定の大きさをもち，一定の軌道を回っています。そういう意味では水素や酸素の場合と同様に，それは自然そのものに属する実在だと言えるでしょう。けれども他方，大きさとか距離とかいった物理的なデータをいくら持ち出しても，それが惑星であるか否かという議論に決着はつきません。なぜでしょうか。それは，ある天体が惑星であるか否かを決めるには，どういう物体を惑星として分類すべきかという〈基準〉が必要だからです。そして，大きさや質量のような物理的性質とは違って，この〈基準〉は自然そのものの中には書き込まれていません。すなわちそれは，私たち人間が話し合って決めるしかないものなのです。ここに，人間同士がどのようにしてあるべき基準に合意するかという社会的な次元が登場してきます。

　以上の考察をふまえて，性別というテーマに立ち戻ることにしましょう。水素原子と酸素原子のケースと同じように，男と女はあくまでも異なる存在だと言って済ませられるでしょうか。結論から言えば，それはできません。なぜでしょうか。

　人間を肉体の構造から見た場合，大きく2つのグループに分けられることは事実です。卵巣をもち卵子をつくる個体と，精巣をもち精子をつくる個体です。もしも「性別」という概念がただ単に生殖機能の違いだけを指すのなら，それは水素原子と酸素原子の違いに似ているかもしれません。実際，生物学者たちは，ヒトであれ他の動物であれ区別なく，「オス」と「メス」という概念をそのように使っています。その場合は，わざわざ人間にだけジェンダーという概念を使う必要もないでしょう。しかし実際には，そう簡単にはいきません。な

10 ● CHAPTER 1 ジェンダーとの遭遇

ぜかといえば，私たちが生きている現実（リアリティ）において，性別という概念は単純に「精子をつくるか，卵をつくるか」にはとどまらない，それ以上の意味をもっているからです。人間の「女」は単なる「メス」ではないし，「男」は単なる「オス」ではないのです。

このことは次のような考察によって確かめることができるでしょう。私たちは「無精子症の男性」という言いまわしを普通に使っているし，その意味を理解できます。無精子症の人が戸籍の性別欄に「男」と記すことも認めています。同じことは，「手術で卵巣を取り去った女性」といった表現についても成り立ちます。すなわち私たちは，精子をつくれない人間個体も「男」と呼び，卵子をつくれない人間個体も「女」と呼んでいるのです。これは先ほど見た生物学的な性別の定義と矛盾しているのではないでしょうか。もしかすると，正しい生物学をよく知らない私たち素人は，間違った言葉遣いをしているのでしょうか。そうだとしたら，私たちは間違いを正し，国民一人ひとりの精子や卵子の有無を調べたうえで戸籍の性別欄を書き換えるべきなのでしょうか。

そんなわけはありません。「性別」のように，私たちのものの見方をかたちづくっている基本的な日常語（カテゴリー）の使い方を，生物学という特殊な領域で流通する言葉遣いに合わせなければならない道理などないのです。むしろ私たちは，そもそも性別とは何かを知るために，自分たちが普段「性別」という言葉をどのように使っているかをより丹念に調べる必要があるのです。性別とはこれこれこういうものだという私たちの現実（リアリティ）は，このカテゴリーを私たちがどのように用いているかということと密接な関係にあるからです。

▋「私たち」は〈分類〉し，かつ，〈分類〉される

ここまで私はどちらかというと〈分類〉する主体としての人間という側面を強調してきました。しかしもう一つの，人間は〈分類〉される客体の側でもあるという側面も見落とすことはできません。分類する主体であると同時に分類される客体でもあるというこの二面性は，人間の分類を他のあらゆる事物の〈分類〉と分かつ，決定的に大切な事実だからです。ここからは，他の事物や生物の場合にはありえない〈分類〉する側と〈分類〉される側との相互作用が生じてきます。それは人間の社会をダイナミックに変化させる，言い換えれば

2 私たちは〈分類〉する ● 11

人間ならではの歴史を生み出す原動力の一つです。

　たとえば，私たちがコーヒー豆を産地によって「キリマンジャロ」と「ブルーマウンテン」に〈分類〉し，どっちが美味い不味いとうんちくを垂れても，コーヒー豆たちが「オレたちを勝手に分類してんじゃねえ！」と怒ったりすることは（たぶん）ありません。そもそもコーヒー豆たちは自分が人間からそんな名前で呼ばれていることさえ知らないでしょう。ただ分類するだけでなく，それにもとづいて人間をタテに序列化するのが「差別」という現象ですが，これも人間の社会にだけ起こりうることです。この宇宙には水素原子の方が酸素原子より圧倒的に多量に存在しているのですが，だからといって酸素原子が「オレたちよりも水素原子の方が優遇されている！」と文句を言うことは（たぶん）ありません。なぜなら酸素原子は自分たちよりも水素原子の方が宇宙で幅を利かせているということなど知らないし，そのことを不公平にも思わないからです。

　これに対して，人間が人間を〈分類〉するときには，まったく異質なことが起こります。人は，自分が他人によって〈分類〉されているということを「知る」ことができ，それに対して反応することができるからです。とりわけ自分が差別を受けていること，すなわち特定の〈分類〉にもとづいて他人から蔑まれていることを知れば，怒りや抗議によって反応します。それだけではありません。このように〈分類〉される側＝差別される側が抗議すれば，今度は〈分類〉する側＝差別する側もそれを受け止め，何らかのやり方で反応し返すでしょう。その結果，相手は差別をやめるかもしれないし，さらには〈分類〉の仕方そのものを変えることさえあるでしょう。残念ながら，実際の性差別や人種差別の根強さを見れば，それはとても難しいことではあるとしても，しかしそうしたことが起こる可能性はつねにあり，また長い目で歴史を振り返れば，それは現実に起こってきたのです。

　たとえば，女性が参政権を獲得するまでの歴史を思い起こしてみましょう。日本では，男性（25歳以上）の普通選挙権が 1925（大正 14）年に認められた後も，女性の選挙権は長らく認められませんでした。男と女という〈分類〉が，参政権をもつべき人ともつべきでない人という〈分類〉に重ねられていたのです。これに対して，後者に〈分類〉された，すなわち差別された女性たち自身

を中心に抗議の声が上げられ，粘り強い運動が行なわれた結果，そこに第二次世界大戦での敗戦とそれに続く民主化という大きな社会状況の変化も加わり，1945（昭和 20）年にこうした〈分類〉はついに廃棄されたのです。それはまさに人々のさまざまな社会的実践の交錯する中から生み出された成果でした。

　このように，〈分類〉する側（立法者または政治家たち）に対して〈分類〉される側（女性たち）が応答し，その作用を受けて，今度は〈分類〉する側がやり方を変化させる……という循環的な相互作用のプロセスを，哲学者のイアン・ハッキングは「**ループ効果**」と呼んでいます。ハッキング自身はそれを比較的新しい人間集団のカテゴリー——たとえば「多重人格者」など——に限定しているようですが，性別という現象を考えるうえでも有効な考え方だと思います。確かに男女の分類は究極的には生殖機能の違いという肉体的条件にもとづくものであり，それゆえある意味では普遍的なもので，ループ効果を通じてある特定の時代・地域に生まれたようには見えません。けれども，男女の二分法という大枠自体は同じでも，両者を〈分類〉するやり方の中身は社会によって大きく変わります。女性が政治的な意志決定から排除されている社会と，女性でも大統領や首相になれる社会とでは，性別という〈分類〉の意味はまったく違うのではないでしょうか。そこで，上記のジェンダーの定義に「ループ効果」概念を組み込んで書き直してみると，こんな風になるでしょう。——私たち人間は，〈分類〉する側と〈分類〉される側との間の相互作用＝ループ効果を通じて，女性と男性のあり方を決めていく。そのような相互作用を支える規範をジェンダーと呼ぶ。……こうして見ると，ジェンダーという現象が，人と人との関係という意味で「社会的」なものであるということがいっそう際立ってくるはずです。

QUESTIONS

① トイレ以外にも，私たちが日常生活で遭遇するものの中には，男女別に分けること，そして男女の２通りしか用意されていないものがたくさんあるはずです。具体的にどういうものがあるでしょうか。そして，それらにはどういう理由や弊害があるでしょうか。

② 人間が，自分たちに対する古い〈分類〉をぶち壊したり，新しい〈分類〉の

仕方を提案したりする事例は，性別や人種以外の〈分類〉にもありました。そうした具体例を探して，歴史的な経緯を調べてみましょう。

読書案内　　　　　　　　　　　　　　　　　　　　　Bookguide ●

　加藤秀一・石田仁・海老原暁子『図解雑学ジェンダー』（ナツメ社，2005年）は，私たちの生活が隅々までジェンダーに縛られていることを，イラスト入りでわかりやすく解説しています。刊行から10年以上経っていますが，データは適宜更新していますので，ぜひ通読してみてください。

　言葉とジェンダーについては，文中でも言及した中村桃子『〈性〉と日本語——ことばがつくる女と男』（NHKブックス，2007年）が数多くの興味深い話題を満載しています。同じ著者が洋画のセリフ翻訳を論じた『翻訳がつくる日本語——ヒロインは「女ことば」を話し続ける』（白澤社，2013年）もおすすめです。クレア・マリィ『「おネエことば」論』（青土社，2013年）は，題名通り，最近のテレビ番組で耳にしない日のない「おネエことば」と社会的背景との関わりを分析しています。

　化粧については，谷本奈穂『美容整形と化粧の社会学——プラスティックな身体』（新曜社，2008年），前田和男『男はなぜ化粧をしたがるのか』（集英社新書，2009年）などが意外な事実と考察の手がかりを与えてくれるでしょう。

　ファッションについては，鷲田清一『ちぐはぐな身体——ファッションって何？』（ちくま文庫，2005年）が「そもそも服を着るとはどういうことなのか」を哲学的に考察して示唆的です。

　〈分類〉というテーマについては，イアン・ハッキング『知の歴史学』（出口康夫・大西琢朗・渡辺一弘訳，岩波書店，2012年）に収められた諸論文が必読です。少し難しいかもしれませんが，頑張って読めば，あなたの思考力を数段アップさせられるはずです。

　ジェンダー論全般については，本書以外にもそれぞれに特色のあるテキストがいくつも出ています。本書では扱わないトピックや本書とは異なる視点からの考察に触れるためにも，ぜひ読みくらべてみてください。高橋準『ジェンダー学への道案内（四訂版）』（北樹出版，2014年），千田有紀・中西祐子・青山薫『ジェンダー論をつかむ』（有斐閣，2013年），木村涼子・伊田久美子・熊安貴美江編著『よくわかるジェンダー・スタディーズ——人文社会科学から自然科学まで』（ミネルヴァ書房，2013年）。

14 ● CHAPTER 1 ジェンダーとの遭遇

CHAPTER

第 2 章

「女」「男」とは誰のことか

性分化とインターセックス

WHITEBOARD

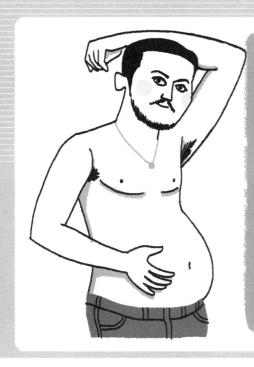

Thomas Beatie

American who became the world's first pregnant man

KEYWORDS

トランス男性（FtM トランスジェンダー）　　性的マイノリティ（セクシュアル・マイノリティ）　　LGBT　　性分化　　性染色体　　インターセックス　　性別二元制　　性別の自己決定権　　性自認（ジェンダー・アイデンティティ）　　アイデンティティ

1　妊娠・出産する男性？

　トーマス・ビーティ（Thomas Beatie）さんという名前を聞いたことはありますか。知っている人は知っているはずですが（あたりまえ），一般的にはそれほど有名ではないかもしれません。もしご存じない方は，ネットに上の名前を打ち込んで検索してみてください。そのとき，まず画像をチェックしてほしいのです。オシャレな感じに髭を生やした上半身裸の男性が，妊婦のように膨らんだお腹に手のひらを当てている写真が見つかるはずです。

　妊婦のように太ってしまった男性？——そうではありません。かれは実際に妊娠しているのです。ギネスブックにも「世界で最初に妊娠した男性」として載っているというこのビーティさんは，しかし，ハワイのホノルルで生まれたときから20代前半までは女性として育ち，名前もトレイシーという女性的なものでした。その後，ホルモン療法や乳房切除手術などを受けて男性へと性別変更した「**トランス男性**」（または「**FtM トランスジェンダー**」）なのです（トランスジェンダーについては，次章でくわしく説明します）。

　そういうわけで，これは生まれつきの男性が妊娠した，という話ではありません。マンガの世界では「妊娠する男子」が増殖中ですし（たとえば，庄司創『白馬のお嫁さん』），将来的には男性も妊娠できる技術が開発されるかもしれませんが，現時点ではまだ不可能です。ビーティさんのケースでは，もともと女性の肉体をもっていたので妊娠・出産できたのです。

　そうだとしたら，何も驚くことはなさそう……ですが，やっぱり変だと感じる人もいるかもしれません。性別を変更して女から男になったというけれど，

16 ● CHAPTER 2　「女」「男」とは誰のことか

妊娠や出産ができるなら，その人はやっぱり女なのではないか。肉体が女のままなのだから，性別を変更したことにならないのではないか，と。

　結局，ビーティさんは女性なのでしょうか，それとも男性なのでしょうか。いまここで慌ててこの問題に答えることは控えておきましょう。こうした議論に決着をつける，少なくとも決着に至る見通しをひらくには，そもそも「性別」とは何かという定義と，誰が女で誰が男か（あるいはどちらとも言えないか）を分ける基準をはっきりさせておくことが必要だからです。それでは何を調べればその答えがわかるのでしょうか。――本章と次章でこの問題に取り組んでいきたいと思います。

マイノリティとマジョリティ

　性に関連して，普通とされる男女のあり方から何らかの点で逸脱したとみなされる人々は「**性的マイノリティ**」（セクシュアル・マイノリティ）と呼ばれています。短縮形で「セクマイ」と言う当事者も多いようです。なお「マイノリティ」とは，社会的に差別されている少数者集団という意味ですが，単純に数が少ないとも限らず，適切な日本語訳が見当たらないため，本書では「マイノリティ」というカタカナ語のままにしておきます。

　性的マイノリティと似たような意味で使われる表現に「LGBT」――レズビアン，ゲイ，バイセクシュアル，トランスジェンダーという4つの英単語の頭文字を並べたもの――があります。国連のウェブサイトには，世界中でLGBTの人々が差別を受けていること，そうした現状を改善するために国連の人権機構がさまざまな活動を行なっていることが説明されています。このように「LGBT」という記号は，具体的にどういう人々を指すかが「性的マイノリティ」よりも明瞭なためか，公共的な反差別アピールなどによく登場する印象があります。最近では，インターセックスを含めた「LGBTI」という表記や，どんなカテゴリーにも当てはまらない人々を表す「クィア」（「変態」という意味のQueerという言葉を当事者たちがあえて使っています）を入れた「LGBTIQ」という表記も広がりつつあります（なお，QはQuestioningの略号とされる

こともあります)。

　さて，性的マイノリティとは「普通ではない」ことだと言うけれど，そもそも「普通」とはどういう状態を指すのでしょう。これこそが本章の，というよりも本書全体を貫く最大のテーマです。単に，性的マイノリティとはどういう人たちを指すのかを知るだけではなく（それはもちろん大切なのですが），そのことと並んで，「そもそも普通の女とか男とかとは何なのか」「なぜそれが普通だとされているのか」を深く理解することこそがジェンダー論の目標なのです。

　それでは私たちは，どういう基準で，普通の男女と普通ではない男女とを区別しているのでしょうか。この問いは結局，私たちがそもそも男と女をどのように分類しているのかという問いに帰着します。性別とは，人間を「普通の女」と「普通の男」に分類し，そしてそのどちらにも当てはまらない人々を例外として切り捨てることにほかなりません。そこで，私たちが取り組むべき根本的な問題は次のようになるでしょう。私たちは，何を基準として，人間を女と男に分類しているのか。短く言うならば，性別の基準（あるいは理由）とは何か。

　多くの人が素朴に信じている答えは，こんな感じではないでしょうか。——人間は生まれつき肉体のつくりによって「男」か「女」かが決まっている。それが性別ということである。……説明終わり。酷い人になると，「こんな明白な事実がわからないなんて，ジェンダー論なんかやっている連中は頭がおかしいんじゃないか」などと文句をつけはじめたりします。もちろんジェンダー論はそんなことでうろたえたりしません。私たちは，性別と呼ばれる現象に関わるすべてを，根本から考えようとしているのです。その考察対象には，上記のようなありがちな答えでわかった気になっている人たちが本当のところ何を言っているのか，という問題も含まれています。

　さて，性別は肉体で決まっているというのは本当でしょうか。たぶん読者の多くが薄々気づいておられるように，これは修辞疑問です。つまり，「いや，本当ではない」というのがその答えです。それは好みや思想の問題などではありません。私たちの現実における性別という現象がどのようにして成り立っているかを事実に即して丁寧に考えるなら，そのように言うしかないのです。それはいったい，どういうことでしょうか。

18 ● CHAPTER 2 「女」「男」とは誰のことか

この問いに答えるために，以下ではまず，肉体における性別（とされているもの）について最小限の事実を確認していくのと同時に，そのことと密接に結びついた性的マイノリティの形態である「インターセックス」についても学んでいきたいと思います。

3 性分化とインターセックス

性分化とは

　肉体上の性別とひとくちに言っても，どのような基準で男女を区別すべきかがさっそく問題になるでしょう。受精卵から胎児期にかけてメス型とオス型の肉体が分かれてくることを医学や生物学では「**性分化**」(Sex Development) と呼びますが，「性＝性別」の定義＝基準がはっきりしなければ，何がどうなれば性分化なのかさえわからないはずです。

　そこで生物学者たちが「性別」(セックス) をどう定義しているかを調べると，ほぼ次のような共通見解があるようです。それは，卵（卵子）をつくる個体をメス，精子をつくる個体をオスと呼ぶ，というものです。「有性生殖」という活動への関わり方の違いが，メスとオスを区別する基準とされているのです。これを「肉体上の性別」の基準とするならば，性分化とは，一つの受精卵が，卵巣や子宮を発達させて妊娠・出産の機能をもつ肉体になるか，それとも精巣を発達させてメスを妊娠させられる機能をもつ肉体になるかという二者択一のプロセスを指すことになるでしょう。

　もう少しくわしく言えば，それは以下のようなプロセスです。卵の中に精子が入り込むと，受精という現象が起こります。受精した卵はすぐに細胞分裂を始め（この段階の細胞塊を「胚」と呼びます），その際にゲノム（遺伝子の全セット）を含む染色体が減数分裂という複雑なメカニズムを経ながら，それぞれの細胞の中に複製されていきます。

　この胚をメス型にするかオス型にするかというレシピは，受精卵ができる段階ですでに遺伝子に書き込まれています。ヒトの全遺伝子を包含する染色体という組織は23個のペア（つまり46本）をなしており，このうち22ペアは男女

3　性分化とインターセックス　●　19

共通ですが，1組だけ男女で異なるパターンをなすペアがあり，それが「**性染色体**」と呼ばれています。そのパターンは女性ならX染色体が2つでXX，男性ならX染色体とY染色体が1つずつでXYというのが標準型です。男性だけがY染色体をもっていることからうかがえるように，このY染色体の中に胚の男性化を促す主要な遺伝子があると考えられています。

とはいえ，この遺伝子のスイッチが入るのは受精後約8週間経った頃なので，それまでの胚や胎児をじっくり観察しても（性染色体そのものを調べない限り），男女の形態的な違いは見つかりません。発生の初期においては，ヒトの「肉体」（まだ人体らしいカタチにはなりきっていないわけですが）には性差はないのです。性分化を司る遺伝子のスイッチが入り，肉体の男性化を促す各種ホルモンの分泌が始まると，その効果によって，後に精巣（睾丸）やペニスになる器官が発達しはじめ，そうでなければ，卵巣や子宮，またヴァギナになる器官が発達しはじめます（このことから「ヒトの基本形は女性だ」といった言い方をする人もいますが，筆者としては，どちらかを基本形，どちらかを派生形として意味づけることがとくに有意義とは思えません）。もちろんこのことは肉体のつくり全体にも作用し，骨格や筋肉の性差，さらに今日では，脳の構造や機能にも一定の影響を与えると考えられています。

インターセックス／性分化疾患

しかし，純粋に肉体のつくりという観点から見ると，性分化によってすべての人間がデジタルに「100パーセントの女性」「100パーセントの男性」という両極に振り分けられるわけではありません。それらはいわば観念的な理想型であって，実際に生まれる人々の肉体のあり方は一人ひとり違います。性分化を駆動する各種ホルモンの働きはきわめて複雑・精妙で，さらに母胎の側の働き方も絡み，多様な個体差をもたらすのです。思春期に，自分の性器の形や大きさ，また月経や精通の早い遅いを他人と比べて不安を抱いた経験のある読者も少なくないと思いますが，実際に違いはあるのです。

ただし，それでもほとんどの人は，フツーの女性・男性として世間に受け入れられる許容範囲内に収まります。男子中高生によくあるように，自分のペニスが他人より小さいのではないかと悩んでも，たいていそれは平均値と比べて

いくらか小さいかもしれないという程度の話にすぎません。けれども，男性なのか女性なのかということ自体が問われるほど大きく逸脱した肉体の持ち主も，少数ながら生まれてきます。そうした肉体の状態，またはその持ち主は「インターセックス」と呼ばれてきました（かつては「半陰陽」や「間性」と訳されてきましたが，現在ではカタカナ語のまま使われることが多くなっています）。また近年，この言葉のあいまいさを避け，性分化上のトラブルを要因とする肉体の状態であるということを明確に示すため，「性分化疾患」または「性分化異常症」（DSD: Disorder of Sex Development の和訳）と呼ばれることが増えています。ここで「あいまい」と言ったのは，インターセックスという言葉が誤解され，ジェンダー・アイデンティティにおける中間性，つまり「自分は男でも女でもない」という自己認識としてとらえられることがあるからです。確かにそういうケースもありますが，性分化異常があっても男性あるいは女性としてのアイデンティティをもつ人の割合の方が多いというのが実情のようです。

　性分化疾患は「染色体，性腺，または解剖学的性が非定型である先天的状態」と定義されています（日本小児内分泌学会）。「非定型」という文言からもうかがえるように，インターセックス／性分化疾患とは，積極的にこういう状態であると指し示せるようなものではありません。典型的な女性型または男性型を基準として前提し，そこから逸脱した状態をすべてひっくるめてそのように呼ぶしかないわけで，したがって一人ひとりの肉体的状態はさまざまです。当事者および支援者の団体「日本インターセックス・イニシアティヴ」のウェブサイトには，クリトリスの肥大化，外見上の性別が性染色体上の性別とは逆，尿道がペニスの先端ではなくて下側にある，外見が女性型だが膣を持たない，性腺が睾丸もしくは卵巣に分化していない（もしくは両方を含む）……といった具体例が挙げられています。

　最近では，六花チヨのマンガ『IS』やそのテレビドラマ版などによって，インターセックス／性分化疾患について以前よりは広く知られるようになったようです。けれども，そんな人がいることさえ知らなかったという人の方がまだまだ多いのではないでしょうか。

3　性分化とインターセックス　● 21

4 二元的性別という「現実」

　マンガ『IS』には,「男でも女でもない性」というサブタイトルがついています。「男でも女でもない」——それはいったいどういうことなのでしょうか。この問いにきちんと答えるためには,インターセックスについての知識を深めるだけでは足りません。なぜなら,ある対象が逸脱すなわち「普通ではない」とされる理由は,そのように呼ばれる側だけに属しているのではないからです。論理的に見て,「普通でない」とはどういうことかを考えるには,そもそも「普通」とはどういう状態のことなのかを理解しなければなりません。さらにそのうえで,「自分を普通だと思っているマジョリティの人々は,どうして普通と逸脱を区別したがるのか」を調べなければなりません。すなわち,人々を普通と逸脱とに〈分類〉し,逸脱を逸脱として位置づける社会的な仕掛けを明らかにしなければ,何もわかったことにはならないのです。

　いま私たちが解明しようとしているのは,性別をめぐる現実（リアリティ）の成り立ちです。その核心部分にあるのは,「人間には男と女しかいない」という強固な常識的観念です。言い換えると,ある人は必ず男か女のいずれかであるとされているのです。たとえば,たいていの書類の性別欄は男か女かの二者択一になっています。職業欄だと,いくつかの選択肢が並んだ後に「その他」という項目もありますが,性別欄がそうなっていることは稀です。こうした現実を,**性別二元制**と呼んでおきましょう。

　インターセックスとは,性別二元制から逸脱したあり方の一つです。それはある意味で,私たちの〈現実〉をかたちづくる性別観念の最も根本のところで逸脱を強いられ,社会から排除されてきたとさえ言えるでしょう。なぜなら,もしも「人間には男と女しかいない」ということを文字通りに受け止めるなら,肉体的に普通の男とも女とも言えないインターセックスは「人間ではない」ということになってしまうのですから。

　そのことを恐れる親や医師たちは,子どもがまだ自分の肉体が世の中に対してもつ意味について十分に理解していないうちに,本人の了解によらずに外科

手術を施し，男女いずれかの型——多くの場合には，手術の容易さゆえに，女性型——に近づける，という対応を長らく続けてきました。それは善意からのことだったかもしれませんが，しかし子ども本人の意思を頭から否定する行ないであることは否定できないし，必ずしも本人たちのためになってはきませんでした。実際，子ども時代にそうした目に遭ったインターセックスの人々からは，親たちが自分のからだのことをきちんと説明してくれず，何が何だかわからないうちに手術を受けさせられたことへの深い憤りの声が聞かれます。それでも，そのように周囲によって方向づけられた性別と本人が成長過程で獲得するジェンダー・アイデンティティが運良く一致していれば，結果的には大きな問題はないかもしれません。けれどもそこに食い違いが生じた場合，本人は深い苦悩を強いられます。このことをふまえて，子どもに性分化疾患が見られたときには，性急にホルモン療法や手術に走るのではなく，当人が自分にとって望ましい性別を（男女いずれともはっきりしない，という可能性も含めて）自覚的に選べるようになるまで見守るべきだという「**性別の自己決定権**」の主張がなされています。

5 「性別の基準」をめぐる考察

　ここまででわかったことをふまえて，改めて「性別の基準」について考えてみましょう。

　人間の性器や生殖器系のあり方には，多様な個体差があります。一人ひとりの人間の肉体をしっかり観察するならば，そこに浮かび上がるのは，人間の肉体の多様性なのです。それにもかかわらず，もう一方では，「人間の性別は2つしかない」という性別二元制が強固な現実としてまかり通っています。すなわち，個体差のほぼ連続的なスペクトラムと性別二元制という現実との間にはギャップがあるのです。

　このことは，「女」と「男」という区別が，単純に肉体のつくりをそのまま反映しているのではなく，私たちの頭の中にある記号として成り立っている，ということを示唆しています。個々の肉体の多様性が縮減されて，「男」と

5 「性別の基準」をめぐる考察 ● 23

「女」という2つだけの記号にまとめあげられているのです。すると今度は，この2つだけの記号が独り歩きを始め，反対に一人ひとりの人間に押しつけられることによって，この単純な〈分類〉から逸脱した人々に対する排除や差別を生み出してきたのです。

　それでは，こうした観点から生物学的な性別の定義を振り返るとどうなるでしょうか。生物学の常識では，卵（卵子）をつくるか精子をつくるかによって生き物をメスとオスの2種類に分けていました。実はこれは，生物学の専門家に限らず，多くの人が納得できる性別の定義にもなっています。私たちは，たとえば飼っているハムスターの性別がよくわからないとき，それが子どもを産めば「ああメスだったんだ」と判断するでしょう。つまりそれは，生物学という特殊な分野の内部で通用しているだけでなく，私たちの一般的な性別観，すなわち性別二元制の土台に組み込まれた観念なのです。

　けれども，生物学における性別の定義が私たちの生きている世界全般に――これを「生活世界」と呼ぶことがあります――そのままのかたちで当てはまるわけではありません。前章でも指摘したように，この定義に忠実に従うなら，無精子症の男性や卵巣を摘出した女性は「男性」でも「女性」でもないことになりますが，私たちは実際にはそういう概念の使い方をしていないのです。

　この点についてはもう少し細かく見ておくべきかもしれません。卵巣を失った女性が「自分はもう女ではない」と思って苦しむ，といったことはあるでしょう。自分が無精子症であるとわかった男性にも同じことはありえます。たとえ自分ではそんなふうに思わなくても，周囲の人々から同じような言葉を投げつけられて傷つくかもしれません。こうした発言が出てくるのは，性別の本質は生殖機能にあるという根深い常識があるからです。しかしながら，こうした言い回しで表されているのは，「生殖能力を失った人は女としてあるべき本来の姿からは逸脱している」という程度のことであって，それらの人が厳密な意味で「女ではない」――当然「男でもない」でしょうから，結局は「性別がない」ということになるでしょう――ということではありません。繰り返しになりますが，私たちは個々人の戸籍の性別欄を生殖能力の有無に応じて記載しているわけではないし，何より「卵巣を切除された女性」「無精子症の男性」といった観念をまったく問題なく理解し，受け入れているという事実がある限り，

24 ● CHAPTER 2　「女」「男」とは誰のことか

「精子をつくらない個体」も男性＝オスとして認識しているし，また「卵をつくらない個体」も女性＝メスとして認識していると言うべきです。

　それでは，生物学的な性別の定義＝基準は間違っているのでしょうか。そうではありません。定義自体が間違っているわけではなく，問題はその使い方，もっと正確に言うと，使う文脈なのです。生物学とは究極的には「生物種が，進化のメカニズムによって，どのように現在のようなあり方をするようになったか」を明らかにしようとする科学です。そして生物学的な性別（オスとメス）の概念とは，「種」としての生物について論じるための概念的な道具です。つまりそれは，人間一人ひとりの性別を決めるためのものではありません。ちょっと単純化した言い方になりますが，ポイントをはっきりさせるためには，まずは次のように考えてみるとよいでしょう。生物学の研究対象である生物一般に共通する概念としての「性別」と，私たち一人ひとりの人間の人生と切っても切り離せない日常的概念としての「性別」とは，記号としての見かけはまったく同じでも，実は相異なる言葉であるということです。

　ヒトももちろん生物の一種であり，他の生物たちと共通する部分がたくさんありますが，しかし（おそらく他のいかなる生物種とも共有しない）特殊な性質ももっています。その一つが，言語と密接に結びついた意識活動です。この能力をもっているがゆえに，人間には肉体の形態や機能とは別次元の「**性自認**」（ジェンダー・アイデンティティ）という現象があるのです。イヌやオランウータンやアホウドリやアリや……といった有性生殖をする生物のそれぞれの個体は──あくまで人間である観察者から見てではありますが──オスらしい行動やメスらしい行動をします。しかしそれは本能的に行動しているだけで，かれらが，ふと立ち止まって自分の性別について改めて考え，「私はメスなんだから，メスらしく卵を産まなきゃ」等々と決意するなどということは（たぶん）ありません（もちろん，はっきりとは言い切れません。というのは，本当にそうかどうかをかれらに質問して答えてもらうことさえできないからです）。これに対して人間の意識活動には，自分にとってどの性別が──肉体のつくりとは別に──望ましく感じられるかという性自認の次元が含まれているので，それを無視して勝手に性別を決められることには抵抗を感じるのです。それだけではありません。自分の性別を自分で決めたいという人々の願いを社会が認め，性別という〈分

⑤　「性別の基準」をめぐる考察　●　25

類〉の基準として「(肉体の)生殖機能」よりも「性自認」が優先されるようになるなら、それは性別というカテゴリーそのものが変容することであり、そのカテゴリーを要素として織り込んでいる社会のあり方も変化していくかもしれません（ループ効果）。このようなことが可能なのも、言葉および概念を使って思考しコミュニケートする人間独自の性能だと言えるでしょう。

 ## アイデンティティと権力

　さて、ここまで「アイデンティティ」という概念をくわしい説明抜きに使ってきましたが、大切な概念ですので、ここで少し補足しておきましょう。

　「アイデンティティ」（identity）は「自己同一性」などと訳され、人が自分をどういう人間だと自覚するかを意味する概念として理解されています。私たちは誰もが、自分がどんな人間であるかという自覚をもっています。私は女だ。私は勉強が好きだ。私は顔がかわいい。私はモテる。私は金持ちだ……（せっかくなので、なるべくポジティヴな内容を挙げてみました）。こうした「私はどういう性質をもった人間である」という自己認識を、とくに「セルフ・アイデンティティ」と呼ぶことにします。通常、アイデンティティという言葉は、主にこのセルフ・アイデンティティの側面を表すために用いられることが多いようです。

　けれどもこれだけでは、アイデンティティの重要な側面をうまくつかむことができません。それは、アイデンティティとは単なる心理現象ではなく、また自分だけの内部で完結するものではないということです。アイデンティティには、自分と他人との関係性の中で、すなわち社会の中における位置づけとして決まってくるという側面があるのです。たとえば、アメリカに旅行してレストランでお酒を頼むと、年齢確認のため、必ず「ID（アイディ）を見せろ」と言われますが、こういうときの「ID」がまさしく「アイデンティティ」の略号です。これを「自己同一性」などと訳したら何のことかわかりません。お店の人や警官に「おまえの自己同一性を示せ」と問われて、そういえば自分という人間の本質は何なのだろう……などと考え込んでいたら、永久にビール一滴飲

むことはできないでしょう。余計な自己意識は捨てて，さっさとパスポートでも見せるしかありません。

「ID」を日本語に置き換えれば「身分証明（書）」です。すなわち「アイデンティティ」とは「身分」のことなのです。この「身分」という言葉だけを切り離して眺めると大昔の話のように感じるかもしれませんが（現在の日本には，少なくとも江戸時代のような身分制度は存在しないはずですから），しかし「身分」とはまさに社会の中における人の位置づけを表す言葉なのですから，実はぴったりの訳語だと言えそうです。

そして重要なのは，この意味での身分すなわちアイデンティティは自分自身で自由に決められるものではないということです。5歳児が画用紙にクレヨンで自画像を描いて「これ，パスポートだよ！」と主張しても，税関は出国許可を与えてはくれません。しかるべき機関──すなわち国家──が正式なパスポートとして認定してくれない限り，それは単なる子どものらくがきにすぎないのです。

ここに，アイデンティティ（＝身分）の不穏な姿をかいま見ることができるでしょう。アイデンティティとは，〈問う／問われる〉という非対称な関係の中で顕在化されるものだということです。街を歩いていて，警察官からいきなり職務質問された人は少なくないでしょう。そのとき相手のアイデンティティを問うことができるのは，警察という国家権力に拠って立つ側であり，単なる一国民であるあなたの側ではありません。いや，警察官だって警察手帳を出して身分を示すではないかという反論があるかもしれませんが，しかしそれは他人のアイデンティティを〈問う側〉としての資格を誇示しているのであって，〈問われる側〉が相手の求めに応じて自分についての情報を提供させられることとは違います（嘘だと思うなら，警官からバッグの中を見せるよう求められたときに，「じゃあ，あなたのバッグの中も見せてもらえますか？」と尋ねてみるとよいでしょう。たぶん面倒なことになるはずです）。

自己認識としてのアイデンティティが，人が生きていくうえでかけがえのない心の拠り所であるならば，それは尊重されるべきでしょう。しかし同時に，アイデンティティには個人と社会との対立関係が，あるいは権力関係が刻まれており，抑圧や暴力の足場となりうることも事実です。そしてそうした危険に

とくにさらされやすいのは，「普通」とは異なるアイデンティティの持ち主，すなわちマイノリティに属する人々です。少数民族や異教徒と呼ばれる人々と並んで，「普通の男」や「普通の女」という常識の枠組みから外れた性的マイノリティに含まれる人々も，さまざまな抑圧や暴力にさらされてきたのです。そのため，当人にとっては重要な意義をもつ属性でありながら，それを世の中に対しては隠さざるをえないということも起こってきます。アイデンティティとは，人を支えると同時に苦しめるものであるようです。

QUESTIONS

① 人はこの世に生まれ落ちた瞬間から——あるいはその前から——女として，あるいは男として見られ，それぞれにふさわしいとされる扱いを受けて育ちます。「性別二元制」の具体的な様子を，なるべくくわしく描き出してみましょう（これは第 1 章の Question ①の発展形です）。

② 一人のひとのアイデンティティはいくつかの構成要素から成り立っています。あなた自身のアイデンティティをじっくりと見直してみてください。どのような構成要素が見つかるでしょうか。また，それらの諸要素を，「マジョリティ」に数えられるものと「マイノリティ」に数えられるものとに分類してみてください。こうした作業を通して，あなたがこの社会の中のどこに位置するのかを考えてみてください。

読書案内　　　　　　　　　　　　　　　　　　　　　Bookguide ●

インターセックス／性分化疾患については，おそらく日本ではじめて実名を明らかにしてインターセックスの権利獲得運動を始めた橋本秀雄の著作が必読です。現在入手しやすいものとして，**橋本秀雄『性分化障害の子どもたち——医療空白地帯の現状』**（青弓社，2008 年）があります。**毎日新聞「境界を生きる」取材班『境界を生きる——性と生のはざまで』**（毎日新聞社，2013 年）は，性分化疾患と性同一性障害（次章を参照）の人々がおかれた状況を真摯に追ったルポルタージュです。

性分化の生物医学的メカニズムについては，**麻生一枝『科学でわかる男と女になるしくみ——ヒトの性は，性染色体だけでは決まらない』**（ソフトバンククリエイティブ，2011 年）が豊富な図やイラストを使って丁寧に説明してくれています。性別に関する生物学の見方を大まかに知るには，やや古いですが，

長谷川真理子『オスとメス＝性の不思議』（講談社現代新書，1993 年）がわかりやすいでしょう。図書館で探してみてください。

　社会学的なアイデンティティ論としては，浅野智彦『「若者」とは誰か──アイデンティティの 30 年（増補新版）』（河出書房新社，2015 年）が具体的な事象に沿って興味深い分析を繰り広げています。

CHAPTER

第 3 章

性別という壁を乗り越える人々

トランスジェンダー

WHITEBOARD

KEYWORDS

性別違和　トランスジェンダー（TG）　トランスヴェスタイト（TV）　シスジ
ェンダー　性同一性障害（GID）　性別適合手術（SRS）　トランスセクシュ
アル（TS）　自己執行カテゴリー　医療化　脱医療化　パッシング（パス）
Xジェンダー　トランス女性（MtF）　トランス男性（FtM）　性別の自己決
定権

1 トランスジェンダーとは

定　義

　肉体のつくりに応じて社会から割り振られた性別と自分自身の性自認との間
に不一致があるために生じる心理的な葛藤を「**性別違和**」（gender dysphoria）
と呼びます。性別違和を解消するために，自分自身にとって心地よい性別を手
に入れたいと望んでいる人，あるいは実際に何らかのやり方でそれを手に入れ
た人々の総称が「**トランスジェンダー**」（TG: Transgender）です（「トランス」は
「越境する，横断する」という意味を表します）。異性装はしても性別そのものの変
更を望まない人は「**トランスヴェスタイト**」（TV: Transvestite）と呼ぶのが一
般的です。最近では，トランスジェンダーの対概念として，性別違和を感じて
いない人々を「**シスジェンダー**」と呼ぶことも広まりつつあります。

　トランスジェンダーは性別違和を抱える人たちを広く表す概念ですが，とく
に性別違和が強い精神状態を医学的に「**性同一性障害**」（GID: Gender Identity
Disorder）と呼び，そのためにホルモン療法や**性別適合手術**（SRS: Sex Reas-
signment Surgery）——俗に言う「性転換手術」ですが，当事者や専門家は
「自分本来の性別を取り戻す」というニュアンスを込めて性別適合手術と呼ん
でいます——を肉体に施した人々を「**トランスセクシュアル**」（TS: Transsexu-
al）と呼んできました。

32 ● CHAPTER **3**　性別という壁を乗り越える人々

医療のカテゴリーと自己執行カテゴリー

　上記の説明からは，トランスジェンダーの重篤なケースが性同一性障害であるという単純な話だと思われたかもしれませんが，それはあまり正確な理解ではありません。性同一性障害が医療上の診断名であるのに対して，トランスジェンダーとは当事者たちが自分自身を名づけるためにつくりだした**自己執行カテゴリー**であり，両者は由来も違えばそこに込められた意思も違うからです。したがって，どちらがどちらより重いとか軽いとかを同じモノサシで計ることはできないのです。

　もしも性同一性障害という「病気」と診断された状態をトランスジェンダーの典型とみなすならば，人の性別を決めるのは医療専門家であるということになるでしょう。しかし近年ではこのような「**医療化**」に対する批判が高まり，性別の決定権を当事者の側に引き寄せる動き（「**脱医療化**」）が活発になってきました。

　この点と関連して，世界的に影響力のあるアメリカ精神医学会の診断マニュアル（DSM）に触れておきましょう。2014 年に改訂されて第 5 版（DSM-5）となった際，大きな注目を集めたのは，「性同一性障害」という概念が削除され，「性別違和」に置き換えられたことでした。この改訂を後押ししたのは，自分たちは性同一性（＝性自認）に「障害」（精神疾患）を抱えているわけではないという当事者たちの不満の声でした。確かに，問題は肉体的性別と性自認との不一致なのであって性自認そのものではありませんから，この変更は筋が通ったものだと思われます。これ以外にも DSM-5 には注目すべき変更点が見られます。何より，一般的に「肉体的性別」を表すために用いられる "sex" という語が「割り当てられた性別」という意味の "assigned gender" という表現で置き換えられたことは重要です。性別という現象は肉体そのものに属するのではなく，特定の基準を用いて肉体を〈分類〉する私たちの認識に依存して成り立つという，本書と共通の考えを読み取ることができるからです。もう一つ重要なのは，男女の二分法にとらわれない発想が強化されたことです。性別違和という概念には，生まれつきの肉体とは反対の性別（ジェンダー）を欲するというケースだけでなく，割り当てられたもの以外の性別を欲するというケースも

1　トランスジェンダーとは　● 33

含まれているのです。

　このように，DSM-5 が性同一性障害は精神疾患ではないという立場を明確にしたことは，ジェンダーをめぐる脱医療化の流れに棹さすものだと言えるでしょう。しかしそれを完全に診断マニュアルから外してしまえば，医師による治療を必要としている人たちが困ってしまいます。そこで，性同一性障害よりも当事者の都合に寄り添った性別違和という診断名を残したのでしょう。なお，DSM はあくまでもアメリカ精神医学会のマニュアルであって，それが変更されたからといって日本でも直ちに性同一性障害という診断名がなくなるわけではありません。しかし，いずれは何らかの影響が出てくるものと思われます。

　ここまでの説明から，トランスジェンダーと性同一性障害を単純に同じものとみなしたり，またその治療というと一気に「性転換手術」を連想するのは偏見だということをおわかりいただけたでしょうか。医師によって性同一性障害という診断を下された場合でさえ，「障害」の程度やあり方は人によって千差万別であり，性別適合手術をしなければもう一日も生きていけないという人もいれば，周りの人が自分の性自認を尊重してくれれば十分という人もいるのです。第 2 章の冒頭で紹介したビーティさんのように，性自認は男だけれど子どもを産みたいというケースも，そうしたバリエーションの一つにすぎません（確かに稀なパターンではあるのですが）。性自認は，太陽光線をプリズムで分光すると現れる虹色の帯（スペクトラム）のように多様なのです。

女／男らしさと女／男であることの違い

　そのビーティさんは，あるインタビューの中で，「胎児の成長とともにお腹が膨らんできても，自分が男性であるという思いはまったく揺るがなかった」と語っています。妊娠という体験は性自認とは無関係だというのです。それでは，性自認を支える要素はいったい何なのでしょうか。ヒトという集団レベルで見れば，それが長い進化の過程で獲得された脳の機能に関係していることは確実です。しかし，個々人の性自認がどのように形成されるかについてはまだよくわからないと言わねばなりません。それどころか，そもそも性自認という概念が何を意味するのかということ自体が，考えれば考えるほどかえってどんどんわからなくなってきます。自分が望む性別と言うけれど，もしも「性別」

34 ● CHAPTER 3 性別という壁を乗り越える人々

ということで考え感じられている中身が人によって違うなら,「性自認」という概念でひとくくりにはできないのではないでしょうか。

　ここでは性自認,そして性別の定義をこれ以上追究することはしませんが,一つだけ気をつけてほしい点について補足しておきましょう。新聞やテレビなどで性同一性障害やトランスジェンダーが紹介されるとき,「心の性と体の性の不一致」という説明がつけられることが多いのですが,これは誤解を招きやすい表現です。「心の性」という語句からは,性自認よりもむしろその人の性格やふるまいの「女っぽさ」や「男っぽさ」みたいなことを思い浮かべる人も多いのではないでしょうか。たとえば,恋愛やファッションにもっぱら関心があるのか,それとも自動車や電子機器などのメカに興味があるのか。あるいは,何となくなよなよしているか,それともぶっきらぼうか,といったことです。しかしすでに学んだように,性自認とは自分の性別が男であるか女であるか(あるいはそのどちらでもないか)という自己認識のことであって,女性的あるいは男性的（とみなされている）性質を備えていることではありません。たとえば筆者は男性ですが,子どもの頃から少女マンガが大好きで,50歳を過ぎたいまでも読み続けていますし,またカワイイ小物が好きなので,いつも使っている文房具や食器などはいわゆるどファンシーなものばかりです。そのため小学生の頃などは「女みたい」と言われることもありましたが,男性型の肉体に対する特段の違和を感じたことはありませんし,女になりたいと思ったこともありません（別に,男になりたいと思ったこともありませんが）。さらに言えば,第**2**章でもくわしく説明したように,そもそもアイデンティティとは個人の心の中身にとどまる問題ではなく,一人の人が社会の中でどのように位置づけられるかという問題でもあります。「心の性」という言い方はこうした事態を見誤らせてしまう危険性が高いので,なるべく「性自認」と言う方が適切です。

　ついでに言えば,「心の性」どころか,「脳の性別」などといういい加減な言い方をする人もいますが,これは端的に間違いです。脳に性差はあっても性別はないからです。私たちは性器・生殖器に着目して人間を男女に〈分類〉しているのであり,脳の形状や機能によって人の性別を決めているわけではありません。ただし,遠い将来,人類が生殖機能にもとづく人間の〈分類〉をいっさい行なわなくなり,生まれたときに脳を調べて性別を決めるようになれば話は

別です。もっともそうなったら，その未来人たちが仮に「性別」という記号を使っていたとしても，それは私たちが使っている現代日本語の「性別」とはまったく別の観念を表すものだと言うべきですが。

パッシング：パフォーマンスとしての性別

トランスジェンダーが，性別を越境・変更した人としてではなく，端的に女性あるいは男性として他の人々から認知されることを「パッシング」または「パス」と呼びます。

ほとんどのトランスジェンダーにとって，パッシングは決して簡単な作業ではありません。生まれつきフツーの女性または男性だった人と何ら区別なく周囲から受け入れられるためには，生まれたときに割り当てられた性別の痕跡を完璧に消し去り，自分が望む性別の持ち主として「自然」なふるまいを身につけなければなりません。

非トランスジェンダー読者のみなさんがその難しさを少しでも実感するには，いまこの瞬間から実際とは反対の性別の持ち主として生き，かつそのことを誰にも悟られないでいなければならない状況に自分が投げ込まれたと想像してみてください（実際にやってみてくだされば，なおよろしい）。そのとき具体的には何をどうすればよいのか，自信をもって答えられるでしょうか。単に異性らしい服装をしただけではまったく不十分です。性別というカテゴリーによる〈分類〉は私たちの身体と社会の隅々にまで染みわたっていて，私たちは外見や声はもちろん，歩き方やちょっとした身のこなしから，ほぼ無意識的に他人の性別を判断し，そして自分自身もそうした観察と判断にさらされる側として，知らず知らず「女らしい」ふるまいや「男らしい」ふるまいを身につけているからです。では具体的に，女性は，あるいは男性は，どのように話し，立ち上がり，歩き，座るのか。どのように足を，腰を，腕を，手のひらを，指を動かすのか。そうした諸要素すべてをリストアップし，しかも誰からも見破られないように「らしく」実践することなどとうてい不可能でしょう。それにもかかわらず，パスすることに成功したトランスジェンダーは，細心の注意を払ってそうした難行をやり遂げているのです。

もともとパッシングとは，社会学の概念として，〈人が自分の周囲の人々に

36 ● CHAPTER 3　性別という壁を乗り越える人々

対して，自分がある特定のカテゴリーに属する人間であることを適切に示し，そのような人間として疑問なく認知されるような状況をつくりだす実践〉を指します。社会学者ハロルド・ガーフィンケルは，性別を変更した人が行なうパッシングについて，それは政治的地下活動や秘密結社，政治的迫害からの亡命者，白人となって暮らしている黒人といった人々が強いられるのとまったく同じ種類のものであると——いかにもアメリカ合衆国らしいハードな事例を並べながら——述べています。これらの人々は，もしも自分の素性が知られてしまえば窮地に陥ることになるので，できるだけそれがバレないように，たいへんな努力をして平凡な人間であることを装い演じなければなりません。性別による境界は，国家や人種と同じくらい，あるいはそれ以上に強固に人間を隔て，呪縛しているのです。

　トランスジェンダーの中には，このような息苦しさを嫌い，あえてパッシングをめざさないこと（ノンパス）を実践する人たちもいます。以前はトランスすると職場も替えるのが常識だったのに対し，性別の変更を周囲に受け入れさせ，同じ職場で働き続けるケースも出てきました。また，FtM／MtF に対して，男女という性別の枠組みを拒否するFtX／MtX，あるいは X ジェンダーという言い方で自分を表す人に出会うことも増えてきました。X ジェンダーとは，「女というジェンダー」「男というジェンダー」と並ぶ第三のジェンダー（性別）ではなく，そもそもジェンダーという枠組みそのものへの違和感を表しています。こうした人々にとっては，女や男であることではなく，「トランスジェンダー」であることそのもの，「X ジェンダー」であることそのものがアイデンティティの一部なのでしょう。あるいはそれは，強ばったアイデンティティなど必要ないという宣言なのかもしれません。

 日本社会の中のトランスジェンダー

トランスジェンダーに寛容な社会？

　先ほど述べたように，トランスジェンダーとは元来は当事者たちがつくりあげ，大まかに言って日本では1990年代以降に広まってきたカテゴリーです。

つまりそれは，ある特定の時代および特定の人々の活動と密接に結びついた概念です。したがって，それをそのまま他の時代や地域に当てはめられるとは限りません。一般的に言って，何らかのカテゴリーを，それを生み出した社会的・歴史的文脈から切り離して他の時代や地域に当てはめることには注意が必要です。なぜならそれは，当てはめられた側の人々自身における考え方や感じ方よりも，当てはめる側にとってのわかりやすさを優先することになりかねないからです（この点については，第4章で「同性愛」というカテゴリーを扱う際により掘り下げて考えてみたいと思います）。

このような注意点を念頭に置いたうえで言えば，少なくとも現在の視点からトランスジェンダーと呼べそうな事例をさまざまな時代・地域に見つけることは難しくありません。比較的近い過去の日本に限ってみても，1970年代には，女性のように煌びやかなメイクとファッションに身を包んだ美少年歌手ピーターこと池畑慎之介や，モロッコで性転換手術を受けて男性から女性に変身したカルーセル麻紀がタレントとして活躍しはじめていましたし，1980年代には美形の女性にしか見えない（元）男性たちが「ニューハーフ」として人気を博し，その流れは現在の「おネエ」タレントたちや「男の娘」たちに至るまで続いています。

こうした光景になじんでいると，日本社会においてトランスジェンダーは広く受け入れられてきたような気がするかもしれません。しかし，そのように楽天的に評価して済ませるのは早計というものです。なぜでしょうか。

第一に，上に挙げた事例はすべて芸能界や接客業界といった華やかで非日常的な世界に属するものであって，いわゆる平凡なサラリーマンやOL，学生といった，より広範な人たちが性別を越境して生活していくことは現在でも困難です。あらゆる人々が自分の望む性別の持ち主として生きていくことが受け入れられなければ，トランスジェンダーの存在が社会によって認められているとは言えないでしょう。

第二点として，芸能界で活躍しているトランスジェンダー的な人々の事例は，ほとんどは男性から女性へと越境する**トランス女性**（MtF〔Male to Female〕）ばかりであり，女性として生まれながら男性へと性別変更する**トランス男性**（FtM〔Female to Male〕）は含まれないということです。

38 ● CHAPTER 3 性別という壁を乗り越える人々

近年のテレビ界で活躍する「おネエ」タレントたちは，これら2つのポイントを体現する存在と言えるでしょう。かれらは日常語で蔑視的に「オカマ」と呼ばれるタイプの人たちであり，「普通」の男でも女でもない，いわば異形の者としての居場所を，〈お笑い〉を身に帯びることと引き替えに手にしています。マツコ・デラックスをはじめとする現在の「おネエ」タレントたちが，そのことを十分に知り抜いたうえで巧みに利用しつつ自らの個性を際立たせている，そのタフさと知性には敬服せざるをえません。これに対してトランス男性がマスメディアに露出することは非常に例外的でした。そんな人たちはこの社会に存在しないかのように不可視化されていたのです。2000年代に入ると急速に状況が変わり，テレビにもその姿が映し出されるようになりましたが，しかしそれは〈お笑い〉の文脈においてではなく，シリアスなドラマの中においてでした。たとえば，『3年B組金八先生』（2003〜2004年）や『ラストフレンズ』（2008年）は，いずれも性同一性障害に苦しむ——肉体的には——美少女を主人公にした作品でした。

　トランス男性はシリアスなドラマになり，トランス女性と言えば毒舌とお笑い。この明瞭な非対称性は何を意味しているのでしょうか。かつてシモーヌ・ド・ボーヴォワールが名著『第二の性』で述べたことが一つの手がかりになりそうです。ボーヴォワールによれば，男性が人間の基本形であり女性は二次的な派生物のようにみなされる性差別社会の中では，女が男になることは「昇格」であるのに対し，男が女になることは「転落」を意味するために責めを負いやすいのかもしれません。それと関連して，「男らしさ」の方が「女らしさ」よりもある意味で呪縛がきつく，許容範囲が狭いのかもしれません。ほかにもさまざまな要素が関わっているでしょう。ジェンダー論の恰好の「練習問題」として，みなさんも考察してみてください。

性別二元制社会とのあつれき

　トランスジェンダーである人々が，そのような存在を視野に入れていない世の中で生きていくときには，さまざまな困難に遭遇しがちです。そうした困難が，早くも幼児期から始まることも珍しくありません。佐倉智美によるトランス男性へのインタビュー調査からは，以下のような典型的なパターンが浮かび

上がってきます（ただし全員がこうだと決めつけないよう，ご注意を）。女性型の肉体をもち，周囲の人々から女の子として扱われながら，当人は男の子の遊びやおもちゃを好み，男の子とばかり遊んでいた。女の子っぽい可愛らしい洋服や髪型が嫌だった。他の男の子たちと同じように，自分にもいずれペニスが生えてくるのだろうと思っていた。しかし思春期になって月経が始まり，肉体が女性化していくことがつらかった。女の子集団が苦手で，とくに恋愛の話題についていけなかった。身近な女の子に恋をして悩むこともあった。自分のような変態は世の中に自分だけではないかと思い，孤独だった。けれども，あるとき，本・雑誌・テレビ等を通じて，自分と同じ悩みをもつ人たちの存在を知ってから，少しずつ自己肯定感を取り戻すことができ，やがて望み通りに男性として生きていくことができるようになって，ようやく幸せになった。自分と同じ苦しみを抱えている人々のために手助けをしてあげたいと思う（『性同一性障害の社会学』）。——このように，のちに性同一性障害と「診断」される人たちの多くが，子ども時代に「自分は男なのに，どうして女のカラダなんだろう」「自分は女なのに，どうして男のカラダなんだろう」と思っていたと語っています。何歳からそういう違和感を感じはじめたのかはわからないくらい，物心ついたときからずっとそう思っていたという人さえいるのです。

　大人になってからもまた別種のさまざまな困難が降りかかってきます。周囲の人々に自分がトランスジェンダーであることを告げる（カミングアウト）かどうか。もし受け入れられなければ，排除されたり暴力を振るわれたりするかもしれません。しかし隠したままでは親しい友人や恋人をつくることもままならないでしょう。運良く周囲の人々に恵まれ，家庭や学校や職場ではトランスすることが受け入れられたとしても，それ以外の社会空間，たとえば公衆トイレ，銭湯や温泉，更衣室などの利用には困難がつきまといます。さらに，戸籍に記載されている公的な性別と外見が食い違えば，さまざまな場面で不都合が生じることは避けられません。性別記入欄のある書類を書くたびに奇異の目で見られ，受けつけてもらえないかもしれません。パスポートをつくっても出入国審査で止められ，身体検査や長時間の尋問をされることもありえます。

性同一性障害特例法の意義と問題点

　こうした問題を解消する方策の一つとして，戸籍の性別欄を本人が望む社会生活上の性別に合わせて書き換えられるようにすることが求められてきました。その結果，2004年に「性同一性障害者の性別の取扱いの特例に関する法律」（通称「性同一性障害特例法」）が施行され，一定の条件を満たせば戸籍の性別記載を変更できるようになりました。

　「特例法」が多くのトランスジェンダーたちに恩恵をもたらしたことは確かです。しかし同時に，この法律に対する賛否は当事者たちの中でも激しく分かれ，大きな禍根を残してしまったことも否めません。その理由は，戸籍上の性別変更の要件とされた以下のような諸条件にあります。①20歳以上であること〔年齢要件〕，②現に婚姻していないこと〔非婚要件〕，③現に子がいないこと〔子なし要件〕，④生殖腺がないまたは生殖腺の機能を永続的に欠く状態〔生殖腺除去要件〕，⑤体について他の性別の性器に係る部分に近似する外観がある〔性器形成要件〕（〔　〕内の呼称は，石田仁編著『性同一性障害』による）。これらの諸条件を満たさない人は，どんなに本人がつらく，不都合に感じていても性別の変更ができないわけで，変更を認められる人との間に溝ができるのも当然と言えるでしょう。

　とりわけ③の「子なし要件」には当初から非常に反対が多く，2008年になって，子がいてもすでに成人していればよいと改正されました。読者の中には，この要件の問題点がピンとこない人もいるかもしれません。そもそも，自分は本当は女性であると感じているなら，なぜ男として子どもをつくったりしたのだと訝しむ人もいるのではないでしょうか。しかし実際には，ひとくちにトランスジェンダーと言っても性別違和を自覚する時点はさまざまです。誰もが物心ついたときから性別を変えたいと思っているわけではありません。何となく変だなと思いつつも，決められた性別を変えることができるなどと夢にも思わず，何とか「正常」になろうと頑張り，結婚して子どももつくった。でも違和感は消えるどころか年々大きくなるばかりで，もう耐えられない。中年期を迎えて，ようやくそのことがはっきりわかった——そんな人も少なくないのです。そうした人々にとって「子なし要件」はどうあがいても克服しようのない制約

だったのですから，反対が多かったのもうなずけるでしょう。

　もちろん子どもの観点に立てば，自分のお父さんがいきなり女性になると言い出したら驚くのも仕方ありません。家族の気持ちに配慮することは必要ですし，この点は大きな課題として残ります。けれどもそうした諸問題はすべて，人が自分にとって望ましい性別の持ち主として生きていく権利，すなわち**性別の自己決定権**の尊重を土台としたうえで解決を図るべきものではないでしょうか。

　このような観点からは，そもそも特例法が④生殖腺除去要件と⑤性器形成要件を含んでいること，すなわち性別適合手術を必須の要件としていることの是非という根本的な問題が見えてきます。トランスジェンダーでも，手術をせずにカウンセリングやホルモン療法だけで納得できた人，あるいはFtMで乳房除去手術や卵巣・子宮の摘出だけをしたが，ペニスの形成は行なっていない人などは対象外とされてしまうのです。このことから，特例法が性別というものを本質的に肉体のつくりにもとづくものとみなしているということがわかります。つまりこの法律は，それぞれの性自認を尊重するためではなく，あくまでも肉体のつくりに対応した性別を人々に割り当てるためのものであるということです。そこには「人間の性別は肉体のつくりに応じて2つしか認められない」というジェンダーに関する保守主義が作用していたと考えられるでしょう。

　また別の角度から見ると，これは医療専門家が他人の性別を決める権限をもっているということでもあります。本章の冒頭でも触れた医療化の問題です。性別適合手術を行なえるのは当然のことながら医師だけであり，性同一性障害という診断自体についても，2名の医師の意見が一致しなければならないことになっています。このような現状に対しては，医療専門家の判断があまりに重視されすぎているという批判の声も上がっています。

　このように特例法には，性別の自己決定権，および，後で論じる「リプロダクティブ・ヘルス＆ライツ」（第**13**章を参照）という観点から見て，大きな問題が含まれています。これに対し，世界では性別変更の要件から手術要件を外す国が増えつつあり（イギリス，アメリカ合衆国の一部の州，アルゼンチン，ドイツ，フランスなど），日本でも手術要件を憲法違反だとする裁判がすでに起こされています（『朝日新聞』2017年2月8日朝刊）。性別変更のルールをどのように改善

42 ● CHAPTER **3**　性別という壁を乗り越える人々

していくべきかは，今後しばらくの間，日本社会におけるトランスジェンダーの人権を確立していくうえで重要な争点になるでしょう。

QUESTIONS

① あなたが，家族や友人から「性別を変更したい」と告白されたとします。かれらが納得のいく人生を送り，幸せになれるように，あなたにはどんなサポートができますか。できるだけ具体的に考えてみてください。

② あなたが自己認識と齟齬をきたすようなカテゴリーを他人や世間から押しつけられた経験について，友人やクラスメイトと話し合ってみましょう。また，そんな経験はないという人は，なぜないのか，すなわち自分がどんな環境の中にいたためにそういう経験をしないで済んでいるのかを分析してみてください。

読書案内　　　　　　　　　　　　　　　　　　　　　　Bookguide ●

　佐倉智美『性同一性障害の社会学』（現代書館，2006年）は，タイトルから受ける印象とはやや違って，当事者によるトランスジェンダーについてのわかりやすい入門書と言えるでしょう。トランスジェンダーをとりまく状況をより深く知るには，米沢泉美編著『トランスジェンダリズム宣言──性別の自己決定権と多様な性の肯定』（社会批評社，2003年）をおすすめします。出版年はやや古いですが，トランスジェンダーをめぐる数多くの根本的な論点を提示しており，いまなお啓発的な著作です。

　性同一性障害について全般的かつ深い知識を得るには，石田仁編著『性同一性障害──ジェンダー・医療・特例法』（御茶の水書房，2008年）が格好です。性同一性障害特例法については，針間克己・大島俊之・野宮亜紀・虎井まさ衛・上川あや『性同一性障害と戸籍──性別変更と特例法を考える（増補改訂版）』（緑風出版，2013年）が最新の情報を盛り込み解説しています。

　性同一性障害当事者の声を伝える手記・自伝・ルポなどは数多く出版されており，それぞれに興味深いものですが，ここでは上川あや『変えてゆく勇気──「性同一性障害」の私から』（岩波新書，2007年）のみを挙げておきましょう。

　トランスジェンダー現象を歴史的に考察するには，三橋順子『女装と日本人』（講談社現代新書，2008年）がまず必読です。石井達朗『異装のセクシュアリティ（新版）』（新宿書房，2003年）は，古今東西にわたるさまざまな文化におけるトランスジェンダー的現象を紹介しています。いわゆる「第三の

性」として語られるヒジュラ等についても言及されています。

「自己執行カテゴリー」を論じたハーヴェイ・サックスの論文と,「パッシング」を論じたガーフィンケルの論文は,どちらもハロルド・ガーフィンケルほか『エスノメソドロジー——社会学的思考の解体』(山田富秋・吉井裕明・山崎敬一編訳,せりか書房,1987 年)に収められています。鶴田幸恵『性同一性障害のエスノグラフィ——性現象の社会学』(ハーベスト社,2009 年)は,ガーフィンケルたちの発想を活かして日本のトランスジェンダーを論じています。

本文で触れたトーマス・ビーティさんについての記事には以下のようなものがあります(『デイリー・メイル・オンライン』2009 年 6 月 10 日付 http://www.dailymail.co.uk/news/article-1191946/Transgender-man-Thomas-Beatie-gives-birth--second-time.html#ixzz3C8LNbpkL)。

最後にオマケを一冊。もしあなたが自分をトランスジェンダーだとは思わず,けれども性別の境界線を越えることに関心をもっているなら,トランスジェンダーではない男性が女装して 1 年間生活した経験の記録,クリスチャン・ザイデル『女装して,一年間暮らしてみました。』(長谷川圭訳,サンマーク出版,2015 年)から,ジェンダーの桎梏について新たな発見を得られるかもしれません。

CHAPTER

第 **4** 章

ジェンダーは性と愛をも枠づける

同性愛と異性愛

WHITEBOARD

KEYWORDS

憎悪言論（ヘイトスピーチ）　憎悪犯罪（ヘイトクライム）　アウティング　同性愛（ホモセクシュアリティ）　異性愛（ヘテロセクシュアリティ）　両性愛（バイセクシュアル）　性的指向（セクシュアル・オリエンテーション）　セクシュアリティ　異性愛主義（ヘテロセクシズム）　ソドミー　ホモフォビア　クローゼット　カミングアウト（カムアウト）　同性婚　クィア

① セクシュアリティ，アイデンティティ，権力関係

　何年か前，筆者がアメリカでの在外研究に備えて東京の某英会話学校に通っていたときのことです。その日の授業の題材は「同性愛」でした。休み時間のおしゃべりの最中に，私が何気なく口にした「異性愛」という言葉に対して，その言葉をはじめて耳にしたらしいクラスメイトの女性が，誰に言うとでもなくこんなことを呟いたのです。「変なの。普通の人に特別な呼び方なんていらないのに」。

　そのとき感じた奇妙な衝撃はいまでも忘れられません。すでに私はジェンダーやセクシュアリティについて長く研究していましたから，自分を「普通」だと信じて疑わない人たちがそのことの特権性についてどれほど鈍感かということは十分に知っているつもりでした。けれども自分の耳で実際にその言葉を聞いたとき，事態の根深さに改めてうろたえさせられたのです。

　第 2 章で解説したように，アイデンティティを問う側と問われる側はしばしばマジョリティとマイノリティという〈分類〉と重なっています。そしてマジョリティは自分自身のアイデンティティを空気のように透明で自然なものとみなし，その自分自身を基準として，マイノリティを異質で偏った〈他者〉として扱いがちです。近年の日本で目立ってきた，異民族や外国人に対する**憎悪言論（ヘイトスピーチ）**および**憎悪犯罪（ヘイトクライム）**は，そうした〈他者化〉の暴走から生み出される極端な暴力です。それに対して，必ずしもあからさまな敵意から出たのではない言動でも，それを向けられた側にとってはしば

46 ● CHAPTER 4 ジェンダーは性と愛をも枠づける

しば脅威になりうるということは見過ごされやすいですが，決して軽んじることはできません。

　たとえば，「ホモ疑惑」という奇妙な言葉に注目してみましょう。飲み会などで，みなが知っている特定の人物が実は「ホモ」すなわち同性愛者であることを隠しているらしい，といったネタで大勢が盛り上がる場に，あなたも一度や二度は居合わせたことがあるのではないでしょうか。一見，そこにあるのは無邪気な笑いにすぎないように思われるかもしれません。しかし，はたして本当にそうでしょうか。ならば，「ホモセクシュアル」と対をなす「ヘテロセクシュアル」（異性愛者）については「ヘテロ疑惑」がネタにされないのはなぜでしょうか。それは，「ホモ」だけが嘲笑うのにふさわしい属性であると人々が考えているからでしょう。また，「疑惑」と言うからには，「ホモ」であることは隠されるのが当然であるということが前提とされているはずですが，なぜそうなのでしょうか。さらに，当人が隠そうとしていることを周囲が暴き立てるということ（アウティング）は，セクシュアリティに限らず一般的に見ても暴力性をはらんでいるのではないでしょうか。

　このように掘り下げて考えるなら，「ホモ疑惑」という言葉には，普通の──と自分たちを思い込んでいる──側の人々が，自分から見て普通ではない他者のアイデンティティを問いただし，暴き立て，からかいの対象とするという，明らかな差別の構図が刻み込まれていることが見えてくるはずです。こうした「からかい」は，テレビのバラエティ番組やソーシャル・ネットワーク上だけでなく，学校や飲み会などの対面状況でも頻繁に起こっています。それは決して軽い行為などではありません。むしろ「からかい」とは，ストレートな暴力に比べて軽く見えるがゆえに，その標的にされた被害者からの真面目な抗議をあらかじめ封殺してしまう──「ただの冗談なんだから，なにもそんなに怒らなくても」云々──ねじくれた攻撃方法でありうるのです。そうした「からかい」という行為は，より深刻な暴力や社会的な差別を温存することに一役買っているのです（江原由美子「からかいの政治学」）。

　本章では，同性愛と異性愛または同性愛者と異性愛者という〈分類〉をめぐる権力関係の構図を大まかに描いてみたいと思います。おそらく読者の中には，素朴に「同性愛とはどんなものか」を知りたいという方もおられるでしょうが，

1　セクシュアリティ，アイデンティティ，権力関係　● 47

それに答えることは本書の目的ではありません。フランスの作家ギィー・オッカンガムによる「問題なのは，同性愛の欲望ではなく，同性愛に対する恐怖なのである」（『ホモセクシュアルな欲望』）という洞察を引き継ぎつつ，この社会ではなぜ同性愛と異性愛が対立させられ，そこに異常／正常という序列が重ねられてきたのか，そのメカニズムはどのようなものかを問うこと——それこそが本章のめざすものです。したがって，本章が焦点を合わせるのは，むしろマジョリティである異性愛者の側であり，異性愛者たちを中心とする社会の方です。

 性自認と性的指向

　まずは考察の準備として，いくつかの基本的な概念の意味を確認しておきましょう。まず肝心の「**同性愛**」（ホモセクシュアリティ）とは，性的な欲望が主として同性に向かう状態を指し，それと対になる「**異性愛**」（ヘテロセクシュアリティ）とは，性的な欲望が主として異性に向かう状態を指します。いずれの性別の持ち主も性的な欲望の対象としうるようなあり方は「**両性愛**」（バイセクシュアル）と呼ばれます。これらを合わせて「**性的指向**」（セクシュアル・オリエンテーション）と呼びます。

　鋭い人はもう気づいたかもしれませんが，ここには「ジェンダー」という言葉は登場しません。その代わりに，「**セクシュアル**」とか「**セクシュアリティ**」といった言葉が活躍しています。日本語ではどちらも「性」という同じ文字が充てられてしまうので，両者の違いは意識しにくいのですが，今後のためにここではっきりと区別しておきましょう。ジェンダーが女と男の分類を指すのに対し，セクシュアリティとはある種の欲望を表す概念です。日本語に訳せば同じ「性」になってしまいますが，その中身はまったく違います。

　「ジェンダー」と「セクシュアリティ」という２つの概念を区別することで，次のような分析が可能になります。たとえば，日本語には「オカマ」という言葉があり，「女みたいな男」を揶揄したり侮蔑したりするニュアンスで使われていることはご存じの通りですが，このとき「女みたい」であることには，外見や言葉遣いが女性的というだけでなく，男に欲情する同性愛者であるという

48　●　CHAPTER **4**　ジェンダーは性と愛をも枠づける

意味も混ぜ合わされています。つまり「女みたいな男は男が好きなはず」，逆に「男が好きな男は女っぽいはず」という決めつけが行なわれているわけです。その背景にあるのは，男女間のセクシュアリティだけを正しいものとして認め，そこから外れるものは価値が低いとみなす「**異性愛主義**」（ヘテロセクシズム）の規範です。

　セクシュアルな感情ないし欲望は同性間にも存在するわけで，たとえば女に恋する女が男としての性自認をもっていたり男っぽい性格であったりする必然性はないのですが，異性愛主義にとらわれている人にはそのことが理解できません。男性の同性愛者の中には，女装をして女性のようにしゃべる人もいれば，スーツに身を包んだ平凡なサラリーマンもいるし，胸毛を露出したレザー・ファッションで男性性を誇示する人もいる，要するに，異性愛者の男性と同様，いわゆる男っぽさという点ではさまざまなタイプの人がいるにもかかわらず，一人ひとりの多様性を理解できなくなってしまうのです。このような思い込みを打破するために支えとなるのが，ジェンダーとセクシュアリティ，および性自認（ジェンダー・アイデンティティ）と性的指向（セクシュアル・オリエンテーション）との概念的区別です。

　さて，そのような意義をしっかり強調したうえでの話ですが，ここで性的指向という概念の限界にも注意を促しておきたいと思います。まず，すべての人が異性愛／同性愛／両性愛といった主要なカテゴリーのどれかに必ず当てはまるというものではありません。異性愛主義にどっぷり浸った人たちに同性愛者や両性愛者というマイノリティの存在を知らしめることは有意義ですが，そもそも人間のセクシュアリティをわずか数種類にすっきり〈分類〉できると思い込んでしまうなら，それは間違いです。もう一つ，性的指向とはセクシュアリティを対象の性別という一つの観点から〈分類〉する方法にすぎないということも認識しておくべきでしょう。たとえば，一個の人間を対象としないようなセクシュアリティ（たとえば肉体の特定の部位や特定の服装などに対するフェティシズム）やSM（サド・マゾヒズム）といったあり方は，その観点からはとらえきれないのです。さらに言えば，現実に生きる人々のセクシュアリティは無限に多様であり，しかもセクシュアリティと他のさまざまな欲望との境界線も定かではない以上，どれだけの概念を並べたところで，それらを完全に把握するこ

となど，誰にもできはしないのです——風にそよぐ木々の葉の一枚一枚，一瞬一瞬をそのまま言葉に置き換えることなどできないように。

3 同性愛という〈カテゴリー〉の発明

　先ほどは同性愛を「性的欲望が主に同性に向かう状態」とシンプルに定義しましたが，現実に流通する「同性愛」「ホモ」「ゲイ」「レズビアン」といった言葉には，こうした抽象度の高い定義には収まらない意味やニュアンスがまとわりついています。たとえば，同性に対してエロティックな欲望を抱く人が同性愛「者」と呼ばれるのはなぜでしょうか。ナントカ「者」という言葉はたくさんありますが，「歩行者」のように誰でも歩いている間だけそう呼ばれる場合と違って，「同性愛者」は性行為などしていないときでも，性欲など忘れて仕事に没頭しているときでも，いや睡眠中でさえ，「同性愛者」だとみなされます。また，かつては異性愛／同性愛という〈分類〉が正常／異常または健康／病気という〈分類〉に重ねられ，同性愛者に対するさまざまな「治療」が試みられた時代がありました。現在でもそうしたとらえ方が完全に克服されたとは言えません。

　それでは，このような「同性愛」の観念はいつ，どのようにしてできあがったのでしょうか。その経緯を簡単に振り返ってみましょう。

　日本語の「同性愛」に相当する言葉は19世紀後半のヨーロッパ世界において誕生しました（「異性愛」に相当する言葉がつくられたのはそれよりもあとでした）。それでは，この時期に「同性愛」という新語が生み出されたことにはどういう意味があるのでしょうか。新しい言葉であっても，それまでの語彙でも表せるような内容に新奇な記号を当てはめただけという場合もあるでしょう。流行語の多くはそんなものかもしれません。しかし「同性愛」の場合は違います。それは，それでなければ表せない新しい現実と密接に結びついた言葉だったのです。

　もちろん，19世紀後半に突然人々が同性同士で性行為をしはじめたわけではありません。ヨーロッパに限ってみても，古代ギリシアでは男性市民が少年

50 ● CHAPTER 4 ジェンダーは性と愛をも枠づける

を愛でる慣習がさかんに行なわれていました。やがてキリスト教が支配的になり，同性同士の肉体関係は罪悪視されるようになっていきますが，それはむしろ実際には行なわれていたということの証拠ととらえるべきでしょう。

このように，「同性愛」という言葉ができる以前から，おそらくどの時代や地域においても，同性間の性行為——と記述できる行為——そのものは行なわれていたと考えられています。しかしそれらを無造作に「同性愛」と呼ぶことはできません。なぜなら，そこには現在の私たちが「同性愛」という言葉に込めているような意味が欠けていたからです。19世紀半ばまでにも，同性間の肉体関係を指す「ソドミー」という言葉はありましたが，その意味合いはのちの「同性愛」とはかなり違いました。それは，キリスト教が正しい性行為として認める「正式に結婚した夫婦による子づくりのための行為」以外の性行為を包含する概念であり，そこには男性間の性行為だけでなく，獣姦などのさまざまな逸脱的性行動も含まれていたからです。

さらに重要なのは，「ソドミー」が基本的に行動の分類枠だったということです。すなわちそれは，誰もが道でつまずいて転ぶことがあるのと同じように，原理的には誰もが犯す可能性のある過ちとみなされていたのです。それに対して「同性愛」は，同性と肉体関係をもつような人々が心の内部に抱えている病理的な欲望を表す概念として生まれました。だからこそそれは，その人がどういう人間であるかという本質を指し示すものと考えられ，「同性愛者」という概念をも生み出したのです。そのようにして，欲望のタイプとしての「同性愛」と，そうした欲望をもつ人々をあたかも一つの種族のようにみなす「同性愛者」という概念が同時に成立したのでした。

ただし，前近代的な罪としての「ソドミー」が近代的な病気としての「同性愛」に完全に置き換えられたわけではありません。その証拠に，たとえばイギリス，ドイツ，アメリカ合衆国などでは同性愛行為を禁止する法律がごく最近まで健在でしたし，現在でも宗教的な信念にもとづいて同性愛を罪悪視する人々は根強くいるのですから。おそらく宗教的・文化的な〈罪〉と生物学的な〈病気〉という2つの見方は，2つのレイヤーとして重なり合い，混じり合いつつ，私たちを呪縛してきたのです。

そのことを象徴するのが，同性愛を「自然に反する罪」と呼ぶ発想です。同

3　同性愛という〈カテゴリー〉の発明　● 51

性愛は子どもをつくることにつながらないから不自然であるとするこの発想は，同性愛を禁止する法律の根拠とされていただけでなく，いまなお同性愛を異常なものとみなす人たちがしばしばその理由として持ち出すものです。しかしながら，そのような考えには実は論理的な根拠があるわけではありません。確かに性交によって生殖が行なわれるという生物学的な事実（因果関係）はありますが，だからといってそこから生殖を目的としない性交やその他の性行為が許されないという結論が導かれるわけではないからです。もしそのような考えをとるならば，同性愛だけでなく，性交時における避妊や，さらには不妊症の人の結婚も，同様の理由から禁じられるべきでしょう。そのようなセクシュアリティ観はあまりにも偏狭なものであるように私には思われますが，みなさんはいかがでしょうか。

　念のために申し添えれば，ある性質を病気とみなすことがつねに差別であるというわけではありません。けれども，病気という概念が負の意味合いを帯び，それゆえ差別を招き寄せやすいこともまた否定しがたい事実でしょう。精神分析の創始者ジグムント・フロイトのように，同性愛者を特殊な種族のように扱うことに反対した知識人もいましたが，フロイトの流れを汲む精神医学者たちの多くは同性愛を病理現象として扱い，患者に電気ショックを与えるといった暴力的な「治療」を長らく実行し続けたのでした。

4 日本社会における同性間性愛

　トランスジェンダーについてと同様に，日本は同性愛に対して寛容な社会と言われることがありますが，実際には陰湿ないじめや差別があり（そうでなければ，なぜ多くの同性愛者たちが真実を隠さねばならないのでしょう），また同性婚の制度化が進んでいない点から見ても，残念ながらそれは一面的な見方だと言わざるをえません。ただし，日本の歴史上には「衆道」や「男色」と呼ばれる同性（男性）同士の性行為の記録が数多く見つかることは事実です。なかでも戦国時代の武将たちが盛んに美少年を愛でていたことは有名ですし，女人禁制の男社会である寺院には稚児と呼ばれる年少の男の子が住まわされ，年長者たち

によって性的に愛玩されていました。また，近世における武士同士の義兄弟の契りは，いま私たちが考えるような単なる友情ではなく，当然のように肉体関係を伴うこともあったのです。

　こうした風習はそれぞれの当時においては必ずしもタブーとはされていませんでしたが，江戸時代に入ると次第に取り締まられるようになっていきます。ただし，それはヨーロッパのように宗教上の罪とされたからではなく，別の理由からだったと考えられています。たとえば，武士の男性同士が義兄弟の契りを交わす場合，2人が属する家臣団が異なっていると，タテ社会の権力秩序を横切る強い人間的結びつきが生じることになり，上位の権力者から見れば秩序を揺るがす危険がありました。また，何しろ武士なので，三角関係がこじれて刃傷沙汰に至るケースも少なくなく，そのため衆道が治安を乱す元凶とみなされ，弾圧されるようになっていったようです。

　それにもかかわらず，男色文化はそう簡単に廃れることはなく，明治期に入ってからも，「硬派」を自認する男子学生たちが徒党を組み，女性を遠ざけ，男性同士の性的接触を高らかに賛美するという風潮が隆盛を極めました。1885（明治18）年に出版された日本最初の近代小説・坪内逍遙『当世書生気質』には，男子学生同士のこんな会話が登場します。

　　須河　なるほどなるほど。そこで君は，男色主義を主張するんじゃな。
　　桐山　女色に溺れるくらいなら，男色に溺れるほうがまだ良いわい。第一，
　　　　　男どうしなら，お互いに智力を交換することもできるしなあ。

当時の「硬派」学生たちが，「男色主義」だけでなく，それと表裏一体の女性蔑視の心性をもっていたことがうかがえる一節です。ほかにも森鷗外や志賀直哉といった近代文学者たちの日記やエッセイには，学校の男子寮で上級生から追い回されて困ったり，反対に美少年に恋をして悩んだりした経験がしばしば書かれていますが，多くの場合，そこには必ずしも陰湿な差別の感覚は表れません。念のために付け加えておけば，いまでも男性同性愛者はみんな女嫌いであると思っている人がいるようですが，それは偏見です。年配の方の中には，同性愛全般をかつての「硬派」文化と同じように理解して，そのように思い込

4　日本社会における同性間性愛　● 53

んでしまっている人もいるのかもしれません。

このように近代化以前の日本では，同性間の肉体関係が戒められることはあっても，それは行為自体が罪だとか病気だとかいうのではなく，それが原因で社会秩序が乱されると考えられたからだったのです。ところが明治20年代頃——すなわち19世紀末から20世紀初頭——にかけて，欧米の学問や文化の輸入が加速され，社会に広まっていくと，その影響によって，性についての見方も変化していきました。最新の性科学や医学が紹介され，ホモセクシュアリティに「同性愛」という訳語が与えられたのもその時期のことです。かつて男色や衆道と呼ばれていたふるまいが，「変態性欲」や「異常性欲」という新たな概念でとらえなおされ，欧米と同様に病理現象として扱われるようになっていったのです。

今日の私たちは，人が同性に欲情することや同性と肉体関係をもつことを「同性愛」と呼ぶことに，いつのまにか慣れてしまいました。そして戦国武将たちの行状を見ては「昔から同性愛者はいたんだ」などと言いがちです。しかしそうした態度には，いわゆるアナクロニズム（ある時代よりもあとに生まれた概念やカテゴリーをそれ以前の出来事に当てはめて，当事者のリアリティを無視して自分勝手に理解したつもりになること）の危険が潜んでいます。遠い過去や離れた地域に生きる人々のふるまいの意味を理解するには，その社会的・文化的文脈の中に対象を位置づけ，その意味を読み取ることが大切です。こうした観点から見ると，日本でも「同性愛」はやはり近代になってから発明された現象であって，むやみに「大昔から同性愛はあった」などとは言えないように思われます。

5 差別への抵抗

19世紀後半以来，アメリカ合衆国では同性愛者たちは病的な存在とみなされ，劣等人種として激しい嫌悪（ホモフォビア）にさらされるだけでなく，社会的に差別され，無法な暴力をふるわれてきました（そうした現実の一端をかいま見るには，たとえば『トーチソング・トリロジー』や『ボーイズ・ドント・クライ』

といった映画をご覧ください）。しかし1960年代になると大きな変化が始まります。黒人たちによる公民権運動や学生主導のベトナム反戦運動，さらには女性解放運動（ウーマン・リブ）など，体制を根本から批判するさまざまな社会運動の大きなうねりの中で，同性愛者解放運動も立ち上がっていったのです。

その象徴的な出来事の一つが，1968年6月にニューヨーク・マンハッタンの片隅にあるゲイバーで勃発した，通称「ストーン・ウォールの反乱」です。それまで警官たちによる同性愛者への執拗な嫌がらせに我慢を重ねていたバーの客たちが，ある日の深夜，ついにたまりかねて決起し，投石などの実力行使によって，横暴な警官たちを追い返したのです。このことが翌日の新聞やテレビで報道されると，その知らせに勇気を得た同性愛者たちがすぐさま全米各地で同様の運動を繰り広げていきました。もちろんストーン・ウォールからすべてが突然始まったわけではありませんが，この反乱が同性愛者解放運動にはずみをつけたことは確かです。

ただし同性愛者の解放とは，集団で抗議行動をすることだけを指すのではありません。現在でも多くの人々が，自分の性的指向を身近な人に隠さざるをえず，孤独に苛まれています。このような状況を，英語では「**クローゼットに籠もる**」と表現します（日本では，人が入れるほど広いクローゼットを持っている人はかなりのお金持ちだけなので，この表現はピンとこないかもしれませんが）。そしてそこから脱出すること，すなわち自分が同性愛者であることを周囲に告げ知らせることを「クローゼットから出てくる」（カミング・アウト・オヴ・クローゼット），略して「**カミングアウト**」（**カムアウト**）と呼んでいます。一人ひとりの同性愛者にとっては，カミングアウトすること自体が，ホモフォビアに対する勇気ある抵抗なのです。

1970年代に入ると，アメリカ精神医学会の診断基準（DSM）から「同性愛」という項目が削除されました。同性愛は，ついに「病気」ではなくなったのです。現在，欧米では文化人や政治家の中にもカミングアウトする人が珍しくなくなり，ヨーロッパを中心に**同性婚**を認める国も年々増え続けています。長らく同性愛を許容しなかったローマ・カトリック教も少しずつ柔軟な態度をとりはじめており，かつてのように同性愛を蔑む態度は，公的な空間では許されなくなりつつあると言えるでしょう。しかし他方，同性愛を犯罪とする国もまだ

5　差別への抵抗 ● 55

数多くあり，世界的に見て同性愛者が安心して生活できているとは言えません。

　日本の状況はどうでしょうか。明治初頭に男性同士の性交が違法とされたことがありますが（1873〔明治6〕年の鶏姦条例），それはむしろ例外的な一時期でした。しかし，1990年に起こった「府中青年の家」事件（東京都が同性愛者の団体に対して施設の利用を許可しなかったために被害者団体から訴えられ，最終的に敗訴した）のように公的機関による差別事例もあり，また現時点で日本はG7諸国の中では唯一同性婚を認めていない国です。日常的には，「ホモ疑惑」ネタのような無神経な差別的言動や同性愛者を攻撃するラップの歌詞がメディアで垂れ流されたり（ヘイトスピーチ），「ホモ狩り」と称して同性愛者と思われる人々に暴力をふるうこと（ヘイトクライム）も後を絶ちません。こうした現状を見渡すなら，日本が同性愛——だけでなく，さまざまなセクシュアリティのあり方——に寛容な国であるなどとは，とうてい言えないことがわかります。

　そのような状況の中，2016年5月に自民党がLGBT差別を克服するための方針を示す文書（「性的指向・性自認の多様なあり方を受容する社会を目指すためのわが党の基本的な考え方」）を発表しました。その内容は非常に興味深いものですが，ここでとくに注目しておきたいポイントは2つあります。第1に，「まず目指すべきは，カムアウトできる社会ではなくカムアウトする必要のない，互いに自然に受け入れられる社会」であるという文言。このような理念自体は妥当なものです。しかしながら，それはあくまでも目標であって，そこに到達するための手段・方法ではないということは銘記すべきでしょう。現状でいきなりカムアウトを否定すれば，それは単に同性愛者たちを黙らせ，異性愛主義への迎合を強いることにしかならないからです。言うなれば，「カムアウトする必要のない」社会をつくっていくためにこそ，その目標地点へと向かう闘いの途上では，誰もが気軽に安心して「カムアウトできる社会」を実現することがまず必要なのです。したがって，上記文書を書き直して，「カムアウトする必要のない社会を実現するために，まず目指すべきはカムアウトできる社会である」と言うべきでしょう。

　こんな難癖めいた批評をあえてするのは，この文書が誠実にLGBT差別の解消をめざして書かれたのかどうかについて，少なからぬ疑問が残るからです。たとえば，以下の文言を見てください（これが第2のポイントです）。「性的指

向・性自認の多様性を認め受容することは，性差そのものを否定するいわゆる『ジェンダー・フリー』論とは全く異なる」。第8章で改めて見ていくように，「ジェンダー・フリー」論が「性差そのものを否定する」というのは悪質な誤解ないし曲解です。しかしながら少なからぬ保守派の政治家たちは，この論法を振り回して男女平等のためのさまざまな教育実践を弾圧し，性役割規範を強化することに血道を上げてきたのです。そのような立場が「性的指向・性自認の多様性を認め受容する」という高邁な理念と両立するとは，とうてい考えられません。この文書を作成した人たちは，上記のようなあからさまな矛盾をどのように克服していこうとしているのか，そもそもそうするつもりがあるのか。今後の動きを注視していきましょう。

 クィアから未来へ

　第2章の冒頭で紹介したトーマス・ビーティさんを覚えていますか。結局，ビーティさんは女性なのでしょうか，それとも男性なのでしょうか。当人のジェンダー・アイデンティティを尊重する立場から見れば，かれが男性であることを疑う理由はないように思えます。しかし，生まれつきの肉体によって性別が決まると考える立場からは，あくまでも女性であるという答えが返ってきそうです。

　ここまで本書はどちらとも答えませんでした。しかし，難しい問題だから避けて通ったというわけではありません。ある問いにあえて答えないことが，単なる逃げではなく，積極的な意味をもつことがあるのです。本書では，「男か女か」という二者択一の土台をなす二分法的なジェンダー規範（性別二元制）そのものを一つの〈謎〉としてとらえ，その成り立ちを問い直そうとしてきました。それは「男か女か」という問いそのものを揺さぶることであり，したがって上記のような問いに安直に答えることはそもそもできないのです。もしあえて答えるとすれば，「見方によってどちらとも言えるし，どちらでもないとも言える」といったところになるでしょう。

　このように性別二元制そのものをさまざまな角度から問い直す思考は，1990

年代以降,「**クィア研究**」(queer studies) と呼ばれ,学際的な研究領域をかたちづくっています。「クィア」とは日本語の「変態」や「オカマ」に相当する英単語ですが,この蔑視的な言葉を当事者たちが「変態で何が悪い」「異性愛者だって立派な変態じゃないか」と受け止め返し,あえて自分たちの研究や運動の旗印として掲げてきたのです。

　同性愛という概念を狭くとらえれば,それは明らかに性別二分法を前提にしており,すべての人にぴったり当てはまるものではありません。クィア研究の観点から見れば,それもまたセクシュアリティを〈分類〉する大まかな図式の一つにすぎないのです。同性愛という概念を固定化することなく,それをむしろ「性とは男女関係のこと」という凝り固まった常識を相対化する第一歩として位置づけるとよいでしょう。もちろん個々人のレベルでは,「自分は男しか愛せない」「自分は女にしか欲情しない」という人はいるし,そのことに他人が文句をつける筋合いはありません。セクシュアリティとは,ただそれだけのことではないでしょうか。

QUESTIONS

① 日本で同性婚が認められていないのはなぜだと考えられますか。「何となく」ではなく,具体的なデータにもとづき,根拠を明らかにしながら考察してみてください。

② あなたは同性婚を認めることに賛成ですか,反対ですか。いずれの立場をとるにしても,どのような根拠にもとづいてそのように主張しますか。その際,異性婚を無条件に前提として置くのではなく,「そもそも結婚とは何か,何のためにあるのか」という根本的な問いに立ち戻って,議論してみてください。

③ あなたが家族や友人から「自分は同性愛者である」と告白(カミングアウト)されたとします。かれらが納得のいく人生を送り,幸せになれるように,あなたにはどんなサポートができますか。具体的に考えてみてください。

読書案内　　　　　　　　　　　　　　　　　　　　　　　　**Bookguide** ●

　牧村朝子『百合のリアル』(星海社新書,2013 年)は,タイトルには「同性愛」という文字を含んでいませんが,内容的には一人の当事者の視点から同性

愛について基本的な事柄を丁寧に解説しています。とくに自分がレズビアンである（かもしれない）ことに悩んでいる若い女性におすすめします。

　同じ著者による『同性愛は「病気」なの？──僕たちを振り分けた世界の「同性愛診断法」クロニクル』（星海社新書，2016年）は，本章では簡単に触れることしかできなかった「同性愛＝病気」という意味づけの歴史的背景についてくわしく教えてくれます。歴史的に見た「同性愛」についてさらに深く知りたい人は，豊富な図版を用いて古今東西の「同性愛」現象を総覧する松原國師『図説ホモセクシャルの世界史』（作品社，2015年）によってさまざまな事例にアクセスできます。より深く探りたい人には，氏家幹人『武士道とエロス』（講談社現代新書，1995年），スティーブン・サイドマン『アメリカ人の愛し方──エロスとロマンス』（椎野信雄訳，勁草書房，1995年），リリアン・フェダマン『レスビアンの歴史』（富岡明美・原美奈子訳，筑摩書房，1996年）などが参考になるはずです。中国4千年にわたるセクシュアリティの歴史を通覧する大著，劉達臨『中国性愛文化』（鈴木博訳，青土社，2002年）は，同性愛を「異常」と記しており，関連する記述も少ないのですが，それでもセクシュアリティに関する興味深い知見が得られます。

　現代日本社会における同性愛（者）をとりまく社会的状況については，風間孝・河口和也『同性愛と異性愛』（岩波新書，2010年）が必読です。2015年に人権NGOヒューマン・ライツ・ウォッチが出した報告書『出る杭は打たれる──日本の学校におけるLGBT生徒へのいじめと排除』（https://www.hrw.org/ja/report/2016/05/06/289497）には，同性愛者やトランスジェンダーの生徒たちが他の生徒や教職員から受けた深刻ないじめの事例が数多く掲載されています。柳沢正和・村木真紀・後藤純一『職場のLGBT読本──「ありのままの自分」で働ける環境を目指して』（実務教育出版，2015年）は一種のビジネス本で，タイトル通り，LGBTの人々が気持ちよく働ける環境づくりのためのノウハウが記されています。自由民主党のLGBT政策への提言「性的指向・性自認の多様なあり方を受容する社会を目指すためのわが党の基本的な考え方」は以下のURLで読むことができます（http://jimin.ncss.nifty.com/pdf/news/policy/132172_1.pdf）。

　同性婚／パートナーシップ制度については，杉浦郁子・野宮亜紀・大江千束編著『パートナーシップ・生活と制度──結婚，事実婚，同性婚』（緑風出版，2007年），棚村政行・中川重徳編著『同性パートナーシップ制度──世界の動向・日本の自治体における導入の実際と展望』（日本加除出版，2016年）が有益です。東小雪・増原裕子『同性婚のリアル』（ポプラ新書，2016年）は同性婚について実体験にもとづいて論じています。同性婚に対する，同性愛者当事者の立場からの批判としては，堀江有里『レズビアン・アイデンティティーズ』（洛北出版，2015年）が見逃せない論点を提示しています。

近年，次々に出版されている，テーマを絞った専門的な研究もいくつか紹介しておきましょう。どれもテーマがわかりやすい題名になっているので，コメントは省略します。森山至貴『「ゲイコミュニティ」の社会学』（勁草書房，2012年），新ヶ江章友『日本の「ゲイ」とエイズ――コミュニティ・国家・アイデンティティ』（青弓社，2013年），三部倫子『カムアウトする親子――同性愛と家族の社会学』（御茶の水書房，2014年），砂川秀樹『新宿二丁目の文化人類学――ゲイ・コミュニティから都市をまなざす』（太郎次郎社エディタス，2015年）。

　ほかに，本章で直接に引用・参照した文献は以下の通りです。問われるべきは同性愛者よりも異性愛者の方だと革命的な視点の転換を打ち出した**ギィー・オッカンガム『ホモセクシュアルな欲望』**（関修訳，学陽書房，1993年）。「異性愛主義」につながる「強制的異性愛」という概念を最初に提唱した**アドリエンヌ・リッチ『血，パン，詩。――アドリエンヌ・リッチ女性論』**（大島かおり訳，晶文社，1989年）。「同性愛」という概念そのものの歴史を描き出した**デイヴィッド・ハルプリン『同性愛の百年間――ギリシア的愛について』**（石塚浩司訳，法政大学出版局，1995年）。日常的な「からかい」という所作に権力作用を見出した**江原由美子「からかいの政治学」**（『女性解放という思想』勁草書房，1985年所収）。セクシュアリティ理論の現代的な水準を画した**イヴ・コゾフスキー・セジウィック『クローゼットの認識論――セクシュアリティの20世紀』**（外岡尚美訳，青土社，1999年）。日本最初の近代小説の試みとされる**坪内逍遥『当世書生気質』**（岩波文庫，2006年）。

　最後に，1990年代はじめに出版された重要な書物を2点挙げておきます。**伏見憲明『プライベート・ゲイ・ライフ――ポスト恋愛論』**（学陽書房，1991年，学陽文庫版1998年）と**掛札悠子『「レズビアン」である，ということ』**（河出書房新社，1992年）。どちらも当事者によるカミングアウトの実践であるとともに，その鋭い議論によって日本における同性愛論の転換をもたらしました。現在の新しい読者にとっても刺激的な内容に満ちた古典的傑作です。

CHAPTER

第 5 章

「男なんだから,男らしくすべき」は論理じゃない

性差と性役割

WHITEBOARD

KEYWORDS

性差　ポップ心理学　性役割　違いの誇張　極端な二分法　科学的知識の
単純化　遺伝子　環境　論理の一貫性や整合性の欠如　規範性

1　男と女は別の惑星からやってきた？

　20世紀の後半以降，認知科学，脳科学，進化心理学といった学問が飛躍的
に発展し，人間の肉体についてはもちろん，その精神活動をも「ホルモン」や
「遺伝子」といった科学の言葉で解き明かそうとする動きが高まっています。
もちろん**性差**，すなわち男女の心理や行動パターンにおける違いも例外ではあ
りません。それどころか，性差というテーマこそは，現代の生物学における最
大の焦点とさえ言えるでしょう。

　いったい私たちはそうした言葉をどのように受け止めればよいのでしょうか。
これはもはや専門的な科学者だけにゆだねられた問いではありません。私たち
の一人ひとりが，たとえ詳細な専門知識をもつことは無理であっても——むし
ろ，無理であるからこそ——科学的な情報に対する適切な構えをもっておくこ
とが差し迫った課題になっているのです。本章と次章では，こうした大きな状
況をふまえながら，性差という現象をどのように理解すればよいのかについて
考察していきたいと思います。

　まずは次の文章を読んでいただきましょう。

　　男と女はちがう。どちらが優れている，劣っているということではなく，
　ただちがう。両者に共通しているのは，種が同じということだけ。住んで
　いる世界もちがえば，価値観もルールもちがう。(中略) 男がトイレに行
　くとき，目的はおそらくひとつしかない。いっぽう女にとって，トイレは
　社交ラウンジであり，セラピールームでもある。おたがい見ず知らずで入
　った者どうしが，出てくるときには親友や生涯の友になっていたりする。

62 ● CHAPTER 5　「男なんだから，男らしくすべき」は論理じゃない

（中略）男は探しものを見つけられないくせに，CDはアルファベット順に並べる。女はクルマのキーがどこにあっても探しだせるくせに，目的地への最短ルートを見つけられない。男は，男のほうが分別があると思っており，女は，女のほうが分別があると確信している。

トイレットペーパーがなくなったとき，補充する男の割合は？

不明。そんな実例にお目にかかったことがないから。

これは日本でもベストセラーになった『話を聞かない男，地図が読めない女──男脳・女脳が「謎」を説く』（アラン・ピーズ／バーバラ・ピーズ著）という本の一節です。こんなふうに，心理学（のようなもの）を巧みに使って男と女の違いをひたすら強調してみせる「ポップ心理学」にはかなりの人気があるようで，ほかにも『男は火星人，女は金星人』『男の子の脳，女の子の脳──こんなにちがう見え方，聞こえ方，学び方』といったタイトルの本が邦訳されてきました。

さて，上の文章を読んで，あなたは何を考えたでしょうか。私見では，こうした話に遭遇したときにどう反応するかで，その人の知的な方面の向き不向きがわかるような気がします。大きく分けて3通りの反応があるでしょう。

第1のタイプは，何の疑問ももたずに面白がり，さっそく合コンの盛り上げ用ネタにしてしまう人。失礼ながら，こういう方はそもそも知的探究には向いていないタイプです。別方面の幸せを探すのが賢明でしょう。

第2に，本当だったら面白いとは思うけれど，どれくらい信憑性があるのだろうと疑問が湧いてきた人。こういう人は優秀な科学者になれるかもしれません。人文系志望なら，しっかり資料を調べることが土台の歴史学などが向いていそうです（もっとも私自身は，文系，理系という〈分類〉にはあまり意味がないと考えているのですが）。ピーズたちの本を図書館で手に取り，どんな根拠があってこういうことを言っているのかを調べてみてください。

最後に，書かれてあることの真偽はさておき，なんでそこまで男女の違いを強調したがるんだろう，どうしてこういう本がウケるんだろうということに興味を抱いた人。すなわち，性差そのものよりもむしろ，性差を語る人間たちの頭の中身に関心を惹かれるタイプです。こうした人には，ぜひ社会学を学んで

いただきたいと思います。

　本章は主にこの第3の方向を進み，「性差の語られ方」を論じていきます。ただし念のために強調しておくなら，性差に関する科学的探究それ自体を軽んじてよいと言いたいわけではありません。世界が事実としてどうなっているかを明らかにしようとする，いわゆる自然科学の知見は非常に重要です。けれども，科学的探究も人間が共同で行う実践作業である以上，私たちが知らず知らず身につけている日常的なものの見方と無縁ではありえません。そのような意味での，性差に関する知識の〈社会性〉を明らかにすることは，それ自体が興味深い作業であるだけでなく，人間を客観的に理解するためにも必須の土台になるのです。

 性差の語られ方

　『話を聞かない男，地図が読めない女』が売れたことからもうかがえるように，世の中には，「男と女の違い」ネタが大好きな人たちが大勢いるようです。何かというと「男ってのは……」「女とは……」といった言い回しを口癖のように繰り返す人たちです。自分でそう思っているだけならべつにかまわないのですが，なぜかこういう人たちは他人に対して「男のくせに……しなきゃだめだ」「女なんだから……しなさい」云々と説教したがる傾向があるので，ハタ迷惑このうえありません。学生のみなさんはあまりそういう目に遭ったことはないかもしれませんが，会社勤めなどすると，宴会でタチの悪い上司からこの手の言い回しの連射で絡まれることも珍しくありません。こういう手合いの隣にはなるべく座らないように気をつけるのが賢明でしょう。

　とはいえ，このように「男／女はこう違う」という話からいきなり「男／女はこうすべき，こうあるべき」という話に飛躍すること，言い換えると**性差**についての話を**性役割**の話に横すべりさせる論法は，説教好きの上司の専売特許ではありません。それは世の中に蔓延する，典型的な〈性差の語られ方〉なのです。性差について考察する際には，実際にどのような性差があるか，その原因は何かということだけでなく，それと同時に，このような〈性差の語られ

方〉のレベルにも注目することがきわめて大切です。なぜなら，そうすることで，その議論が本当に性差の実態を究明しようとしているのか，それとも性役割に関する自分の価値判断をもっともらしく見せようとしているだけなのかを見極めることができるからです。

　それではピーズたちは性差をどのように語っているでしょうか。まず念のため，かれらは科学的に見て完全な嘘っぱちを述べているわけではありません。『話を聞かない男，地図が読めない女』の巻末に掲げられた参考文献一覧には，心理学や生物学の学会誌に掲載された文献も数多く含まれています。問題は，元の論文では多くの留保付きで慎重に述べられている知見を，ピーズたちが自説に都合よくねじ曲げていることにあるのです。

　そのやり口は，第1に，「違いの誇張」または「極端な二分法」です。たとえばピーズたちは，人間の男女に共通しているのは「種が同じということだけ」であり，「男と女は生物学的に異なる生き物」であって「根本的」に違うと言っています。私には「種が同じ」というのはかなり重大な共通点だと思われるのですが，そんなことはピーズたちにとっては小さなことにすぎないようです。たとえば全身の細胞が約37兆個であるとか，主な材料がタンパク質であるとか，遺伝子の総数が約2万2000であるとか，目が2つで口が1つであるとか，言葉を話すとか，そういったことは著者たちにとって人間の男女の「根本的な共通点」ではないというわけです。言葉というものをずいぶんデタラメに使っているなあという印象を拭えません。

　第2に，「科学的知識の単純化」もお約束の手法です。たとえばピーズたちは，「決まった状況でどう行動するかという本能は，突きつめれば遺伝子が決めているのである」と書いているのですが，いまどきこんな乱暴なことを言う遺伝学者や生物学者はいないでしょう。人間の行動は本能だけに突き動かされているわけではないし，そもそも遺伝子が本能を「決めている」ということも怪しいからです。**遺伝子**が**環境**との相互作用の中でどのように働くかというメカニズムについては，最近の研究によって，その複雑さがどんどん明らかにされつつあります。異なる環境で育った一卵性双生児の研究などから，遺伝子が行動や精神活動に影響を与えることが確かめられていますが，同時にその影響は「決めている」というようなものではないこともわかってきたのです。たと

えば，一卵性双生児の片方が同性愛者である場合，もう片方も同性愛者である確率は約50%であり，普通の兄弟における約25%を上回っているというデータがありますが，仮にこのデータを前提として認めるとしても――本来はそれ自体が慎重な議論を要する点ですが，ここでは説明の都合上，あくまでも「仮に」認めておきましょう――それを解釈して「性的指向には遺伝子が関与している」と言うこともできるし，「性的指向には生育環境の影響が大きい」と言うこともできるでしょう。どちらもそれなりに正しい認識を述べているのであって，どちらの言い方を採用するかは「コップに水が半分も入っていると言うか，半分しか入っていないと言うか」と同様に，レトリックの問題にすぎません。いずれにしても，遺伝子あるいは生育環境のどちらか一方が人間の性質を「決めている」とすることはひどい単純化であり，間違いです。

　ピーズたちの本が出版されたのは1998年のことで，まだヒトゲノム計画（ヒトの全遺伝子をかたちづくる塩基配列を解読した）も完遂されていませんでしたし，その後めざましく進展する遺伝子の働きに関する研究もいまより未発達でしたから，そのことを割り引いて評価すべきかもしれません。けれども裏を返せば，それは著者たちがまだよくわかってもいないことをさもわかりきっているかのように扱い，大風呂敷を広げたということになるわけで，知的誠実性を疑われても仕方ありません。少なくとも，レポートや卒業論文でかれらのマネをしたらアウトです。根拠づけが弱いとコメントされて，書き直しを命じられるでしょう。

　第3に，ピーズたちの論述には「論理の一貫性や整合性の欠如」が目立ちます。とりわけ問題なのは，何かと何かを比較するときの基準がぶれていることです。たとえばかれらは一方で「しょせん人間も動物なのだ」とか「私たちの身体の96パーセントは，ブタやウマと同じなのである」と述べて，ヒトとその他の動物との類似性を強調しています。ところが，先ほど引用した部分でかれらは，ヒトの男女はまったく異なる生物だと言っていたはずです。これらを合わせると，ヒトのメス（女性）とオス（男性）よりも，ヒトとブタやウマとの方が似ているということになりますが，いったい本気でそんなことを言っているのでしょうか。いったいどこから，そのような奇妙な主張が出てくるのでしょう。この謎を解く鍵は，この著者たちが，人間の男女を比較するときは

66 ● CHAPTER 5 「男なんだから，男らしくすべき」は論理じゃない

「違い」を強調し，人間と別の種を比較するときは「同じ」であることを強調するというように，比較の基準を恣意的に使い分けていることです。もし一方で「私たちの身体の 96 パーセントは，ブタやウマと同じ」だと言うのなら，男と女であれ，日本人と韓国人であれ，白人と黒人であれ，ヒト同士はみな全遺伝子の 99.9 パーセント以上を共有しているのですから，「人間同士はもっと同じ」と言うべきでしょう。しょせん女も男も同じ人類なのです。逆に，人間の男女の心理や行動がそれほど違うことに驚くなら，人間とブタやウマのより大きな違いにはもっと驚いてもよいでしょう（いったいブタやウマは，地図が読めたり他人の話が聞けたりするとでも言うのでしょうか）。

結局ピーズたちは，自分たちの主張をもっともらしく見せるために科学の知見を都合よくつまみ食いしているだけで，本当の科学精神などもちあわせてはいないのです。ついでながら，私は男性ですがトイレットペーパーがきれたときには速攻で補充します。とくに考えがあってというより，単にそうしないと落ち着かないからですが，こういう事例はかれらの調査対象からは外されてしまったようです。

性差とは集団間の違いである

それでは実際のところ，人間にはどのような性差があるのでしょうか——という話に進みたいところですが，焦りは禁物です。繰り返しますが，性差についてまともに考え論じるためには，〈性差そのもの〉について調べるのと同時に，つねに〈性差の語られ方〉にも注意を向けることが必要なのですから。何より大事なのは，肝心の「性差」という概念をはっきりさせておくことです。

さて，ここで問題です。そこら辺を歩いている女性の中からランダムに一人を選び，同じようにランダムに選ばれた男性と身長を比べたところ，差が見つかりました。これを性差と言ってよいでしょうか。たとえば男性である筆者の身長は 174 cm ですが，比較対象に選ばれた女性の身長が仮に 155 cm だったとして，両者を比べて「身長には性差がある，男の方が女より背が高い」と言えるでしょうか。イエスかノーかという答えだけでなく，「なぜそう言えるの

か」という理由・根拠もお答えください。

　答えは「ノー」です。もしも他の情報がないのなら，これだけでは 2 人の身長差を性差であるとは言えません。たとえば私は現在 53 歳ですが，比較対象の女性は 11 歳かもしれません。すると両者の身長差をもたらしている主な要因は年齢差であって性差ではないとするのが妥当です。彼女が成人したときには，筆者より背が高くなる可能性も十分にあるでしょう。実際，有名な女性テニス選手のマリー・シャラポワの身長は 188 cm で，男性である筆者をはるかに上回っています。もちろん，だからと言って先ほどと反対に「実は女の方が男より背が高い」などと言うこともできません。そもそも，たった 1 人や 2 人の男女を調べただけで性差がどうのこうのと言うこと自体が間違っているのです。性差＝男女の違いという以上，それは個人差ではなく，男女という集団間の違いでなければなりません。それは，少数のサンプルを観察しただけでわかることではないのです。

　それでは客観的な「性差」を明らかにするにはどうすればよいのでしょうか。集団と集団を比較することは，個人と個人を比較するように簡単にはいきません。やみくもに個人を集めて比べてみて，男女の違いが見つかったように見えたとしても，それは偶然にすぎないからです。個人と集団をつなぐためには，そのための手順と道具が必要です。その道具にあたるのが統計学です。

　性差についてきちんとしたことを言うためには，以下のような手続きが必要です。まず，女性という属性をもつ個々人，男性という属性をもつ個々人を一定数集めて，2 つの集団をつくる。次に，一人ひとりの性質——身長とか体重とか数学テストの成績とか言葉の流暢さとか——を正確に調べ，出てきた数字を全部足してから人数で割ると，平均値が出ます。この平均値を「女性の集団」「男性の集団」を代表する数値とみなして比較する（この「代表値」は必ずしも「平均」でなくてもかまいません。「最頻値」や「中央値」などを用いる方が適切な場合もあります。くわしくは統計学の教科書を参照してください）。その際，調べる対象（サンプル）の選び方や，集めてきたサンプルから出てきた結果がすべての女性・男性にどれくらい当てはまるかという誤差についても考慮しつつ，ようやくその結果として性差の有無について判断できるようになるのです（ちなみに統計学的には，性差が「絶対にある」というポジティヴな主張はできません。

68 ● CHAPTER 5 「男なんだから，男らしくすべき」は論理じゃない

「ない」確率は非常に低いので「ある，としてよい」と主張するのが精一杯です）。

4. 集団間の違いは個人間の違いとイコールではない

　一つの例として，日本に住む男女の平均身長について調べてみましょう。文部科学省の「学校保健統計調査（平成25年度）」によると，2013年度に17歳だった男子の平均身長は170.7 cm，女子は158.0 cmで，両者の差は12.7 cmでした。17歳を過ぎるともうそれほど背が伸びることはありませんので，この数値は現在の日本に住む青年の平均身長に近いと考えてよいでしょう。これを見ると，男女の平均身長にはかなり大きな差があるようです。

　さて，ここで再び問題です。あなたの知人の中から男性と女性一人ずつに来てもらって身長を測ったとしたら，どちらの身長が高いでしょうか。ここまでの解説をよく理解されている方は，「そんなの測ってみなきゃわからないよ」と思われたかもしれません。確かに究極的にはその通りなのですが，今回は「集団としての男女の平均身長にはこれだけの差がある」という情報がすでに得られていますから，ただやみくもに一人ずつの男女を比較していたときとは条件が変わっていることに注意してください。この場合は，先ほど挙げた平均身長に関するデータをふまえて，「たぶん男性の方が高いだろう」と予想できるのです。

　より具体的に言うと，まず上記のデータから男女それぞれの分散（または標準偏差）を割り出し，あとは公式を使って「任意の男性が任意の女性よりも背が高い確率」を計算することができます。具体的な手順を説明するスペースはありませんが，実際にやってみると，答えは約95%であるとわかります。これはかなり高い確率ですが，それでも5%すなわち20回中1回の確率で女性の方が背が高いということです。男女の身長の分布には重なり合う部分があり，一部の女性は一部の男性よりも背が高いわけです。細かく言えば，女性の約10%が165 cm以上なのに対して，男性の約17%が165 cm以下なので，男性のうちの17%よりも女性のうちの10%の方が背が高いということです。

　以上より，「男の方が女より背が高い」という表現は2つの集団について

4. 集団間の違いは個人間の違いとイコールではない　● 69

のものである限りでは正しいものの，そのまま個人レベルに当てはめることは
できない，ということがわかります。身長はヒトのさまざまな属性の中では非
常に性差が大きい属性ですが，それでも男女の分布にはある程度の重なりがあ
るのです。まして，地図が読めること（空間把握）や他人の話が聞けること
（コミュニケーション，あるいは共感）といった認知や感情に関わる能力の性差は，
あるとしても非常に微妙なものなので，とうてい「この人は女（または男）だ
からこれこれであるはず」などと決めつけられるものではありません（この点
については次章でさらにくわしく解説します）。

5 性 役 割

⦿▶ 規範性と社会性

　次は「性役割」（ジェンダー役割）という概念を見ていきましょう。性差と性
役割の区別はジェンダー現象を把握するうえできわめて大事なポイントですか
ら，これまで以上にじっくり見ていきたいと思います。

　まずは「性差」の復習から始めましょう。性差とは事実としての男女の違い
を意味する概念でした。男女の平均身長に差があるかどうか，あるとすればど
ちらがどれだけ高いかといったことは，実際に身長測定をしてはじめてわかる
ことですから，まじめに測定もせずに，「男の方が背が高いはずだ」という思
い込みや「男の方が高いのがいい」という願望にもとづいて勝手な数字を書き
込んでしまえば，それはねつ造であり，事実としての性差を明らかにしたこと
にはなりません。

　これに対して「性役割」は，人がその性別に応じて社会の中で期待される行
為のパターン，と定義されます。期待をもつことは心の状態ですから，性役割
とは男女の性質や行動の違いそのものではなく，そうした違いに関する人々の
考え──「女はこうあるべきだ」「男ならこうしてほしい」といった──を表
す概念だということになります。

　ここで重要なのは，性役割への「期待」は実際の性差とイコールではないと
いうことです。もちろん人は周囲からの期待を，とりわけ広く社会的に共有さ
れている期待を吸収しながら育ち，またそれを意識しながら行動するものなの

70 ● CHAPTER 5 「男なんだから，男らしくすべき」は論理じゃない

で，人々の頭の中にある「性役割」は男である人・女である人それぞれの性質や行動パターンに影響を及ぼし，それゆえ性役割と性差の内容は一致しやすくなります。しかし他方，人間は世の中からの期待に反する行為をすることがつねに可能なので，必ず一致するわけではありません。むしろ論理的に考えれば，「男と女は違っているべきだ」という期待を人々がもつのは，実際には「男と女はそれほど違わない」ことがある程度は知られているからでしょう（明らかなことを「期待」するという言い回しは奇妙ですよね。あなたは宝くじに当たることを「期待」したことはあっても，太陽が東から昇ることを「期待」したことはないはずです）。

　ここで言う「期待」は性役割を理解するための鍵概念ですから，さらにもう少し掘り下げておくことにしましょう。ひとくちに期待と言っても，この日本語で表せる状況はさまざまです。たとえば，ある女性を一目見て気に入った男性が，「もし彼女とつきあえたら，ディズニーランドでデートして，それから……」等々と繰り広げる妄想は，ここでの「期待」とはひとまず別物です。なぜなら，まず第1に，そうした個人的な願望には「規範性」が欠けているからです。いかにも難解そうな言葉が出てきましたが，引かないでくださいね。実はあなたも含めた誰もが，どうにかこうにかであれ社会の中に生きている限り，必ずこの概念を理解しているはずなのですから（たとえそれを「規範性」と呼ぶという知識はなかったとしても）。

　「規範性」とは，物事がどうあるべきだとか，どうあるのが当然であるといった判断の性質を表す概念です。先ほどの男性が，好きになった相手に告白したものの，あっさり振られてしまったとしましょう。失恋はつらい経験ですが，それでもたいていの人は一時的に落ち込むくらいで，本気で絶望したりはしないものです。つまり，特定の相手とつきあいたいという期待が失恋という現実とぶつかったときには，葛藤はあってもやがては現実をありのままに受け入れ，「人生は思った通りにはいかないなあ」などと呟きながら生きていく。それがまともな人間というものでしょう。

　とはいえ人間には身勝手な部分もあるのが真実で，自分の思いに応えてくれない相手をつい恨んだり，怒りを向けてしまうといった，卑小な気持ちが湧いてくることもあるでしょう。これは，自分の期待が現実とは一致しないという

5　性役割　● 71

状況を受け入れることができないということです。極端な話，世の中には本当にダメな人もいて，自分が好きになった相手が自分とつきあうのは当然だと思い込み，何度断られても相手につきまとい，あくまでも相手を自分の思い通りにしようとする輩もいたりするわけで，そういう人たちが悪質なストーカーやセクハラ常習者になるわけです。

このように，自分にとって望ましい状況への期待と，実際に目の前にある現実が食い違ったとき，期待の方を引っ込めたり修正したりすることができず，現実の方が間違っているのだと言い張るならば，その期待は当人の視点にとって「規範性」を帯びていると言うことができます。

しかしながら，それだけではまだ性役割と呼べるような期待にはなりません。たとえ誰かが「女はみんな喜んでオレとつきあうべきだ」とか「男性は給料の10倍以上の値段の婚約指輪を女性に贈るべきだ」といった規範的な期待を抱いていたとしても，それを誰からも認めてもらえなければ，単なる個人の身勝手な願望にすぎません。それだけならまだしも，そうした願望にもとづく行動が他人に迷惑をかけると判定されれば，セクシュアル・ハラスメントやストーカー行為のように，法的に処罰されてしまいます。このように，一定程度以上の広さで社会的に共有されているかどうかが，単なる個人的な期待と性役割のような社会的規範とを分ける第2の要素です。

 ## 性差と性役割

▶ 事実と規範

このように，「性差」と「性役割」とは異なる概念です。それでは両者の関係はどうなっているのでしょうか。ここで久しぶりに，さて問題です。みなさんは，誰かから次のような主張を突きつけられたら，どう応えるでしょうか。

命題A「どうせ人間は死ぬのだから，タコは茹でて食べるべきだ」
命題B「女は子どもを産むようにできているのだから，子どもを産むべきだ」

おそらく命題Aについては，わけがわからんと思った人がほとんどでしょ

う。でもそれはなぜでしょうか。「だから」の前後を別々の文だと見れば，それぞれは理解可能な主張でしょう。「どうせ人間は死ぬ」ことは誰にも否定できない真実ですが，万が一この世界に一人くらい死なない人がいたとしても，少なくともそれは意味の通る主張です。他方，「タコは茹でて食べるべきだ」というのは賛否の分かれる主張ですが（刺身で食べるのが好きな人もいるでしょうから），これも文の意味は明瞭です。それにもかかわらず両者が合わさると意味不明の主張になってしまう理由は，2つの文のつなげ方にあります。すなわち，「だから」という接続詞を挟むことによって1つめの文を2つめの文の根拠として位置づけることに，ほとんどの人は納得できないのです。

　では命題Bの方はどうでしょうか。実は，命題Aに関する分析はそっくりそのまま命題Bにも当てはまります。つまり，「だから」の前後半を別々に読めば，賛否は別として意味の通る主張なのですが，だからといって命題Bが全体として正しいことにはならないということです。けれども，おそらく命題Aに納得できない——それどころか意味がわからない——と感じた人の中にも，命題Bには何となく説得力を感じてしまった人がいらっしゃったのではないでしょうか。少なくとも，わけがわからんと思った人はあまりいなかったでしょう。

　ここには，多くの人が陥りやすい思考の罠が見て取れます。それは，事実そのものが特定の価値判断を根拠づけるという勘違いです。命題Aのように前半・後半でそもそも主語が異なるような場合には話題自体が飛躍していることがわかりやすいため，こうした勘違いをする人は少ないのですが，命題Bのようなケースでは「女性は子どもを産むようにできている」という事実認識が直ちに「女性は子どもを産むべきだ」という価値判断を帰結するかのように感じてしまう人が多くなるのです。もっと単純な例では，「男なんだから男らしくしなさい」といった言い方をなぜかもっともらしく感じてしまう人は多いでしょう。けれども本当は，ある人が「男である」ことが事実だからといって，直ちにその人が「男らしくすべき」だということにはならないのです。

　念のために確認しておけば，これは事実認識をいっさい価値判断につなげてはいけないということではありません。まったく逆に，正しい事実認識こそは妥当な価値判断の前提条件です。とりわけ政策や法律に関わる決定を行なう際

には，まずは思い込みを排して客観的事実を認識することこそが，実りある議論の必要条件であり，したがって私たちがより良い社会をつくっていくための土台になるのです。たとえば，国民はどんどん結婚して子どもをつくる・べきだという価値判断を先行させた政府や自治体がいくら婚活キャンペーンを繰り広げても，雇用状況の悪化やそれに伴う将来への悲観のせいで若年層が子どもをつくろうとしないなら，有効な少子化対策にはならないでしょう。あるいは，数多くの史料や証言が自分の気に入らないからといって，「ナチスのガス室など存在しなかった」「日本軍に従属させられた慰安婦などいなかった」「広島に原爆は落とされなかった」等々と吹聴すれば，それは被害者たちに対する許されざる冒瀆であるとともに，そのような言論（歴史修正主義）を許容する社会の国際的評価を貶めるだけです。このように，明らかな事実を尊重しない価値判断は虚しいものです。

　けれどもそれは，ある事実が特定の価値判断を正当化するということとは違います。たとえ同じ事実認識を前提にしていても，それをふまえてどのような価値判断を下すかは，開かれた問題なのです。たとえば，人間に殺人や強姦をする能力があるということは事実であり，もしかするとそれは遺伝子の働きに由来する本能でさえあるかもしれませんが，だからといって私たちは殺人や強姦をする・べきだということにはなりません。このように一般的に悪いとされている行為だけでなく，良いとされている行為でも同じことです。たとえば，ある女性が他人に対する高い共感能力をもち（日常語で言えば「思いやり」があり），したがって看護職に向いていることが仮に事実だとしても，そこから直ちに「あなたは医者よりも看護師になるべきだ」という価値判断を導くことはできません。同じ事実認識をふまえたうえで，「あなたがやりたいことをやりなさい」というアドバイスをすることもできるのです。どちらの立場が望ましいかは，その都度ごとに当事者や関係者がよく考え，また議論を通じて判断していくしかありません。第1章の言葉を使ってまとめなおすなら，良い／悪いを分ける〈基準〉は世界そのものに書き込まれているものではなく，私たち人間が議論を通じて共有していくしかないものなのです。そのことを忘れ，あるいは理解できずに，「男である」「女である」という単なる事実そのものが一人ひとりのあるべき状態やなすべき行為を決めているという勘違いから抜け出せな

74 ● CHAPTER 5 「男なんだから，男らしくすべき」は論理じゃない

い人が，あの疎ましい〈説教好きの上司〉のような存在に堕してしまうのでしょう。

　本章では，具体的なジェンダー現象そのものよりも，ジェンダーを論じるために必須の〈論理〉について考察しました。おそらく，非常に「理屈っぽい」内容だと感じた読者もいらっしゃるでしょう。しかし筆者としては，きちんと論理的にものごとを考えることが何かダサいことであるかのようにみなされる風潮そのものに疑問をもっているので，「理屈っぽい」こと自体は素晴らしいことだと思っています。ものごとを深く考えることなしに決めつけるのではなく，自分自身がものごとを判断するときにとらわれている〈論理〉や〈言葉〉そのものを見直し，別の思考法を発見していくことは，わくわくするほどエキサイティングな知的営みだと思うのですが，みなさんはいかがでしょうか。

QUESTIONS

① 「女／男なんだから～しなさい」「女／男のくせに～だ」といった言葉で性役割を押しつけられたことが，誰にもあるでしょう。それらの言葉をできるだけ正確に思い出し，そうした発言の意図や妥当性について分析してみてください。

② 本文中では身長という見えやすい属性の性差を例にしましたが，ほかにもさまざまな性差がありそうです。どのような属性についてどれくらいの性差があるか，客観的データを集めて確かめてみましょう。またそれが，自分が何となく思っていた性差とどれくらい一致しているかをチェックし，もしずれていた場合は，なぜ自分が間違った思い込みをもっていたのかを自己分析してみてください。

読書案内　　　　　　　　　　　　　　　　　　　Bookguide ●

　「性差」と「性役割」という概念については，拙著『ジェンダー入門』（朝日新聞社，2006 年）でもくわしく論じています。両概念の働きを含め，ジェンダー現象を論理的に分析するための思考力を養うには，江原由美子の著作が必読です。『ジェンダー秩序』（勁草書房，2001 年）という大きな研究書もありますが，まずは初期のシャープな論文を集めた著作に触れてみることをおすす

6　性差と性役割　●　75

めします。第**4**章でも紹介した『女性解放という思想』（勁草書房，1985 年）とそれに続く『フェミニズムと権力作用』（勁草書房，1988 年）という 2 冊の論集は，まだ「フェミ」などという略称すらなかった時期に，すでに「フェミニズムに対する飽き」や「差別論の空洞化」といった難問を直視しながら，そうした難問をも包み込む，性差別を乗り越えるための論理を築き上げようとする気迫がビシビシ伝わってくるような本です。具体的な性差や性役割の実態については，次章以降で紹介します。

統計学の基礎を学べる入門書は山ほどありますが，ここでは 1 冊だけ，片瀬一男・阿部晃士・高橋征仁『社会統計学ベイシック』（ミネルヴァ書房，2015 年）を挙げておきます。説明がわかりやすいだけでなく，のちに第**8**章で取り上げる「青少年の性行動調査」からすべてのデータがとられているので，ジェンダー論の観点からも興味深い読み物になっているからです。

本文中で言及した「ポップ心理学」の本は以下の通りです。アラン・ピーズ＆バーバラ・ピーズ『話を聞かない男，地図が読めない女——男脳・女脳が「謎」を解く』（藤井留美訳，主婦の友社，2002 年），ジョン・グレイ『男は火星人，女は金星人——すべての悩みを解決する恋愛相談 Q&A』（遠藤由香里・倉田真木訳，ソニーマガジンズ，2005 年），レナード・サックス『男の子の脳，女の子の脳——こんなにちがう見え方，聞こえ方，学び方』（谷川漣訳，草思社，2006 年）。

CHAPTER

第6章

科学や数学は女には向いていない？

生物学的性差

KEYWORDS

ジェンダー・ステレオタイプ　　遺伝子決定論　　遺伝子本質主義　　進化
自然淘汰　　自然選択　　性淘汰　　性選択　　メスの選り好み　　オス間競争
究極要因　　至近要因（近接要因）

1 女性の科学者が少ないのは，女性には不向きな職業だから？

　2005 年のこと，ハーバード大学総長であった経済学者ローレンス・サマーズの講演の内容が女性に対する社会的差別を助長するものだとして厳しく糾弾され，最終的にサマーズが総長を辞任するという事態に至りました。いったいかれは何を言い，そしてなぜそれがそれほどの波紋を引き起こしたのでしょうか。

　この事件の余波を受けて出版された『なぜ理系に進む女性は少ないのか？』という本の編者であるセシとウィリアムスは，サマーズの発言が物議を醸した理由を，それが「女性が科学・技術・工学・数学のキャリアにおいて少数派であるのは，女性が認知能力において劣っており，生物学的，社会的，職業選択，あるいはその 3 つすべての結果として必要な資質が備わっていないからであると示唆するように見えた」ことにあるとしています。ある種の職業分野で女性が活躍できないのはもっぱら女性自身の能力不足のせいであり，社会的な差別や偏見は無関係である——もしもサマーズが本当にこんなことを言ったのだとしたら，確かに現実認識が不足していると言わざるをえません。ただ，ここで気になるのは，「〜ように見えた」という慎重な言い回しです。セシとウィリアムスは，本当はそうではない，サマーズはそんなことは示唆していないと言いたいのでしょうか。もしそうだとしたら，実際にはかれは何を言ったのでしょうか。

　そんな疑問を抱きながらサマーズの講演録を読んでみると，問題はかなり微妙であることが見えてきました。筆者なりにできるだけ正確に要約すれば，サ

78 ● CHAPTER 6 科学や数学は女には向いていない？

マーズはおよそ次のように主張しています。〈科学や工学の分野で活躍する最も優秀な層の男女比率は5対1である。この原因の一部には生物学的な要素が関わっているかもしれないと推察できる〉。この場合の「生物学的な要素」とは，主に生得的な認知能力や関心領域の性差を指しています。つまり，最も優秀な部類の科学・技術者に女性が（男性に比べて）少ないのは，その地位にふさわしい才能をもつ女性が相対的に少なく，また女性は科学にあまり関心を抱かない傾向があるからだというわけです。

　文字通りに読む限り，ここでサマーズは飛び抜けた能力をもつ少数の人たちについての話をしているのであり，平均的に女性が男性に劣ると言っているわけではありません。また，自分の発言はあくまでも仮説であり，今後さらにきちんとした研究がなされるべきだと繰り返し述べています。さらに，職業上の男女間格差を正当化しているわけでもなく，女性が働きにくい組織のあり方や人々のジェンダー・ステレオタイプ（女はこういうもの，男はこういうものという決めつけた見方）を是正すべきだとも述べています。これらを総合的に考慮すると，筆者には，サマーズ発言そのものを性差別的であると決めつけることはできないように思われました。

性差の生物学的要因

性差研究の現状

　それにもかかわらず，サマーズ発言が大きな物議を醸したのはなぜだったのでしょうか。まず考えられるのは，かれの発言が事実に反しているという可能性です。生物学的性差に関するでたらめな説を吹聴したことが多くの人の憤激を買ったのでしょうか。まずはこの点を検証してみましょう。

　サマーズ論争の争点になったのは主に認知能力に見られる性差でした。セシとウィリアムスは，この領域に関する「権威」として，1995年にヘッジズとノウェルが科学誌『サイエンス』に発表した研究を紹介しています。それによると，10代の男女における数学や科学の成績を見ると，中央値（数値を小さい方から順に並べたときに真ん中にくる値）にはほとんど差がないのに対し，分布の

両端すなわち上位 10% および下位 10% では男子が占める割合が高く，しかもこの差は比較対象が 5%，1% と限定されるにつれてより顕著になるとされました。つまり，一般的な男女には差がないけれど，男子は女子よりも出来・不出来の差が激しく，数学が得意な人の割合は女子よりも大きいが，逆に苦手な人の割合も女子より大きいということです。

その後の研究の多くも，これと似たような結論を導いています。なかでも定説になりつつあるのは「心的回転課題」——ある図形を頭の中で回転させて別の図形と一致させたり，二次元の展開図を頭の中で立体図形に組み立てたりするアレです——において男子の方が優れているということや，いわゆる言語能力，とくに流暢に話す能力において女子が男子を上回るケースが多いことなどです。ただしこれらの性差は慎重な実験によってはじめて明らかになる微妙なもので，そのまま日常生活に反映されるようなものではありません。

それに対して，より観察しやすい例としては，幼児がその性別によって異なる種類のおもちゃを好む傾向が挙げられます。こうした傾向があることは，身近に子どものいる人の多くが感じているだけでなく，多くの研究者によって繰り返し確認されています。たとえば，神経科学者のリーズ・エリオットによれば，2 歳から 5 歳の男の子の大多数は，育った国の違いを超えて，トラック，ミニカー，ボールといった男の子用のおもちゃを好み，同年代の女の子の大多数は赤ちゃん人形，おもちゃの台所セット，おもちゃのお化粧セットなどを好む傾向がかなり明確にあるということです。それに比べれば，認知能力や性格などの性差ははるかに小さいのです。

ともあれ，統計学的に見れば，集団としての男女間にはさまざまな違い（性差）があるらしいことがわかります。次の問題は，これらの性差をもたらす原因（要因）は何かということです。多くの場合，この問いは，男女の育てられ方や置かれた環境の違いに起因するのか，それともいわゆる生物学的要因によるのかという二分法の枠組みで論じられてきました。そして後者を認めることは男女の社会的な地位における格差を正当化し，性差別を助長するとして批判されてきたのです。サマーズ発言が大きな非難を集めた最大の理由は，こうした状況があるにもかかわらず，かれが生物学的性差の存在を認めたことにあったと推察できます。

80 ● CHAPTER 6 科学や数学は女には向いていない？

遺伝子決定論の罠

それではいったい，性差の生物学的要因を認めることがどうして差別だとされるのでしょうか。ここでまず注意しておきたいのは，そもそも「生物学的」とはどういう意味なのかという基本的な点です。実はこの言葉はさまざまな立場の人たちがそれぞれ少しずつ異なる意味で使っているため，議論のすれ違いが非常に多いのです。おそらく少なからぬ生物学者は，ヒト（を含む生物）の性質はすべて「生物学的」であり，それゆえ認知能力の性差も含めヒトのあらゆる性質は生物学の研究対象だと考えているでしょう。しかし一般的には「生物学（的）」という言葉はもっと限定された意味を表し，「社会（的）」や「環境」といった言葉と対になって使われます。ただし，いずれにせよ，ヒトを含む生き物に影響を与える生物学的要因の最たるものが「遺伝子」であることに異論のある人はないでしょう。したがって，先ほどの問いは以下のように書き換えられます。男女の社会的な地位の違いの原因を遺伝子に求めることが，なぜ差別とされるのか——これがサマーズ事件を理解するために解決すべき問いです。

この問いに答えるには，遺伝子と呼ばれているものが実際には何であるかという自然科学的問題と，人々が遺伝子をどのようにイメージしているのかという社会学的問題とを区別することが有効です（念のために言っておけば，この区別は専門家／非専門家という区別とは別のことです。専門家もまた問題含みのイメージを世の中に広めることがあるからです）。前者ももちろん興味深い問題ですが，サマーズ発言の社会的影響を考えるうえでより重要なのは後者の観点です。遺伝子の本当の姿がどのようなものであれ，この社会における「遺伝子」という記号の働きを決めるのは，それが多くの人々によってどのようにイメージされているかということだからです。

そのイメージの核心は「**遺伝子決定論**」または「**遺伝子本質主義**」です。私たちは「遺伝子」という言葉を耳にすると，それが人間の性質を何から何まで決めているかのように思い込みやすいのです。そうした運命論的な心理傾向そのものが遺伝子の影響を受けているのかもしれませんが，各種メディアや（科学者も含めた）文筆家にもそうした傾向を助長している責任があることも否め

ません。たとえば，よく見かける「〇〇の遺伝子」——「〇〇」部分には「肥満」といった性質や「がん」といった病名が入ります——という表現は，1つの遺伝子が1つの性質を決定しているという印象を与えますが，実際にはそんなことはありません。ほとんどの性質——より正確に言えば，性質における差異——は数多くの遺伝子による複雑な協働の産物です。

それだけではありません。もしも肉体のあり方だけでなく，認知のような精神活動の領域まで遺伝子によって決定されているとすれば，まさにセシとウィリアムスがまとめたように，男女間の社会的格差も女性自身の生得的な資質や関心に由来する一種の自然現象であり，仕方がないということにされかねません。このような見方がまかり通ることを警戒する立場から見れば，性差を遺伝子に結びつけるような言説自体が危険なものとみなされるのも無理はないでしょう。

このような問題に対して，私たちはどのように対応すればよいでしょうか。少なくとも，問題を3つの異なるレベルに分けて考えることが有用でしょう。第1に，前章で考察した性差と性役割との区別を遵守する必要があります。どんな性差があろうが，そしてそれが遺伝子によって決まっていようがいまいが，そのことによって直ちに性役割規範が正当化されるわけではありません。たとえば数学が得意な女性の割合は男性よりも少ないかもしれません。しかしながら，たとえそれが事実であったとしても，だからといって「女は数学を学ぶべきではない」などという結論は導かれないのです。たとえば高校の進路指導の場において，大学の数学科を志望している女子生徒に対して「もっと女性にふさわしい分野へ進みなさい」などと性役割を押しつけることが許されるわけではありません。集団としての適性よりも個々人の希望や能力を尊重すべきだという立場もありうるからです。

第2に，「自然」という記号に注目してみましょう。第1章でも触れましたが，この言葉はくせ者です。そこにはたいてい良い意味合いが込められていますが，実際には手つかずの自然環境は人間にとって必ずしも望ましい対象ではないでしょう。このことは，災害や疫病のことを少し真面目に考えてみれば，誰にでもわかるはずです。もちろん，だからといって自然＝悪だというわけでもありません。正しくは，自然現象そのものに善や悪という価値は含まれてお

らず，人間が何らかの基準をもってそれを善と悪に〈分類〉するのです。仮に遺伝子に起因する性差によって男女の職業上の地位が異なっているとしたら，それを良いこととして価値づけて追認するのか，それとも，その状態を公正でないとみなして改善しようとするのかは，私たち自身が議論を通じて決めるべきことであり，自然そのものの中に答えが刻まれているわけではありません。「自然」という言葉をいくら振り回しても，それによって価値判断の問題に決着をつけることなどできないのです。

　さて，以上2点はものごとの考え方をめぐる問題ですが，それらとは区別される第3の問題として，そもそも遺伝子決定論は正しいのかどうかを検証する必要があるでしょう。とはいえ，ここで遺伝子や遺伝学の基礎を解説する余裕はありませんから，遺伝子と環境との関係という重要ポイントだけに絞って，基本事項を確認しておきたいと思います。

遺伝子と環境

　どれほど遺伝子の影響が強い性質であっても，それが顕在化する（発現する）までには，つねに環境との相互作用をくぐり抜けなければなりません。たとえば空間把握能力の性差について見ると，アメリカ合衆国の男子高校生よりも日本の女子高校生の方が成績が良く，かつアメリカ国内でも年を追うごとに性差が縮小しているという事実があります。このことは，教育制度や文化的背景が能力に影響していることを示唆しています。

　遺伝子の影響が誰の目にも明らかな性質である「寿命」を取り上げてみましょう。生物の寿命は種ごとにおおむね決まっており，それに遺伝子が深く関与していることは疑いようがありません。現在までに知られている最も長寿の生き物はアイスランドガイという種の二枚貝で，なんと507年生きた個体が見つかっています。また，北極海などに生息するニシオンデンザメというサメには392歳と推定された個体がありますが，こちらはまだ生きているので，まだまだ長生きする可能性があります（ちなみにこのサメの仲間が性的に成熟して子孫を残せるようになるのは150歳を過ぎてからだそうです）。ヒトがどう頑張っても，これほどの長寿を享受することはできそうにありません（それこそ大規模な遺伝子改造でもしない限り）。

2　性差の生物学的要因　● 83

しかしながら，生物が実際にどれだけ長く生きられるかは，環境に大きく左右されます。ヒトにおける男女の平均寿命——正確には「平均余命」——の経時的変化に着目してみましょう。これはジェンダーの作用を考えるうえで非常に興味深い事例です。今日では，女の方が男よりも長生きだというのが常識であり，実際2015年時点における日本人の平均余命は女性87.1歳，男性80.8歳と女性の方が6.3年も長くなっています（厚生労働省発表）。しかし時代を遡ってみると，戦後間もない1947年時点における差は3.9年しかなく（女性54.0歳，男性50.1歳），さらに大正期にはたった1年程度の差しかなかったことがわかります（女性43歳前後，男性42歳前後）。約100年のうちに日本人の寿命は30年以上伸び，かつ，男女の寿命の差は5年以上広がったのです。

　この間，日本人という集団中におけるさまざまな遺伝子の分布に大きな変化があったとは考えられません。それにもかかわらず，こんな短期間にこれほど大きく変化するような性質を，遺伝子によって決まっていると言うことは不正確です。生物種ごとの寿命の潜在的な可能性は遺伝子によって枠づけられているとしても，個々の生き物が実際に生きられる年数はまた別の話です。どれほど恵まれた体質に生まれついた人でも，貧困，飢餓，疫病，災害，戦争といった災厄によって早死にするかもしれないし，生まれつき身体の弱い人でも，優れた福祉や医療の恩恵によって長生きするかもしれないからです。

　ここで重要なのは，健康や生命を損なう災厄の影響は誰にでも等しく及ぶわけではなく，社会的に弱い立場に置かれた人々の方により重くのしかかりやすいという事実です。性差別の激しい社会では，女性は病気に罹っても病院に行くことを許されなかったり，栄養豊富な食料を男性に奪われてしまったり，周産期医療が未発達なために出産に際して命を落としたりといった現象が日常的に見られます。そのため，なかには男性よりも女性の寿命の方が短い国すらあり，たとえば世界の最貧地帯であるアフリカ大陸のサハラ以南（サブサハラ）に位置するレソトの国民の平均寿命は男性46.5歳／女性45.2歳，同じくスワジランドでは男性47.6歳／女性47.0歳とされています（国連発表，2005〜2010年）。これら貧困国では男性の寿命もきわめて短いのですが，それ以上に女性の方がより強く貧困の悪影響を受けていることが推測されます。

　このような事実から見て，結論的に言えば，人間のあらゆる性質は，遺伝

子・胎内環境・社会環境という複数の層にまたがるさまざまな要因が絡み合ってできあがるとしか言いようがないのです。

③ 進 化

　ここまでの考察から，遺伝子が性差を決めているわけではないこと，また仮に決めていたとしても，その事実によって性役割規範が正当化されるわけではないことを理解していただけたと思います。これでようやく，遺伝子と性差との関係という科学的問題そのものに取り組む準備ができました。

　遺伝子に起因する性差はどのようにしてかたちづくられてきたのでしょうか。その答えはたった一語で言い表すことができます。「進化」(evolution) です。地球上に存在するすべての生物がいまあるようにあるのは，進化と呼ばれるプロセスの帰結なのです。

　進化論の創始者チャールズ・ダーウィンの言葉遣いを借りて定義するなら，進化の本質は「変化を伴う由来」です。それは，ある生物種から新たな種が生まれ，あるいは滅びる，そうしたプロセスを繰り返しながら，生物の多様性が増していくことです。

　進化はあらかじめ目的や方向の定まっていない不断の運動であり，これからどのような生物が出現するか，誰にも確かなことは言えません。また，しばしば誤解されている点ですが，「進化」は「進歩」ではありません。ある種が繁栄するのは自然環境にうまく適応したからであり，それ自体として優れているかどうか，たとえば強いとか大きいとかいうこととは関係ありません。地上最強の生き物だった恐竜ティラノサウルスが滅びたのに対し，ティラノに踏みつぶされていた昆虫たちの末裔は地上のあらゆる地域にいまなお生息していることからも，それは明らかでしょう。

　進化のメカニズムはとても明快で論理的です。前提条件は，生き物が子孫をつくること，そしてその際，親の性質の一部が子に伝わること（この役割を果たすのが遺伝子というわけです）。ただし，生まれた子がすべて寿命を全うするならば，進化は起こりません。実際には，この地球上に生を受けた生き物たちの

中で，成熟するまで生き延び，子孫を残すことができる個体は限られています。そのような個体は，他の仲間よりもより良く自然環境に適応している確率が高いはずです（たとえば，仲間たちよりも首が長いために，高い木の枝に生えている葉をたくさん食べることができたキリンの祖先のように）。そしてその適応的な性質を受け継いだ子どもたちが，次の世代でも親と同じように数多く生き延びて繁殖すれば，この繰り返しを通じて，特定の性質をもつ個体が集団中に増えていくことになるでしょう。「**自然淘汰**」あるいは「**自然選択**」と名づけられたこのようなメカニズムこそが，進化の最大の原動力です。

　ところが，これだけではうまく説明できない現象が自然界にはしばしば見つかり，ダーウィンを悩ませました。その最たるものが，何を隠そう，同じ生物種のオスとメスの間に見られる性差です。たとえば，クジャクは絢爛豪華な尾羽をもつことで知られていますが，あれはオスだけのもので，メスにはありません。ここには二重の謎が潜んでいます。まず，あんなに目立つ格好をしていたら天敵（捕食者）に見つかりやすく，生存には不利になるはずです。もしかすると，人間にはわからない有利さがあるのかもしれませんが，それならメスもオス同様に尾羽をもっていたっていいはずです。

　さあ，困りました。しかし，さすがは天才ダーウィン，自分が見出した謎を解く鍵も自力で発見してしまいました。それは特殊なタイプの自然淘汰で，「**性淘汰**」または「**性選択**」と呼ばれるメカニズムです。自然淘汰一般とは自然が生物を選ぶことだとすれば，性淘汰とは，有性生殖する生物において，メスがオスを選ぶこと（**メスの選り好み**），あるいは，オス同士の競争を勝ち抜いたオスだけがメスを手に入れること（**オス間競争**）です（「オスが選ぶ」という逆パターンは稀です）。どんなに力が強く，知能が高い個体でも――ただし「知能」の定義はなかなか難しい問題ですが――繁殖機会に恵まれなければ，その性質は子孫に伝えられず，集団中に広まることはできません。それでは，効率よく繁殖するにはどうすればよいでしょうか。具体的には種によって異なりますが，一般的なシナリオとしては，オスの場合，なるべく多くのメスと性交して精子をばらまくような戦略がおおむね有利です。とにかく多数の子孫を残せれば，その中に適応的な個体が含まれる確率も高くなるからです。しかしメスの事情は異なります。卵を産むにせよ胎内で妊娠・出産するにせよ，メスが1

回の繁殖に要するコスト（時間やエネルギーなど）はオスより大きいので，なるべく優秀な——子孫を残しやすいという意味で——オスを選んで配偶することが重要になるのです。その結果，たとえ生き延びるという観点からは多少の不利益があっても，それを補って余りあるほどメスに選ばれやすい性質をもつオスは，結果的に多くの子孫を残し，その性質を集団中に広めることができることになります。実際，クジャクの派手な尾羽は，オスがメスを引きつけるために役立っていると考えられています。このように，メスとオスでは繁殖機会を増やすために有利な性質が異なるため，長期にわたる進化の過程を経て，性差が拡大していったと考えられるのです。

　進化は私たちヒトを含むすべての生物を生み出し，それぞれの種の性質を大枠で決めている「究極要因」です（それに対して，生物の形や行動に直接の影響を与える自然環境や生理的メカニズムなどは「至近要因」〔近接要因〕と呼ばれます）。男女の生物学的性差も，この究極要因としての進化によって枠づけられていることは間違いありません。しかし，何度目かの繰り返しをあえてするなら，ここでしているのは個人レベルの発達についての話ではなく，ヒトという種全体のあり方についての話であって，両者を混同することは厳に戒めなければなりません。もちろん，すべての個人は——当たりまえですが——ヒトの一員ですから，進化の視点は個々人についても多くを教えてくれます。たとえば「進化医学」と呼ばれる分野では，さまざまな疾病がそもそもなぜ存在するのかを進化史的に解明することで，より良い治療への新たな展望を開こうと試みています。しかし，だからといって，究極要因である進化の話を安易に当てはめて，個々の男女の性質をああだこうだと決めつけることはできません。たとえば進化的観点からは，ヒトのメスは他者に対する共感能力がオスより高いと考えられていますが，だからといってオスがみな自己中で冷血漢というわけではないのです。前章で身長を例にとって説明したことは，他のあらゆる性質にも当てはまります。

　それにもかかわらず，生物学的な知見が性差をめぐるステレオタイプを追認し強化するために用いられることはしばしばあり，しかもそこに専門家が荷担していることさえ珍しくありません。次節ではこの点をさらに掘り下げてみましょう。

4 生物学におけるジェンダー的偏見

　ここまでの考察から，性差のすべてを生物学的に決定されたものとみなすのは誤りであり，また同時に，すべてを生育環境や社会環境のせいにしてしまうのも間違っているということがおわかりになったと思います。読者の中には，こんな常識的な見解を述べるのにずいぶん紙数を費やしたものだとあきれた方もいらっしゃることでしょう。遺伝も環境もどちらも重要だなんて，別に専門家でなくても誰でも知っていることだろうと。

　その通りだと，私も思います。しかし残念なことに，性差や人種差といった人間の集団間に見られる違いをめぐる議論は，生物学的決定論か社会環境決定論かという両極のいずれかに偏りがちなのです。そのことはサマーズ論争を見ても明らかでしょう。サマーズの発言そのものは，科学者に女性が少ない理由の一つとして生物学的な要因があるかもしれないと示唆しただけでしたが，それを問題視した人々の一部にとっては，そもそも生物学的性差の可能性を認めたこと自体が許されないことであったように見えます。それは確かに極端な立場であり，科学的知識の欠如や科学そのものに対する偏見を批判されても仕方のない面があることは否めません。けれども他方，それだけで問題を片づけるのはフェアな議論ではありません。生物学的性差を肯定することに対する警戒心には十分に合理的な理由があるからです。すなわち，生物学的性差という観念によって性差別を正当化し，性役割規範を固定化することが繰り返し行なわれてきた歴史があり，かつそうしたことが今後も繰り返される危険はなくなってはいないのです。

　たとえば今日の私たちは，自分たちは「哺乳類」——それに対応する英語"Mammalia"は，「乳房」を意味する近代ラテン語に由来します——の一員だと思い込んでいますが，このような名づけ＝分類にはどのような根拠があるのでしょうか。すべての〈分類〉には固有の歴史が，すなわちその〈分類〉が定着するに至るまでに繰り広げられたさまざまな実践のプロセスがあります。「哺乳類」について言えば，それは18世紀の半ばに，現在も「分類学の父」と

して讃えられるカール・フォン・リンネが確立した〈分類〉の枠組みです。リンネは，それまでアリストテレスに倣って「四足類」と呼ばれていた生き物たちを，乳房を使って授乳するという特徴にもとづいて「哺乳類」と名づけ直したのですが，そこには「母性」を強調したいという意図が込められていました。上流階級の女性たちが自分の産んだ子を育てず，田舎に住む乳母たちに預けるという当時の慣習にリンネは反対し，母親自身による母乳育児を推奨する運動に取り組んでいたのです（ロンダ・シービンガー『女性を弄ぶ博物学』）。どうやらそこには，客観的事実への謙虚な姿勢よりも，リンネという個人の価値判断が色濃く反映されていたようです。

　このような事実をふまえて改めて見直してみると，哺乳類という分類名の奇妙さが浮かび上がってくるはずです。母親が乳房を通じて子に栄養を与えるから哺乳類というなら，親たちが口伝えで子に餌を与える鳥たちは，「鳥類」ではなく「経口類」とでもしなければ整合性がとれないでしょう。それに，「鳥類」にせよ「魚類」にせよ「両生類」にせよ，オスメスの区別をしない命名がなされているのに，なぜ哺乳類は授乳というメス（女性）だけの機能によって命名されているのでしょうか。ヒトの男性たちは――だけではなく，犬や猫や馬や牛のオスたちも――自分が生物分類において無視されていることに抗議すべきではないでしょうか。

　リンネの事例は古いものですが，生物学的な語彙をジェンダーの強化に利用する言説はいまもありふれています。「男女はこうあるべき」という価値判断をもっともらしく見せかけるための道具として科学的知識が利用されるのです。第 5 章で紹介したポップ心理学はその典型ですが，科学者自身の発言だからといって安心はできません。たとえば日本のある高名な脳神経科学者は，〈原始時代と同じように，女性は子どもが 8 歳になるまでは家の外で仕事などせず，つきっきりで育児をするべきだ〉という趣旨の発言をしています（澤口俊之『あぶない脳』）。人間が進化の産物であり，現在ではなく数万年前の過去の環境に適応しているという前提（これ自体はおそらく正しい）にもとづいた主張だと言うのですが，なぜそうしなければならないのかについての論理的な説明はありません。これは，ある分野の科学的知識をもつことと，その知識を正当な仕方で活用することとの違いを如実に示す事例であると言えるでしょう（もっと

も，こういう言論は進化論自体への根本的な誤解を含んでいるので，そもそも科学的知識をふまえていると言えるかどうかも怪しいのですが）。

5 生物学的性差の語られ方

　こうした現実を考慮すれば，性役割の固定化や性差別に反対する人々が，生物学的性差の存在自体に懐疑的になることにも十分な理由があると言えるでしょう。第5章でくわしく見たように，多くの人々が事実と価値を区別せず，集団間の違いを根拠として差別を正当化してしまうのだとしたら，そこでは事実としての違いを認めること自体が差別を認めることになってしまう。すなわち，性差があると言えば，相手から「じゃあ男女の待遇が違っても当然ですね」「男女の地位の違いは，不当な差別ではなくて妥当な区別ですね」等々と言われてしまう。そうした論法に反論するために，前提である「性差の事実」そのものを否定するしかない。とりわけ，性差が生物学的なもの，すなわち先天的で変更不能なものであるならば，そこから生じる差別もまた永久に解消できないものとして受け入れるしかなくなってしまう。そんなものは絶対に認めてはならない。──こうした思考の経路から，生物学的性差を否認する主張が繰り出されてきたのです。

　そうした警戒心がきわめて強く発揮されたのがサマーズ発言のケースだったわけです。それが天下のハーバード大学総長という社会的影響力の強い立場にある人の発言であったこともあずかって，発言主の意図や実際の発言内容を吟味することよりも，とにかく非難することが優先されたという面があったように思われます。セシとウィリアムスも，サマーズ発言をめぐる論争が「表面的であることが多く，科学的エビデンスにもとづいていなかった」と指摘しています。こうした状況を憂えたかれらは，優秀な科学者たちによるエビデンスにもとづいた議論を提供することで論争に決着をつけたいと願い，すでに紹介した書物を編集したのでした。はたしてかれらの狙いがうまくいったかどうかは何とも言えません。なぜならヒトには，事実をありのままに見つめるよりも自分が信じたいことを事実だと思い込む心理的バイアスがあるため，「科学的エ

ビデンス」を普及させさえすれば人々が生物学的性差の存在を認めるようになるとは限らないからです。

　しかしながら，生物学的性差をやみくもに否認することは，性差別の解消という目標から見ても袋小路でしかないでしょう。その理由は，第1に，性差とその生物学的原因に関する研究は着実に進んでおり，もはやその成果全体を無視することは知的に不誠実だからです。生物学的性差をめぐる最新の科学的成果を知ろうとせずに，何十年も昔の学説だけを頼りに，生まれつきの性差など（生殖機能以外には）存在しないといった極端な主張をする人は現在でも少なくありません。皮肉なことに，それは有能な女性社員の存在を目の当たりにしても男性優位の考えを変えない企業人がたくさんいることと表裏一体の態度であるように思われます。

　第2の，ある意味でそれ以上に大きな理由は，すでに第5章をしっかり読んでくださった方には明らかでしょう。性役割や性差別を批判するためには生物学的性差を否認しなければならないという思い込みは一種の罠なのです。「性差がある以上，性役割や性差別があるのは当然だ」というカタチをとる主張にはそもそも根拠がない。性差という事実問題を，どういう社会が望ましいかという価値判断に直結させることは間違いです。重要なのは，性差の事実は事実としてきちんと研究しつつ，同時にそれを性役割の押しつけや差別の正当化に直結させない議論の空間を広げていくことです。それはすなわち，〈性差の語られ方〉を見直し，改めていくということにほかなりません。

　もしも一人ひとりが自分の選んだ進路や職業に挑戦することができ，性差別にさらされることなく人生を享受できたにもかかわらず，結果として男女の活動分野に偏りが見られるのならば，誰も文句を言ったりしないでしょう。しかし現実はそうではありません。性差が問題になるのは，性役割を押しつけられ，望まない生き方を強いられる人たちがいるからであり，しかもそれが男女間の不平等をもたらしているからです。すなわち，男と女の違いそのものではなく，私たちがその違いをどのように認識し，意味づけ，人々の生活を左右するのか──すなわちジェンダーこそが真の問題なのです。

QUESTIONS

① まず「生物学的性差」とされている現象の例をいくつか書き出してみましょう。あなたがそれらを「生物学的」と考えた根拠は何でしょうか。どのようなメディアからその知識を得たのでしょうか。専門的な科学者たちは，それについて何を言っていますか。こうしたことを調べ，「生物学的性差」とされるものの科学的根拠を明らかにしてみましょう。

② 生物学的性差を根拠にして性役割を正当化する言説のサンプルを集めてみましょう。そしてそれらの論理的飛躍を見つけ，反論してみましょう。

読書案内　　　　　　　　　　　　　　　　　　　　　　Bookguide ●

　本文中で言及した文献は以下の通りです。ステフアン・J・セシ&ウェンディ・M・ウィリアムス編『なぜ理系に進む女性は少ないのか？──トップ研究者による15の論争』（大隅典子訳，西村書店，2013年），リーズ・エリオット『女の子脳　男の子脳──神経科学から見る子どもの育て方』（竹田円訳，日本放送出版協会，2010年），ロンダ・シービンガー『女性を弄ぶ博物学──リンネはなぜ乳房にこだわったのか？』（小川眞理子・財部香枝訳，1996年），澤口俊之『あぶない脳』（ちくま新書，2004年）。

　「進化」という考え方の基本をつかむには，やや古いですが，河田雅圭『はじめての進化論』（講談社現代新書，1990年）が好適です。書籍は絶版ですが，著者ご自身がウェブサイトに無料で読めるPDF版を掲載してくれています（http://meme.biology.tohoku.ac.jp/INTROEVOL/ はじめての進化論.pdf）。リチャード・ドーキンス『進化とは何か──ドーキンス博士の特別講義』（吉成真由美編訳，早川書房，2014年）は，「利己的遺伝子」説で一世を風靡した進化学者によるティーンズ向け講義です。より新しく，高度な情報を知るには，デイヴィッド・サダヴァほか著『カラー図解 アメリカ版 大学生物学の教科書 第4巻 進化生物学』（石崎泰樹・斎藤成也監訳，講談社，2014年）のような定評のある教科書に挑戦してみるとよいでしょう。ヒトの進化全般については，長谷川寿一・長谷川眞理子『進化と人間行動』（東京大学出版会，2000年）がまとまった教科書です。

　進化と性差については，麻生一枝『科学でわかる男と女の心と脳──男はなぜ若い子が好きか？ 女はなぜ金持ちが好きか？』（ソフトバンククリエイティブ，2010年）がイラスト満載の超入門書ながら真摯に書かれていますので，最初の一歩として手にとってみるのもよいでしょう。「母性」の進化について論じたサラ・B・ハーディ『マザー・ネイチャー──「母親」はいかにヒトを進化させたか（上・下）』（塩原通緒訳，早川書房，2005年）は，大部ながら

92 ● CHAPTER 6 科学や数学は女には向いていない？

一気に読ませるエキサイティングな本です。マーリーン・ズック『性淘汰──ヒトは動物の性から何を学べるのか』（佐藤恵子訳，白揚社，2008 年）はやや難しい本ですが，タイトル通り性淘汰について深く教えてくれると同時に，他の生物種の行動──「自己犠牲」や「母性愛」のように見える現象──を人間に当てはめて道徳的な主張をする傾向を強く戒めており，進化の〈語られ方〉を考えるうえで貴重な示唆を与えてくれます。

　「遺伝子」をめぐる人々のイメージについては，遺伝子技術と人々との関わりをさまざまな角度から論じる柘植あづみ・加藤秀一編著『遺伝子技術の社会学（テクノソサエティの現在Ⅰ）』（文化書房博文社，2007 年）と山中浩司・額賀淑郎編『遺伝子研究と社会──生命倫理の実証的アプローチ』（昭和堂，2007 年）という 2 冊の論集が参考になるでしょう。前者には拙稿「遺伝子決定論，あるいは〈運命愛〉の両義性について──言説としての遺伝子／DNA」も収められています。

　遺伝子や遺伝学については無数の読み物が出版されていますが，なるべく信頼できる専門家の書いたものを読むのがよいでしょう。ここでは，一般向けの入門書として経塚淳子『カラー版徹底図解 遺伝のしくみ──「メンデルの法則」からヒトゲノム・遺伝子治療まで』（新星出版社，2008 年）を，大学院レベルの教科書の中で比較的とっつきやすいものとしてデイヴィッド・サダヴァほか著『カラー図解 アメリカ版 大学生物学の教科書 第 2 巻 分子遺伝学』（石崎泰樹・丸山敬監訳，講談社，2010 年）を推奨しておきます。

CHAPTER 7

第7章
ジェンダーの彼方の国はどこにある

メディアと教育

WHITEBOARD

KEYWORDS

ステレオタイプ　男の子の国／女の子の国　性別役割分業　アスピレーション
男女共修　隠れたカリキュラム　スクールカースト　ジェンダー・バイアス
幼児化　性愛化　周辺化　矮小化

1　女道と男道

　本書の第1章では，私たちが朝起きてから外出するまでの日常生活にジェ
ンダーがどう関わっているかをスケッチしてみました。もちろん実際の生活に
はその続きがあります。多くの人は，家から出て，学校や職場に行くでしょう
（ライブハウスや競馬場に行く人もいるとは思いますが）。あるいは外出せず，家の
中にとどまる人もいるはずです。いずれにせよ，どこに行こうと，どこにいよ
うと，私たちの誰一人として，ジェンダーの圏内から外に出ることはできませ
ん。それは単に一日ごとの生活だけの問題ではありません。私たちはこの世界
に生まれ落ちた瞬間からずっと，いつも空気のようなジェンダーに包まれなが
ら生きているのです（未来の世代がどうなるかはわからない，と一抹の希望を込めて
言っておきましょう）。

　赤ちゃんが生まれると，多くの親はジェンダーの**ステレオタイプ**――男とは
こういうもの，女とはこういうものという固定観念――にもとづいて子どもに
接します。ある研究によれば，出産後24時間経って父母に自分たちの赤ちゃ
んへの印象を尋ねたところ，男の子に対しては「大きい，強い，たくましい」
といった言葉を用い，女の子には「小さい，弱々しい，かわいい，敏感」とい
った言葉を用いる傾向があるということです。たとえ実際の大きさや動作に違
いがなくても，です。したがってこうした違いは，赤ちゃん自身に備わった属
性ではなく，むしろ親たちの側のまなざしを反映するものだと言えるでしょう。
それどころか最近では，子どもたちは生まれる前からジェンダーの洗礼を受け
ているとさえ言えるかもしれません。医療技術の発達によって胎児の性別がわ
かるようになったため，親たちはすでに子どもが生まれる前から性別ごとに区

96 ● CHAPTER 7　ジェンダーの彼方の国はどこにある

別されたベビー服やおもちゃを用意して我が子の誕生を待ち構えているのですから（もちろん，そうした期待を胎児が察知するわけではありませんが）。

こうして私たちは，人生のはじめの一歩から，「男道」と「女道」という相異なる道行きを強いられています——もともとは自分で選んだわけではなく，必ずしも自分にフィットしているとは限らない道行きを。本章では，幼少期から少年期にかけての子ども・若者たちにジェンダーがどのように関わるか，いわば「男道」「女道」の分かれ方あるいは分けられ方を跡づけてみたいと思います。

 「女の子の国」と「男の子の国」

家族や保育園といった身近な範囲を超えて，子どもたちに広い世の中におけるジェンダーの世界を最初に垣間見せるメディアは，テレビの子ども向け娯楽番組でしょう。日本のテレビ草創期にあたる 1950 年代から 90 年代までの子ども向け特撮番組およびアニメを網羅的に分析した評論家の斎藤美奈子は，そこに「男の子の国」と「女の子の国」というまったく異なる 2 つの世界があることを明らかにしています（『紅一点論』）。

「男の子の国」を代表する番組は，かっこいい正義の味方のヒーローが敵と戦う「変身ヒーローもの」です。『ウルトラ』シリーズや『マジンガー Z』，あるいは『ゴレンジャー』から始まる戦隊ものなど，設定にバリエーションはあれど，基本的な物語構造は共通で，古くはヤマトタケルの神話や昔話の桃太郎や一寸法師などにも共通する「英雄譚」の流れに位置づけられるものです。このことから，現代の男の子向け番組が伝統的な男らしさのイメージを反復していることがわかります。ただし戦いに使われる武器・兵器は，最先端の科学の成果ではありますが。

一方，「女の子の国」の代表は，魔法を使える少女のヒロインが活躍する「魔法少女もの」です。物語の骨格としては，逆境に置かれたお姫様が王子様にめぐりあい，試練を超えて結婚にこぎ着けるという「お姫様もの」が主流で，最も有名なのはもちろんシンデレラの物語でしょう。ただし 1990 年代に大ヒ

ットしたアニメ『美少女戦士セーラームーン』以降のヒロインたちはもはやシンデレラのように受け身ではなく自ら敵と戦います。むしろ，科学技術で武装した「男の子の国」の住人との違いは，非科学的な魔法を駆使することでしょう。そのため，血が飛び散ったり怪獣の身体が爆発したりする男の子向け特撮ものに比べると，戦いといっても生々しさは抑えられています。さらに，恋愛の要素が必ず入っているのも「女の子の国」ならではの特徴です。

　こうした番組とは違い，『ドラえもん』や『サザエさん』といったいわゆる「お茶の間」アニメは男女どちらかだけの国を描いているわけではありませんが，日常的な世界を舞台にしているだけに，そこで描かれる男女間の関係性も現実世界のジェンダー構造をそのまま反復している面が目立ちます。『ドラえもん』の主人公のび太の家庭は核家族で，父親は手堅いサラリーマン，母親は専業主婦をしています。唯一の女性メインキャラのしずかちゃんがやたらとお風呂を覗かれることは有名で，斎藤に倣って「セクハラ天国」と言わざるをえません。これらはまさに現実世界の基本的なジェンダーおよびセクシュアリティのありさまそのものでしょう。一方，理想の家族像と評されることも多い『サザエさん』も，三世代同居で**性別役割分業体制**（サザエもフネも専業主婦で，会社勤めらしい波平やマスオはめったに家事をやりません）という点で保守的な家族のイメージそのままです。実は原作では，サザエさんが結婚前には雑誌記者としてバリバリ仕事をしていたり，結婚後もウーマンリブの集会らしき場所に出かけて壇上から演説していたりするのですが，そうした楽しく刺激的な面はテレビアニメではほとんど脱色されてしまっているのが残念です。

　以上のように，子ども向けの娯楽番組，とりわけ特撮やアニメ番組は，そもそもテーマや設定によって女の子向け／男の子向けをはっきり区別していることが多く，またその登場人物たちのキャラクターやお互いの関係性にも現実社会のジェンダー意識が反映されています。子どもたちは，こうした世界の架空のお話に夢中になりながら，いつのまにか現実世界のジェンダーを教えられていくことになるのです。

　とはいえ，子どもたちは番組に描かれるジェンダー規範をそのまま単純に内面化するわけではありません。画面に映し出されたジェンダー・ステレオタイプに対して，自分（たち）なりの解釈を行ない，独自の〈意味〉を見出してい

くのです。この点に関して，日本の「魔法少女」アニメに対する女の子たちの受け止め方を調査した須川亜紀子は一つの興味深いエピソードを紹介しています。母性やジェンダー役割を明らかに肯定的に描いたアニメを愛好する女の子たちを観察したところ，そこに出てくる赤ちゃんを「かわいい！」と言いながら，ままごと遊びをするときには誰もが子ども役をやりたがり，そうでなければ父親役が人気で，母親役をやりたがる子は一人もいなかったというのです（『少女と魔法』）。彼女たちは子どもなりに，メディアによって賛美されるものと現実の厳しさとの違いを認識しているのではないでしょうか。

　また，一つの作品にはさまざまな面があり，必ずしも一つのジェンダー観だけでレッテルを貼ることはできません。たとえば『ドラえもん』なら，のび太の趣味が「あやとり」という女の子っぽいものだったり，運動も勉強もダメなのび太が「他人の気持ちがわかる優しい青年」として評価されるなど，一般的な男らしさの観念に反する要素も見て取れます。日本の「魔法少女」アニメが世界中の女の子たちの心をつかんだ最大の理由は，何より女の子が主体的に決断し，戦うということだったはずです。セーラー戦士にせよ宮崎アニメのヒロインたちにせよ，かつてのディズニー・アニメのお姫様たちのように無力な受け身の存在ではなく，男に助けられるどころか，むしろ助ける存在として描かれています。そうした新たな少女像・少年像を体験した子どもたちは，前の世代よりも，ジェンダーへのとらわれからちょっぴり自由になれているかもしれません。

 ピンクカラーと女性役割

　戦う女性といえば，現在に至るまで続く「スーパー戦隊」シリーズの出発点となった『秘密戦隊ゴレンジャー』（1975年）のモモレンジャーを忘れることはできません。男性4人とともに女性が敵とバトルを繰り広げるという設定は画期的で，これまでさまざまな角度から論じられていますが，ここではピンクという「色」に注目してみたいと思います。

　女の子と言えばピンクというこの固定観念は日本だけの傾向ではありません。

3　ピンクカラーと女性役割　●　99

第6章で紹介した神経科学者リーズ・エリオットの著作『女の子脳 男の子脳』の原題は "Pink Brain, Blue Brain" です。アメリカ合衆国でも，女の子を象徴する色はピンクであり，男の子を象徴する色はブルーという〈分類〉が常識になっているのです。ベビー服を選ぶとき，女の子向けにはピンクを，男の子向けにはブルーやその他の色を何となく買ってしまうという人は多いのではないでしょうか。

　テレビと並んで子どもたちを夢中にさせるマンガ（コミック）の世界が「少年マンガ／少女マンガ」という強固なジェンダーの枠組みを備えていることはみなさんもご存じだと思いますが，それらの表紙やウェブサイトを見ると，絵柄やストーリーの違い以前にまず色づかいの観点から一目瞭然たる違いがあることがわかります。たとえば，2016年12月現在，少女マンガ誌でダントツ1位の発行部数（50万部前後）を誇る小学館の月刊誌『ちゃお』のウェブサイトを訪問すると，ショッキングピンクに星（☆）の模様がちりばめられた背景が目に飛び込んできます。雑誌本体の表紙も，赤をベースにエメラルドグリーンとピンクが乱舞する，なんともキラキラした色使いです。『ちゃお』は比較的低年齢の読者をターゲットにした雑誌ですが，もう少し高学年向けの『なかよし』（講談社）や『りぼん』（集英社）のサイトや表紙も，色合いに多少の違いはあっても，ピンクの印象が強いデザインになっています。

　それに対して，少年マンガ誌として発行部数ダントツ1位（200万部前後）の『週刊少年ジャンプ』の公式サイトの背景は薄いベージュです。表紙は，暗めの色を背景として，それとの対比で雑誌名や「新連載」の大きな文字の赤色が目立つ仕掛けになっています。ライバル誌『週刊少年マガジン』（100万部前後）も似たような傾向ですが，マンガのキャラクターを表紙にあしらった『ジャンプ』に対して，こちらはグラビアアイドルの写真が表紙であるためか，特定の「色」の印象は薄くなっています。『コロコロコミック』（小学館）はやや低年齢向けのせいか，『ジャンプ』に比べると明るい色調の表紙で，やや少女誌に近づくものの，赤・青・黄・緑・ピンクなどがバランス良く使われており，少なくとも，ピンクばかりが目立つということはありません。

　マンガのほかに，子どもと色との結びつきということですぐに思い浮かぶのは，小学生のランドセルの色です。もともと兵隊用の背嚢（バックパック）か

ら発展したというルーツをもつ革製のランドセルは，昭和30年代の高度経済成長期に普及し，全国の小学生の必須アイテムになりました。その色は，かつて20世紀の終わり頃まで，女の子なら赤，男の子なら黒とほぼ決まっていました。それ以外の製品もあることはあったのですが，あえて常識に反抗しようという人は少なかったのか，あまり売れなかったようです。

　そんな極めつきのジェンダー二分法に縛られたランドセルの色が多様化しはじめたのは，21世紀のまさに最初の年，2001年に，大手スーパーのイオンが「選べる24色のランドセル」を発売してからのことだと言われています。筆者の個人的な経験ですが，ちょうどその当時，職場の同僚から「息子と一緒にデパートにランドセルを買いに行ったら，ガラスケースの中に置かれてあったエ・メ・ラ・ル・ド・グ・リ・ー・ン・のランドセルを息子がとても気に入って，絶対にこれがいいと言い張るので仕方なく買ってあげた」という話を聞いた記憶があります。親御さんとしては，そんな風変わりなランドセルでは学校でいじめられるのではないかと心配したそうですが，幸いそうした心配は杞憂だったようです。ともあれ，昨今では小学生の集団が色とりどりのランドセルを背負っているのを見かけることが増えていますから，その子は勇気ある先駆者だったと言うべきでしょう。しかし，多様化したとは言うものの，お店のランドセル売り場を覗いてみると，女の子向けを狙ったと思われるピンク系のランドセルがやはり目立っています。各種アンケート調査を見ると，男児はいまでも過半数が黒を選ぶのに対し，女児は2，3割がピンク系を選んでおり，赤を上回っているようです。

　このようなピンクの支配はどうして生じたのでしょうか。女の子たちは元来ピンクが好きなのか，それとも出版社やランドセル製造会社がピンクを売り込むために女の子たちを洗脳しているのでしょうか。この問題に正面から取り組んだ堀越英美によれば，歴史を通じて必ずしもピンクが女の子の色とされてきたわけではないが，近年，小学校低学年くらいまでの女の子たちの好む色がピンク一辺倒という傾向が目立つようになり，いまやその波は世界中に拡がっているということです。とくに興味深いのは，現代になってしつけのあり方が変わり，子どもたちが自主的におもちゃや衣服を選べるようになった結果として，女の子のピンク熱に拍車がかかったという指摘です（『女の子は本当にピンクが好

きなのか』）。色の好みにはある程度の生得的な要因があるのかもしれません。しかし，だからといって生まれつきの性別ごとに好きな色が決まっているわけでもありません。男女ともに年齢によって好きな色は変化していくし，実はアンケート調査を見ると，ピンクは女性たちの嫌いな色としても上位に位置しているのです。最近では「女ならピンクでしょ」という決めつけに対する反発が着実に拡がり，「ダサピンク」というキビシイ言葉も生まれています。

　もちろん，ピンクという色そのものには何の罪もありません。問題なのは，それが女らしい色とされ，一人ひとりの趣味や個性を無視して女性たち全体に押しつけられること，そして反対に男性からは遠ざけられることにあるのです。「ピンクの支配」とは，単なる色の好き嫌いの問題ではなく，ジェンダーのステレオタイプの一部であり，かつ，その象徴なのです。

　世間的に女性らしい仕事とされる職業は，「ブルーカラー」「ホワイトカラー」に対して「ピンクカラー」と呼ばれます。典型的なピンクカラーの職業としては，花屋，パン屋などの小売店の店員やウェイトレス，キャビンアテンダントなどのサービス系，看護師，介護士，保育師，幼稚園教諭などのケアワーク系，美容師，ヘアメイク，ネイリストなどの美容系，一般事務，受付，秘書などのアシスタント系が挙げられます。小学生までの児童が答える「大人になったらなりたいもの」のアンケート結果を見れば，見事にこのような「大人」の世界の現実を反映していることがおわかりでしょう。そこでは不動の第1位である「食べ物屋さん」以下，「保育園・幼稚園の先生」「看護師さん」というサービス系，ケアワーク系が上位を占めるのです（第一生命保険　第27回「大人になったらなりたいもの」アンケート調査。ちなみに男子の上位は「サッカー選手」「野球選手」「警察官・刑事」）。

　上のリストからも，子どもたちのなりたい職業の幅がジェンダーによって枠づけられていることがうかがえます。女の子がスポーツ選手になりたいと思えないのは，男の子にとってのサッカーや野球のように，多くの人の注目を集め，成功すれば高収入を得られるスポーツが女性にはあまり開かれていないからでしょうか（スポーツの問題にはあとでもう一度触れます）。男の子では第8位の「学者・博士」が女の子では上位に入っていないのは，学問を探究するというイメージが女性らしくないとされているからかもしれません。反対に，男の子

が「看護師さん」や「デザイナー」になりたいと考えないのも，それらが男らしい職業ではないという偏見の効果ではないでしょうか。

性別ごとにふさわしい色があるという観念は，性別によって人生の可能性の幅を制約するジェンダー規範に通じています。好きな色・嫌いな色という，単なる生理的な感覚のように思われやすいことの背後にも，社会的なジェンダーの作用があるのです。

4 女らしい進路，男らしい進路？

学歴，進学アスピレーション

人が性役割規範に沿ってふるまい，人生の歩み方を決めていけば，その結果として実際に規範通りに女らしい，あるいは男らしい人になる可能性が高まり

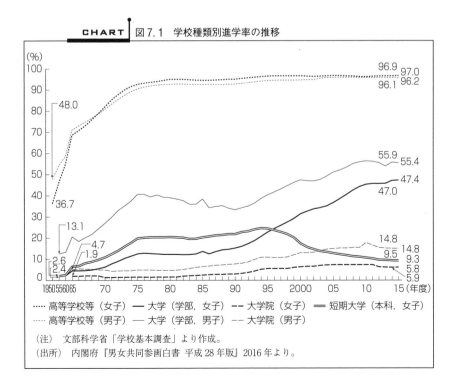

CHART 図7.1 学校種類別進学率の推移

(注) 文部科学省「学校基本調査」より作成。
(出所) 内閣府『男女共同参画白書 平成28年版』2016年より。

4 女らしい進路，男らしい進路？ ● 103

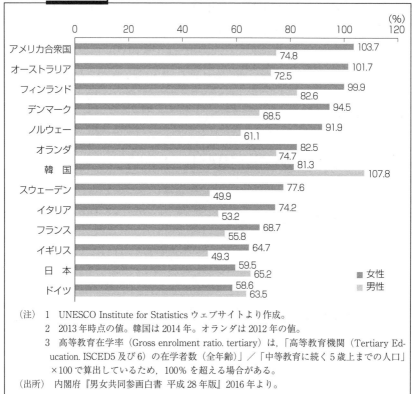

図7.2　高等教育機関在学率の国際比較

国	女性	男性
アメリカ合衆国	103.7	74.8
オーストラリア	101.7	72.5
フィンランド	99.9	82.6
デンマーク	94.5	68.5
ノルウェー	91.9	61.1
オランダ	82.5	74.7
韓国	107.8	81.3
スウェーデン	77.6	49.9
イタリア	74.2	53.2
フランス	68.7	55.8
イギリス	64.7	49.3
日本	59.5	65.2
ドイツ	58.6	63.5

（注）1　UNESCO Institute for Statistics ウェブサイトより作成。
　　　2　2013年時点の値。韓国は2014年。オランダは2012年の値。
　　　3　高等教育在学率（Gross enrolment ratio. tertiary）は、「高等教育機関（Tertiary Education. ISCED5及び6）の在学者数（全年齢）」／「中等教育に続く5歳上までの人口」×100で算出しているため、100％を超える場合がある。

（出所）内閣府『男女共同参画白書 平成28年版』2016年より。

ます。そして多くの人たちが同じようにすれば，集団としての女性と男性のあいだにも性差が生じます。生まれつきの性差があるから性役割がおのずと発生するのではなく，「女は／男はこうあるべき」という性役割規範が人々のふるまいに影響して，実際に性差をもたらすのです。

　進学に関わる性差からも，そのことは見て取れます。日本では男性の方が女性よりも4年制大学への進学率が高く，両者の差はじわじわと縮まってきているとはいえ，まだ数ポイントの差が根強く残っています（図7.1）。日本で育った人は，まあそんなものだろうと思ったかもしれません。しかしながら実はほとんどの先進国では，大学相当以上の高等教育機関の在学率において，女子が男子を上回っているのです（図7.2）。

　このような学歴の性差（むしろ格差と呼ぶべきでしょう）は何ゆえに生じてい

るのでしょうか。最も直接的な要因としては，子どもたちの教育達成への意欲（アスピレーション）そのものにおける性差が挙げられます。すでに中学3年生の段階で，大学以上への進学を希望する割合には，女子56.3%なのに対して男子65.4%と差が見られます（平成23年度「親と子の生活意識に関する調査」内閣府，2012年）。このように本人の意欲に差があれば，結果としての進学率に差が出るのも当然でしょう。

　しかしこれで問題が片づくわけではありません。このような意欲の性差をもたらした原因は何かという，もう一歩深い問題が残っています。男女の生まれつきの違いも影響しているかもしれませんが，どういう違いがどう影響するかはいまのところまったくわかっていません。それに対して，社会環境，とりわけ家庭環境の影響があることは確実です。

　とりわけ大きな要因の一つは，親（保護者）の子に対する教育期待の違いです。これまでの研究から，親（保護者）が子どもの進学についてどの程度の期待をしているかが子どもの進路に大きく影響すること，そして親の進学期待が子どもの性別によって大きく異なることがわかってきています。たとえば，あるアンケート調査の結果を見ると，男子に対して大学進学を期待する親の割合は51.6%であるのに対し，女子では37.7%にすぎませんでした。このような格差は，比較対象とされた他の国々（韓国，タイ，アメリカ合衆国，フランス，スウェーデン）には見られません（国立女性教育会館「平成16年度・平成17年度　家庭教育に関する国際比較調査」2006年）。

　こうした親からの期待の違いは，子どもたち自身の進学意欲にさまざまな回路を通って影響を与え，進学へのアスピレーションに性差をもたらします。それだけでなく，家計が苦しいときに女の子よりも男の子の学費を優先するといった行動にもつながり，女の子と男の子の進路を分かつのです。

分　　野

　大学進学率だけでなく，大学での専攻分野にも性差が見られます。図7.3が示すように，「人文科学」（文学部など）「薬学・看護学等」「教育」では女性が過半数を占めているのに対して，「理学」では26.8%，「工学」ではわずか13.6%と，女性はマイノリティにとどまっているのです。

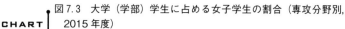

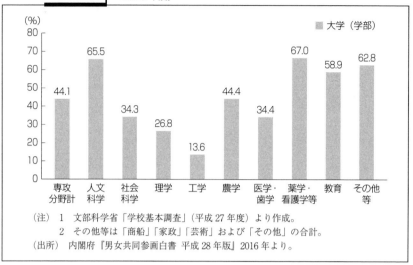

図7.3 大学（学部）学生に占める女子学生の割合（専攻分野別，2015年度）

(注) 1 文部科学省「学校基本調査」（平成27年度）より作成。
　　 2 その他等は「商船」「家政」「芸術」および「その他」の合計。
(出所) 内閣府『男女共同参画白書 平成28年版』2016年より。

　このような偏りの背後には，第6章でも見たように，数学や物理などのいわゆる理系科目は男性向き，語学などのいわゆる文系科目は女性向きという根強いジェンダー・ステレオタイプがあるでしょう。女の子は理数科目はできなくても仕方がないと言われる，むしろ数学が得意なんていう女の子は周囲から変人扱いされる，といった体験はよく耳にしますし，そういった偏見が公の場で語られることさえ珍しくありません。最近では2015年8月に，鹿児島県の伊藤祐一郎知事（当時）が「高校教育で，女の子に（三角関数の）サイン・コサイン・タンジェントを教えて何になるのか」と発言し，女性蔑視だという批判を浴びました。
　とはいえ，少子化によってどの大学も学生集めに苦労しているこの時代，理系学部といえども男の園のままでは将来先細りになることは目に見えています。そうした危機感を抱いた関係者たちは，女子学生を呼び込むために「リケジョ」（＝「理系女子」の略）といった——筆者にはかなりダサいネーミングに感じられて仕方ないのですが——キーワードを掲げて，女子受験生向けの説明会を開いたりしているわけです。
　ただし図7.3を見るとわかるように，一般的には「理系」にカウントされそうな薬学専攻に女性が多く，「文系」とされる社会科学専攻では比較的少ない

ことから，男＝理系，女＝文系と単純に片づけることはできなさそうです。ここでは「医学・歯学」と「薬学・看護学」との女子比率の違いに的を絞って，その背景をもう少し掘り下げてみましょう。

医学部や歯学部に属する女子学生は増加しつつあるとはいえいまなお少数派であるのに対し，薬学部（科）や看護学部（科）の在籍者は7割近くが女性です。実は就労者数を見てもほぼ同様の分布になっており，医師や歯科医師では女性は約2割にすぎないのに，薬剤師は6割以上が女性です。先ほど紹介した「なりたいもの」のアンケートでは，「お医者さん」は女の子の第4位で，男の子の第6位よりも上位なのですが，そうした憧れは実際の進学や就労にはまだまだ直結してはいないのです。それに対して看護職は，歴史を遡ればもともとは男性の職業だったのですが，19世紀のクリミア戦争に際してフロレンス・ナイチンゲールが女性看護職の地位を確保したことを転換点として女性の職業へと変貌し，現在の日本では9割以上が女性です。

このような偏りの理由は何でしょうか。見逃せないポイントは，現在の医療体制においては医師が主役で看護師がサポート役という序列が根強くあり，それが男が主役で女がサポート役という性別役割分業と重ねられていることでしょう。看護職を医師とは異なる専門職として確立しようとする看護師たちの努力にもかかわらず，いまなお看護職は，社会的には専門職としての地位を確立しきれておらず，準専門職ないし半専門職として扱われていることが多いのです。

⑤　学校文化と隠れたカリキュラム

ここまでは進学意欲・行動にジェンダーが及ぼす影響について見てきましたが，学校の内部もまたジェンダーに貫かれた空間です。その意味を，大きく2つの角度から見ていきましょう。

第1に，教育組織やカリキュラムなどに見られるあからさまなジェンダーです。具体的には，男子校と女子校との分離や，家庭科や体育などにおける男女別の内容などがそれにあたります。

日本の近代における教育の歴史を振り返るなら，明治維新後の学制によって
まず男子向けの学校が先行して発展し，遅れて女子も教育を受ける権利を少し
ずつ認められたものの，高等教育においては男女別学の時代が長く続きました。
敗戦後の教育民主化によって，ようやく男女共学が本格的に広まったのですが，
男子だけ，女子だけの学校はいまも残っており，現在も根強い需要があるよう
です。その評価についてはさまざまな議論があり，明快な結論を下すことは難
しいところです。少なくとも，男子校と女子校とを同列に論じることはできま
せん。男子校では旧弊な性役割意識をもつ生徒が多い傾向があるのに対し，逆
に女子校では生徒たちが思春期に男子に遠慮しないで生活できるからか，女子
が自立心やリーダーシップを養えるという意見もあります。みなさんはどうお
考えでしょうか。実は筆者は公立の男子高校出身なのですが，もしも生まれ変
わって再び高校生になれるなら，今度は絶対に共学校に通ってみたいと思って
います。

　カリキュラムの面について見ると，学校におけるジェンダー分離を象徴する
科目として「家庭科」がありました。戦後，小学校では男女ともに全児童が同
内容の家庭科を学ぶようになったものの，中学校では「技術・家庭科」の名の
下に男女異なる内容（女子は料理や裁縫など，男子は工作や電気など）を教えられ
るという実態があり，また高校では家庭科が女子のみ必修で男子には選択科目
とされたため，実際に体育などを履修する男子が多くなっていました。このよ
うに日本の戦後教育は，性別特性論にもとづく性別役割分業を前提とした部分
を長らく残してきたのです。これに対して，家庭科の男女共修を推進する運動
が成果を挙げ，1990年代には中学・高校でも家庭科の**男女共修**が実現されま
した。しかし現実には，いまなお男子だけの進学校などでは，家庭科の時間が
実際には他の受験科目に充てられているという実態も指摘されています。

　学校におけるジェンダーのもう一つのレベルは，たとえ明示的なカリキュラ
ムや教科内容の面では違いがなくとも，学校独特の文化を通じて児童・生徒た
ちが知らず知らず身につけることを強いられるジェンダー規範で，「**隠れたカ
リキュラム**」と呼ばれるものに含まれます。

　ジェンダーに関わる隠れたカリキュラムの構成要素は多岐にわたっています。
いくつかの例をランダムに挙げるなら，まずは共学の中学・高校における男女

別の名簿が典型的な隠れたカリキュラムとしての意味をもっています。そもそも性別によって名簿を分けること自体が根拠薄弱なのですが（大学では男女混合名簿を使っていますが，何も困ることはありません），それ以上に問題なのは，たいていの場合には男子の名前が先で女子の名前が後に載っているということです。かつてこの点を批判して男女混合名簿の推進を訴えた運動に対して，名簿の順番などという小さなことで差別だと騒ぐのは大げさだ（大意）といった反論が寄せられましたが，まったくの的外れだと言わざるをえません。一人ひとりの生徒の名前を呼ぶという作業が，毎回必ず男子優先で行なわれるということは，この社会が男性を中心に回っていることを生徒たちに確認させる象徴的な効果を持っているのです（それに，本当にそれが小さなことだと思うなら，女子を先にしたり，男女混合にしても，まったく問題はないはずです）。

　女性教員の数や地位もまた隠れたジェンダーに関するカリキュラムの一要素です。女性教員の割合は，幼稚園では 93.5% と圧倒的に高いのに，小学校では 62.3%，中学校 43% と学校段階が高くなるにつれて下がっていき，高校では 31.6%，大学では 23.7% とマイノリティになってしまいます。管理職（校長・副校長・教頭・学長・副学長）に女性が占める比率はさらに悲惨で，幼稚園では 68.6%，小学校 21.4%，中学校 8.4%，高校 8.2%，大学 10.8% というように，女性教員の比率に比べてもさらに少なくなっています（文部科学省「平成28 年度学校基本調査〔速報版〕」2016 年）。このような大人たちのあり方から，子どもたちは「難しい勉強を教えるのは男の役目，管理職として部下を動かすのも男の役目」というメッセージを吸収してしまうのです。

　児童・生徒間の関係も隠れたカリキュラムとして働きます。規範的な男らしさや女らしさの観念から外れる子（とりわけ性的マイノリティの子）に対するいじめはその最たるものですが，それ以外にも，近年さかんに報告されている「**スクールカースト**」の現象などにも，既存のジェンダー秩序を追認し再生産する側面があるでしょう。多くの場合，それは，典型的なジェンダー・ステレオタイプの基準に照らして「イケてる」男女を序列の上位に置き，そうでない「地味」な生徒たちを下位に位置づけるものだからです。

5　学校文化と隠れたカリキュラム　● 109

メディアとジェンダー

▶ スポーツを通して観る

　ジェンダーの問題に限らず，大学生に社会問題について意識調査の結果を見せて「どうしてこのように考える人が多いのだろうか」と問いかけると，判を押したように「メディアの影響で……」という答えが返ってきます。そして誰もが判で押したように，「メディアに踊らされずに，自分自身で正しい情報を見極めなければならない」といった決まり文句でレポートを締めくくるのです。

　これは何とも不思議なことではないでしょうか。誰もがメディアの影響力に対する警戒を怠っていないらしいのに，実際にメディアは影響力を持ち続けているのですから。インターネット上のSNSでは，どこの誰とも知れない，当該問題の専門家でも何でもない人のいい加減な発言を多くの人々が無邪気に信じ込み，特定の相手を大挙してバッシングする「炎上」現象が頻繁に起こっています。書店に行けば，外国人やエスニック・マイノリティに対する差別感情を煽り立てる書籍が目立つ場所に平積みされています。テレビのバラエティ番組が「これこれの食材は体に良い」と言えば，翌日のスーパーマーケットではその「これこれ」が売り切れます。

　こういった行動に走る人たちを馬鹿にすることは簡単ですが（そして，もっともなことではあるのですが），かれらもおそらく自分では「メディアに踊らされている」という自覚はないのでしょう。私たちも，「自分だけは大丈夫！」と安心しきるわけにはいきません。自分がメディアにどのような影響を受けているのかを見極めることは，決して簡単な作業ではないのです。

　メディアとジェンダーとの関係というテーマにはほとんど無限の広がりがあり，多種多様な素材が含まれますが，ここではスポーツに関するメディアを取り上げます。ジェンダー論の観点から見て，スポーツという対象は非常に興味深いものだからです。一方で，スポーツそのものを見ると，①運動や競技の多くが男女別に行なわれている，②体力や運動能力を測るモノサシにジェンダー・バイアス（性別に関連する偏見・偏向）がある，③指導者が男性，選手が女性というケースが多く，上下関係を背景としたセクシュアル・ハラスメントが

110 ● CHAPTER 7　ジェンダーの彼方の国はどこにある

起こりやすい，といった注目すべき点があり，他方では，スポーツをめぐる無数の報道やマンガ・映画・小説などのメディアにおけるその描かれ方を通して人々のジェンダー観を読み取ることができる。このように，いわばその内部においても，また外部との関わりにおいても，スポーツとジェンダーには密接な関係があるのです。この内部と外部は実際には切り離せないものですが（そのことは，スポーツマンガを読んでその競技を始めたという人が多いことから明らかでしょう），ここでは主に「メディアはスポーツをどのように描いているか」について見ていきます。

　ジャーナリストの森田浩之は，テレビの特撮番組やアニメと同じように，スポーツをめぐるメディアの世界も「男の国」「女の国」という強固な2つの国に分かれていると論じています（『メディアスポーツ解体』）。たとえば，メディアによる女性アスリートの描き方には以下のような3つの特徴があるとしています。

①女性アスリートの「**幼児化**」「**性愛化**」。男性アスリートに比べて，ファーストネームで呼ぶ頻度が高く，またアスリートの外見やセクシーさに注目する傾向がある。後者の具体例としては，ビーチバレーが，競技そのものの存在感をはるかに超えた大きな扱いをされたり，女子ゴルフを報じるスポーツ新聞が，ショットを打った際にシャツがめくれあがって腹部が見えた瞬間の写真を定番的に載せることなどが挙げられます。

②女性アスリートとその業績の「**周辺化**」。男性アスリートに比べて報道される量・時間が少なく，大きく報道される競技も「女性に適した」ものに偏っている。野球，サッカー，大相撲，ラグビーなど，男性による競技が報道の大きな部分を占めていることは直感的に明らかですが，実証的研究によっても確かめられています。報道されるものも，女性ならではの「美」が注目されるフィギュアスケートやシンクロナイズドスイミングをはじめとする「女性に適した」イメージの競技，すなわち個人主体で，相手との直接的な身体接触がなく，自分のポイントがそのまま相手のマイナスにならないような競技に偏っているのです。

③女性アスリートとその業績の「**矮小化**」。これにはさまざまな手管がありますが，森田の分析でとくに興味深いのは，女性選手とそれを支える男性

との関係についてです。たとえば，フィギュアスケート世界選手権で金メダルを獲った安藤美姫についての記事では，いつの間にか男性コーチであるニコライ・モロゾフが主役であるかのように描かれていく。結婚している女性選手の記事では，夫や家族の「理解と協力」が不可欠の要素として非常に強調される。こうした描き方は，男性選手についての報道にはあまり見られません。金メダルを獲った男性選手については，その選手自身の才能や努力がストレートに賞賛されるのに，女性選手が活躍すると，彼女を支えた男性の存在感が強調され，彼女自身は背景に退けられる傾向があるのです。

　このような「メディアスポーツ」のあり方は，人々のジェンダー観の結果でもあり，逆にそれらを生み出す原因でもあるでしょう。この循環をどこかで断ち切らない限り，スポーツにおけるジェンダー・バイアスや性差別をなくし，性別にかかわらず誰もが能力と努力に応じて活躍できる環境をつくることはできません。

　それではどうすればいいのでしょうか。簡単な作業でないことは確かです。けれども，いたずらに悲観する必要もないでしょう。なんと言っても，これまでも多くの先人たちの努力によって，女性アスリートをとりまく環境は着実に改善されてきたのですから。かつて1928年のアムステルダム・オリンピックの800メートル走で銀メダルを獲り，日本人女性として歴史上初のメダリストとなった人見絹枝さんが陸上競技を始めた頃は，女性のスポーツ選手であるというだけで日本の伝統を汚す存在だと罵倒されたそうです。もちろん，いまそんなことを言う人は，ごく一部のおかしな人だけでしょう。また，1990年代の幼稚園児たちに，女子サッカーもあるよと言うと「うそー」と叫んだという報告がありますが，「なでしこジャパン」の活躍を経た現在では，そんな子どもはほとんどいないでしょう。このように状況が着実に変わりつつあることを正当に評価したうえで，なお残っている数多くの問題を一つずつ解決していくことが，スポーツにおけるジェンダー平等を達成するための今後の課題です。

112 ● CHAPTER 7　ジェンダーの彼方の国はどこにある

QUESTIONS

① 本文中でテレビの特撮番組やアニメについて述べましたが，あえて誰もが知っている古典的な作品を主に取り上げました。みなさんは他のもっと新しい作品を取り上げ，ジェンダーに着目する視点から分析してみてください。その際，既存のジェンダー規範を強化しそうな要素と，反対にジェンダーの枠組みを揺さぶりそうな要素とを腑分けしてみましょう。

② 学校で児童・生徒に知らず知らずジェンダー・ステレオタイプを教え込む「隠れたカリキュラム」の事例を思いつく限り列挙し，どのように改善できるかを考察してみてください。

読書案内 | Bookguide ●

　冒頭の「男道・女道」という表現は，**加藤秀一・石田仁・海老原暁子『図解雑学ジェンダー』**（ナツメ社，2005 年）の海老原暁子さんによる執筆箇所からお借りしました。同書を筆者とともにつくってくださった海老原さんは，つい先日，若くして帰らぬ人となりました。末期がんとの闘病生活のただなかで執筆された自伝的ジェンダー論**『がんのお姫様』**（岩波書店，2013 年），そして笙野頼子という独創的な小説家を論じた希有のフェミニズム文学批評集**『なぜ男は笙野頼子を畏れるのか』**（春風社，2012 年）から，海老原さんの歯に衣着せぬ，しかしどこか軽妙で明るいジェンダー批判に触れていただければ嬉しく思います。

　子ども向けのアニメや特撮番組については，本文中で参照した**斎藤美奈子『紅一点論——アニメ・特撮・伝記のヒロイン像』**（筑摩書房，1998 年，文庫版 2001 年）のほかに，**斎藤環『戦闘美少女の精神分析』**（ちくま文庫，2006 年），**須川亜紀子『少女と魔法——ガールヒーローはいかに受容されたのか』**（NTT 出版，2013 年）がそれぞれ興味深い分析を提示しています。**若桑みどり『お姫様とジェンダー——アニメで学ぶ男と女のジェンダー学入門』**（ちくま新書，2003 年）は，古典的なディズニー・アニメのお姫様像について明快に論じています。

　子どもの発達過程におけるジェンダーの関わりについては，**鈴木淳子・柏木惠子『ジェンダーの心理学——心と行動への新しい視座』**（培風館，2006 年）がたいへん情報量の多い教科書です。**藤田由美子『子どものジェンダー構築——幼稚園・保育園のエスノグラフィ』**（ハーベスト社，2015 年）は，子どもたちへのインタビューや観察にもとづいて，ジェンダーが身につけられていく過程に迫る研究書です。

　「色」とジェンダーとの結びつきという興味深いテーマについては，本文中

でも紹介した堀越英美『女の子は本当にピンクが好きなのか』（P ヴァイン，2016 年）で最新情報を網羅的につかむことができます。個別の論点についてよりくわしく知りたい方は，日本語で読めるいくつかの研究論文をウェブ上で読むことができますので，ぜひチャレンジしてみてください（たとえば，清水隆子「幼児の色彩選好と親のジェンダー意識──ピンク色選好にみられるジェンダー・スキーマー」（『早稲田大学大学院教育学研究科紀要』別冊 11 号-1，2003 年など）。

　スポーツにおけるジェンダー・バイアスについては，本文中で参照した森田浩之『メディアスポーツ解体──〈見えない権力〉をあぶり出す』（日本放送出版協会，2009 年）がその現状を簡潔に伝えています。女子マネージャーという不可思議な存在の意味を探った高井昌吏『女子マネージャーの誕生とメディア──スポーツ文化におけるジェンダー形成』（ミネルヴァ書房，2005 年）は，元来「男」の世界だったスポーツのマネージャーがなぜ・いつから「女（の子）」らしい役割の代名詞になったのか，そしてその背景にどのような要因があったのか，現実の女子マネージャーたちは何を思っているのか……これらを探ることで，現代社会におけるジェンダーの一側面に光を当てています。

　第一生命保険による第 27 回「大人になったらなりたいもの」アンケート調査の結果は，以下のリンク先から見られます。

http://www.dai-ichi-life.co.jp/company/news/pdf/2015_075.pdf

CHAPTER

第 8 章

男が少女マンガを読むのは恥ずかしい？

恋愛と性行動

WHITEBOARD

KEYWORDS

イニシアチブ　　オナニー（マスターベーション，自慰）　　性の二重基準（セクシュアル・ダブル・スタンダード）　　草食男子（草食系男子）　　リスク化　　フェミニズム　　バックラッシュ

1 少女マンガ／少年マンガという〈分類〉の不可思議

　筆者が中学生の頃——つまり今からもう40年も前のこと——友だちの一人（男子）がこんなことを言いました。「女向けのマンガはつまらねえ。ほとんどが愛とか恋とかの話ばっかりだからな」。それを聞いた私は，なるほど，そんな感じ方もあるのかと，ちょっぴり新鮮な気がしたものです。私は物心つかないときからマンガが大好きで，とりわけ中学・高校時代は少女マンガに思いっきりハマっていたので，その感想には全然共感しませんでした。しかし，人は性別というものにこれほどこだわるのかという気づきは，もしかしたらのちにジェンダー論や社会学を勉強しようと思うきっかけの一つにはなったかもしれません。

　さて，その友だちの「女向けのマンガなんかつまらねえ」という感想部分はかれにとっての主観的な事実ですが，その当時の少女マンガの大半が恋愛をメインテーマにしていたことは客観的な事実です。それから数十年，マンガが描く世界は圧倒的に拡大・多様化し，「少女マンガ」というジャンルそのものの輪郭も明確ではなくなったように見えます。かつて筆者も愛読していた『なかよし』『りぼん』『別冊マーガレット』といった王道のティーンエイジャー女子向け雑誌はいまでも発行されていますが，それらでさえ，恋愛よりもスポーツや部活動に重点を置いた作品，あるいは「戦闘美少女」ものなどの多彩な作品を掲載するようになりました。しかし，それでもやはり恋愛をメインテーマにする作品が主流であることに変わりはないでしょう。それに対して，『少年ジャンプ』や『少年マガジン』といった男の子向けマンガ雑誌に載っている作品は，その多くが「戦い」「冒険」「友情」といった要素を軸として成り立ってい

116 ● CHAPTER 8　男が少女マンガを読むのは恥ずかしい？

て，恋愛の要素が登場する場合でも，どちらかといえば添え物的な扱いであることが多いようです。

このような違いは何を意味するのでしょうか。個人差はあるとしても，女子が恋愛ネタを好み，男子が戦闘や友情の物語を好むという傾向は，生まれつきの性質なのでしょうか。仮にそういう要素があったとしても，そのことだけでは，世の中に女向けのマンガと男向けのマンガが存在するという現象の意味を説明したことにはなりません。なぜそう言えるのかということについて，少し掘り下げて考察してみましょう。

筆者が少女マンガを愛読していた中高生の頃，そういう男子は少数派（マイノリティ）でした。単に事実として少なかったというだけではありません。男が少女マンガなんか読むのは恥ずかしいことだという考えが一般的だったのです。それからウン十年，時代は変わっても，同じような状況は根強く残っているように思われます。たとえば，つい最近少年誌に掲載されたあるマンガには，主人公の男子中学生が『100％片思い』といういかにもなタイトルの少女マンガを買うところを友だちに見られないように，わざわざ家から遠い本屋さんにまで出かけていったのに，店の前で同じクラスの女の子に出くわしてしまい，とっさに『爆裂!! 最強サッカー!!』というスポコンマンガを買ったと嘘をつく，という場面が描かれていました（山本崇一朗『からかい上手の高木さん（第1巻）』小学館）。実際にこうした経験をしたことのある人がどれだけいるのかはわかりません。しかしほとんどの読者のみなさんは，少なくとも，「男のくせに恋愛マンガを読んでいることを知られたら恥ずかしい（＝男は女向けのマンガを読むべきではない）」という命題の意味を理解できるのではないでしょうか。賛成するにせよしないにせよ，「何を言っているのかわからない」という人はほとんどいないでしょう。そうであるなら，人が読むべきマンガの種類を性別という〈分類〉に重ね合わせる社会的な規範，すなわちジェンダーが作動していることを，みなさんはすでに知っているのです。

それでは，恋愛マンガなんか男が読むものじゃないと思い込んだり，周りからそう言われてしまう男の子たちは，本当に恋愛になど無関心なのでしょうか。必ずしもそうではないように思われます。密かにであれ大っぴらにであれ，少なからぬ少年たちが恋愛に興味をもっているはずです。ただし，恋愛や性に関

わる意識や行動に性差があること，そしてそのような性差がジェンダー規範と密接に関わっていることは事実です。これは筆者の勝手な想像ではありません。恋愛や性はプライベートな領域に属するものとされますが，その様子を何とか明らかにしようと，社会学者たちはさまざまな調査を試みてきたのです。ここからは，そうした調査の一つを主な手がかりとして，若者たちの恋愛や性に関わる意識や行動とジェンダーとの関わりを探っていきたいと思います。

「青少年性行動」調査から見る変遷

恋愛と性行動の性差

ここで紹介するのは「青少年の性行動全国調査」（以下「性行動調査」）です。この調査は日本性教育協会（JASE）という組織が1974年からほぼ6年ごとに実施しているもので，第7回調査が2011年に行なわれました。これは日本全国の中学・高校・大学生からなるべく偏りのないようにサンプルを抽出し，「告白」「デート」「キス」「性交」といった恋愛や性に関わる典型的な経験の有無をはじめ，それらについての意識や性についての情報源といったさまざまな項目について尋ねたもので，世界的に見ても貴重な調査です。その結果と分析は，『「若者の性」白書――第7回青少年の性行動全国調査報告』（以下『白書』）として刊行されています（なお，青少年全体の大まかな傾向を見るという調査の性格ゆえに，以下の考察対象はマジョリティである異性愛指向の男女にほぼ限られることをご了承ください）。

図8.1は，これまでの調査からわかった「デート経験率」の経時的変化を表すグラフです。このグラフからはたくさんの情報を読み取ることができますが，ここでは男女の経験率の差に的を絞って見ていきましょう。

中学生と大学生では，男女のグラフはほぼ重なっています。すなわち，調査年次ごとに，同年代の男女のデート経験率はだいたい同じくらいであることがわかります。それに対して，高校生では，グラフの形（すなわち，経験率の経時変化の仕方）は似ていますが，各年次における経験率には差があります。最も差が大きかった1987年では10ポイント以上，最も差が小さかった2005年で

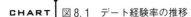

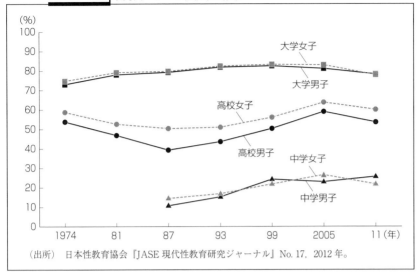

図8.1 デート経験率の推移

（出所）日本性教育協会『JASE 現代性教育研究ジャーナル』No. 17, 2012年。

も数ポイント，女子の経験率の方が男子よりも高いのです。これは統計学的にも優位な差であることが確かめられています。

このような違いはどこから生じるのでしょうか。このデータだけから結論を出すことはできませんが，一つ考えられるのは，男性が女性よりも年上のカップルが多いことが影響しているという可能性です。中学生はそもそもデート経験率自体が低いのですが，デートをするにしても相手は同級生やせいぜい同じ学校の先輩・後輩が多いのでしょう。ところが高校生になると，女性では大学生など自分より年上の男性とデートをする機会が増えるのに対し，男性にはそうした機会が少ないため，女子の経験率の方が男子より高くなると考えられます。そして大学生にもなれば，今度は男性も自分より年下の女性とデートする機会が増えるため，再び性差がなくなるのでしょう。つまり，高校生におけるデート経験率の性差は，〈自分よりも年長の相手とデートをするか否か〉に関する性差という別の現象と密接に関わっているように思われます。

性行動におけるイニシアチブ

いま私は「性差」と書きましたが，〈カップルにおいては男性が年長，女性が年少〉というこの現象は，単なる事実としてそうなっているだけではありま

せん。そこには，そうであることが普通である，当然であるという規範性がまとわりついています。「姉さん女房」という言い方はさすがに古いかもしれませんが，女性が年長であるカップルに対してちょっぴり特別な感じを抱く人は少なくないでしょう。少女マンガをめぐる考察の中でも触れたように，恋愛にも，いや恋愛こそが，ジェンダー規範と密接な関係をもっているのです。

「性行動調査」では，このような恋愛関係に関わる規範意識の一端を明らかにするために，「男性は女性をリードすべきだ」という考えへの賛否を尋ねています。2011年の調査では，大学生では男女問わず約80％がこの質問に対して肯定的に答えており，否定的な回答をした人は男女ともに数％しかいませんでした。性別を問わず，ほとんどの若者が，男女関係においては男性がイニシアチブをとるべきだと考えていることがわかります。

それでは，このような規範意識は恋愛や性に関わる実際の行動にどのように影響しているのでしょうか。直接の因果関係を確定することは困難ですが，はじめてのキスや性交におけるイニシアチブとの関連を見ることから推測することはできます。

まず全般的な状況を見ておくと，キスや性交を要求するのは男性からというパターンが圧倒的に多いことがわかります。キス経験のある大学生女子のうち，それを「自分から」要求した人はわずか2％で，66％以上が「相手から」，30％が「どちらともいえない」と答えているのです。男子では38％が「自分から」で，「相手から」は13％，「どちらともいえない」が48％。性交（初交）の場合もほぼ同様で（図8.2），大学生女子では「自分から」が2％，「相手から」が67％，「どちらともいえない」が30％，男子では「自分から」42％，「相手から」10％，「どちらともいえない」47％となっています。男女それぞれの数値を細かく比べると，男子の「自分から」と女子の「相手から」，あるいはその逆の組み合わせが単純に対応しているわけではなく，「どちらともいえない」と答えた割合は男子の方が女子より多いなど，なかなか興味深い事実が見えてきますが，ここでは踏み込みません。ひとまず大まかに，男女がはじめてのキスやセックスを経験する場面では男性の側からそれを要求するケースが明らかに多いということをつかんでおいてください。

さて，ここで大学生男子について，はじめての性交を自分から要求したグル

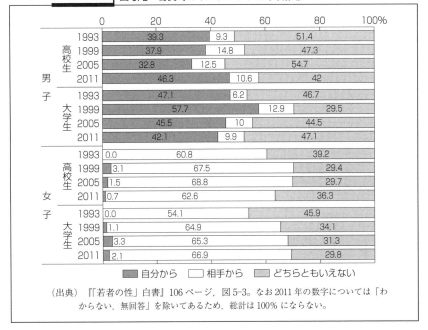

図8.2 初交時のイニシアチブの年次推移

(出典)『「若者の性」白書』106ページ、図5-3。なお2011年の数字については「わからない、無回答」を除いてあるため、総計は100％にならない。

ープと相手から要求されたグループとを対比してみましょう。すると、前者の63％が「男性は女性をリードすべき」だと答えているのに対し、後者では48％以下となっており、かなりの差が見られます（『白書』第5章の永田夏来論文を参照）。このことは、〈男性は女性をリードすべきである〉というジェンダー規範意識と実際の性行動におけるイニシアチブとの間の結びつきを示唆していると言えるでしょう（ただし人間は「規範に従って行動する」だけではなく、「行動を正当化するために規範を選ぶ」という逆向きのメンタリティもしばしば発揮する面倒くさい生き物なので、どちらが原因でどちらが結果かという議論はなかなか難しいということには注意しておいてください）。

オナニーとジェンダー

恋愛や性に関わる意識や行動には性差が見られること、そしてそこにはジェンダーが関わっているらしいことがわかってきました。この点をさらに明るみに出すために、キスやセックスとは少々性質の異なる性行動に着目してみまし

ょう。それは**オナニー（マスターベーション，自慰）**です。デートやキスやセックスは基本的に一対のカップルによって行なわれますが，それに対してオナニーは，「ひとりエッチ」などとも呼ばれるように，いわば孤独に行なわれる性行動です。むしろ他人の目が届かない孤独な状況でない限り，私たちはオナニーをすることはできません（他人に見られている方が興奮するという性癖の持ち主はひとまず例外とさせていただきます）。

　そうだとすれば，オナニーという行為は，社会から切り離され，完全に個人の自由に委ねられたものであるようにも思われます。人々は純粋に個人的な欲望のままに，好き勝手な妄想（セクシュアル・ファンタジー）を繰り広げながら，オナニーをしているのではないでしょうか。もちろん，そういう側面もあるでしょう。とりわけセクシュアル・ファンタジーの内容に関しては，とてもじゃないが他人には話せないという人は少なくないはずです。しかしながら，だからといってそれが社会的な規範とは無関係だということにはなりません。

　2011年の調査でオナニー関連の分析を担当した守如子が指摘するように，オナニーは男女でその位置づけが大きく異なる経験です。まず何より経験率が違います。男子では高校生段階ですでに80％以上が経験し，大学生ではほぼ100％が経験しているのに対し，女子では高校生で20％程度，大学生でも40％にすぎません。さらに興味深いのは性交経験とオナニー経験との関連です。男子にはほとんど見られない「性交経験はあるが，オナニー経験はない」層が，女子では高校生12％，大学生24％と，かなりの割合に達しているのです。私たちはついつい性行動を一直線の発達図式でとらえがちですが，自分独りでするオナニーが先で他人との性交が後という図式は男子特有のものであり，女子には必ずしも当てはまらないようです。

　こうした違いは何ゆえに生じるのでしょうか。女性は男性よりも性欲（あるいはオナニー欲）が弱いのでしょうか。そういう傾向はあるかもしれませんが，やはりそれだけでは説明になりません。なぜならこの社会には，女性の性的欲望を悪しきものとする風潮，より正確に言えば，女性が自分自身の性的欲望と向き合い，自らコントロールすることを抑圧する力が働いているからです。さすがに現在の日本社会には，19世紀の西欧のように「女に性欲などない，性欲のある女は精神異常だ」などと信じ込んでいる人は少ないでしょうが，いま

もなおセックスに関連する行動規範は性別によって異なり，男性にとっては何でもないことが女性にとってはスティグマになるという状態——**性の二重基準**（セクシュアル・ダブル・スタンダード）——は根強く残っているのです。

　オナニーに対する態度もその例証の一つです。「性行動調査」には，「あなたは，自慰（オナニー，マスターベーション）についてどう思いますか」という質問項目がありますが，それに対する回答を見ると，1987年から2011年にかけて全体としては「あってよい」と肯定する人の割合が増えているものの，女子がオナニーを肯定する割合は男子に比べて圧倒的に低いのです（高校生男子41％／女子22％，大学生男子64％／女子44％）。性についての悩みを書いてもらう自由記述欄にも，「他人の視点からみたときにどう思われるか，侮蔑されるのではないのか，ということが気になる」「自慰することをありえない，とか言う人がいるけれど自慰はいけないことなのか」等々，女性がオナニーをすることへの忌避感・罪悪感をうかがわせる回答が見られました。それに対して男子の場合には，オナニーのやりすぎが健康に悪いのではないかという不安の声はあったものの，他人の目を気にするような回答は見られず，反対にオナニーをしていないことを周りから「おかしい」と言われたことを気に病む人さえいたということです。こうしたデータは，男がオナニーをするのは当然であるのに対して女がするのは逸脱的であるという二重基準が若者たちの意識にさえ根を下ろしていることを示唆していると言えるでしょう。

　ここまで，日本性教育協会による「青少年の性行動全国調査」のデータを手がかりに，恋愛や性行動におけるジェンダー規範の実態を探ってきました。その結果，①男性が女性に対してイニシアチブをとるべきである，②男性は性に関してアクティヴでよいが，女性はそうではない，というジェンダーによる二重規準が見えてきました。

　近年，通俗的なマスメディアやSNS界隈では，このような性の二重基準はもはや過去のものだという論調が目立っています。もはや女性が自分の性体験をオープンにすることはタブーではないということのようですが，信頼できるデータから見る限り，性行動の規範に関しては男女間の非対称性がいまも根強くあることがうかがえます。それにもかかわらず女性に対する抑圧など存在しないと叫ぶ言説は，単なる無知と思い込みの産物なのでしょうか，それとも意

図的に現実認識をねじ曲げようとしているのでしょうか。そうだとすれば，それは何のため，誰のためなのでしょうか。

次節からは，2000年前後から現在に至る期間に性をめぐって生じてきた2つの出来事の意味を考察することで，こうした問題の一端に触れてみたいと思います。

3 「草食系男子」は実在するか

草食男子また草食系男子という言葉は，2000年代の後半に登場し，マスメディアを通じてまたたく間に広まったのちも，一過性の流行語として消え去ることなく，私たちの日常語の一角に定着したように思われます。この言葉のいったい何がそれほどまでに人々を引きつけたのでしょうか。

現在，この言葉はあまり良い意味ではなく，「軟弱」「やる気がない」「モテない」男子というネガティヴな意味で受け止めている人も多いのではないでしょうか。とくに，いかにもやる気のありそうな「肉食系」という反意語が登場してからは，そんな感じがします。しかし，この言葉を発明した人たちがそれに込めていたのはもっとポジティヴな意味でした。哲学者の森岡正博は「草食系男子」を「心が優しく，男らしさに縛られておらず，恋愛にガツガツせず，傷ついたり傷つけたりすることが苦手な男子のこと」と定義し，新しいタイプの男性像を提案してみせました（『草食系男子の恋愛学』）。森岡に先立って「草食男子」という表現を使い始めたライターの深澤真紀による「恋愛に『縁がない』わけではないのに『積極的』ではない，『肉』欲に淡々とした」男子という定義はちょっとわかりにくいかもしれませんが（『草食男子世代』），「積極的」といった言葉に括弧をつけて相対化していることからうかがえるように，既存の男らしさのモノサシで「草食男子」を貶めたわけではありません。実際，のちに深澤は，本来は褒め言葉だった「草食男子」がやがて自分の意図に反するネガティヴな意味で使われるようになってしまったことを嘆いています。

このような意味の変化とともに興味深いのは，それが最初は男性のみに当てはまる表現として登場したことです。いまでは女性を「草食系」と形容しても

別におかしくはないかもしれませんが，元来この言葉が注目を集めたのは「草食」と「男子」という組み合わせの新奇さゆえのことでした。言い換えると，女子が恋愛や性に淡泊でもとりたてて注目を集めないのに——逆に女性が「肉食系」だと好奇の視線を向けられるわけですが——男子の場合は広く話題になったということです。それはいったいなぜなのでしょうか。

　その答えを探るために，再び「青少年の性行動全国調査」を参照してみましょう。「恋愛やセックスにガツガツしない」という意味は本来の「草食系」にも含まれていましたが，実際の行動を見ても，そのような傾向を示唆するデータが出てきています。1974年から2005年にかけてデート・キス・性交といった行動の経験率が一貫して上昇し，2005年には大学生男女の性交経験率がほぼ同等（約61%）になったことから，この時期には性の「日常化・早期化」および「男女差の消滅」が生じていたと考えられます。ところが細かく見ると，1993年以降はすでに性交経験率等の伸び率が鈍化しはじめており，2005年から2011年にかけて大学生の性交経験率も大きく低下したのです。他にも，中学生男子のオナニー経験率の大幅な減少，全年齢層における性的関心の低下，性のイメージを「楽しくない」ものとする回答の大幅な増加などが見られたことを，高橋征仁は「性的欲望の縮小」「性行動の不活発化」「性別分業意識の低下」「性別隔離の解消」という4つのトレンドとしてまとめています（『白書』第2章）。

　このように「草食系」言説は単なる印象論にとどまらず，ある程度はデータの裏づけを伴っているようです。ただ問題は，すでに述べたように，それが男子に限定された変化であるかのように流布されたことにあります。なぜなら，高橋が指摘する4つのトレンドは男女両方に，いやむしろ男子よりも女子の方によりよく当てはまるからです。たとえば，2005年調査における性交経験率は男女でほぼ等しかったのに，2011年調査では女子が男子をかなり下回る結果となりました。この間に女子の経験率が大きく低下したからです。実際に増えたのは，「草食系男子」よりもむしろ「草食系女子」の方だったのです。

　それにもかかわらず，「草食」という記号がまず「男子」に結びつけられ騒がれたのは，それが従来の典型的な男性像に反するものだったからでしょう。少々戯画的に言えば，男たるもの，恋愛やセックスのために女を追いかけ回す

のが当然だという「肉食系」的な男性像です。だからこそ，昔に比べて異性との接触機会が増えたにもかかわらず男性が恋愛やセックスに消極的（＝草食系）なのはなぜかという疑問がもっともらしく感じられるのです（ちなみに草食動物がセックスに淡泊であるというイメージは動物学的にはまったくの誤解ですが）。もしもそのような男性像を前提としてもたなければ，「草食系男子」の存在は不思議でも何でもないでしょう。つまり，「草食系男子」を衝撃として受け止めたのは，恋愛やセックスに関する旧来のジェンダー規範に染まった人々だったわけです。

　このようなジェンダー・バイアスに気をつけるなら，現代日本の若者たちの中に恋愛や性行動への消極性が目立つという事実は非常に興味深いものです。そのことは何を意味しているのか，またその理由は何か。これらの点について高橋は，恋愛や性行動の「リスク化」という観点から論じています。リスクという概念は客観的な危険性の程度ではなく，人々が危険をどのように認識するかということを表し，具体的には性暴力や望まない妊娠，あるいは性感染症等と並んで，人間関係を変質させてしまうことへの恐れといったことも含みます。たとえば，気の合う友だちだった異性に恋愛感情を告白することは，それまでの心地よい人間関係を壊してしまうことにつながりかねない。そんなリスクを冒すくらいならいまのままでいい……。そんな気持ちが理解できる読者の方々も多いのではないでしょうか。

4 性教育バッシング

ⅠⅠⅠ▶〈一人ひとりの性〉を奪う政治

　ここまで学んできたことからも明らかなように，恋愛やセックスに関わる私たち人間の行動や意識は，単純に本能の命じるままに進むというようなものではありません。私たちはそれらを，自分を包む社会から学ぶのです。だからこそ社会の変容に応じて，個々の恋愛やセックスもまた変容していくのです。

　恋愛感情とは，どこからか突然降ってくるもの。あるいは，からだの奥底から湧き上がってくるもの。そんなふうに感じられる面があることは否定しようがないでしょう。けれども，それと同じくらい否定できないのは，あなたがど

ういう人を好きになるか，どういう手順で自分の気持ちを相手に伝えるか（伝えないか），他人から告白されたらどう対応するかといったことが，あなたが生きている社会の規範と密接に結びついているという事実です。その規範はとても複雑なので，誰もが簡単に身につけられるというものではありません。だからこそ，あれほどたくさんの雑誌が繰り返し恋愛技法を特集し，ネットの相談サイトには恋愛に関する相談が溢れかえっているのです。

　セックスの場合も事情は同じです。いまだにセックスに関する知識について「放っておけば自然に身につける」などと言って性教育に反対する人たちがいますが，知識を「自然に身につける」などということはありえません。学校で教えられないことは，上級生や同級生，あるいは興味本位のメディアなどから学ぶだけの話です。そうやって得られる情報の中にはもちろん役に立つものもありますが，こと性に関する限り，偏見や差別を助長したり，危険な行動を促すような情報も少なくないのが実情です。たとえば，男性向けアダルトビデオが映し出す男性本位の粗暴なセックスが普通のやり方だと勘違いしたり，周囲の友人たちがセックスを経験しているからといって自分も焦ってあとを追ったりする少年少女が，みなさんの周りにもいるはずです。若者たちがこうした罠に陥らないよう，正しい知識にもとづき，自他を尊重する気持ちをもちながら性的経験をしていく力を育むためには，しっかりした性教育が必要なのです。

　そのために日本でも学校の内外で多くの性教育実践が積み重ねられてきましたが，無理解や誤解にさらされているため，満足できる成果が挙がっているとはまだまだ言えません。しかも近年になって，あからさまに性教育を弾圧する政治活動がさかんになっています。以下ではこのような問題について，その背景も含めて考えてみたいと思います。

　「草食系男子」言説の流行よりも少し前，1990 年代から 2000 年代にかけて，日本では第二次世界大戦前の政治や社会を美化する復古主義が息を吹き返し，近代的な人権の理念を否定する活動や風潮が台頭してきました。とりわけ目立ったのは，フェミニズムが主張してきた男女の本質的平等を否定して，明治憲法体制下における男性中心の家父長制的な家族と，それを土台とする強権的な国家体制を復活させようとするかのような動きでした。

　性教育に対する暴力的なバッシングが始まったのも，こうした社会全般の潮

4　性教育バッシング　● 127

流を背景としてのことでした。先ほども触れたように，日本では学校における性教育はまだまだ不十分ですが，それでも熱意のある教員たちの地道な努力によって，さまざまな工夫が積み重ねられてきています。東京都立七生養護学校で知的障害のある子どもたちに対して行なわれていた「こころとからだの学習」と呼ばれる取り組みもその一つでした。それは知的障害のある子どもにも理解できるよう，男性器や女性器をわかりやすくかたどった人形や，それらの名称を織り込んだ歌などを使って工夫されたものであり，教職員と保護者の方々が長年にわたって協力し合いながら築き上げた豊かな教育実践でした。

　ところが，そうした努力を踏みにじるような動きが2003年に起こされます。当時都議会議員だった土屋敬之がその教育内容を問題視し，都知事だった石原慎太郎もそれに応えて，七生養護学校の教育内容を非難したのです。さらに土屋は，古賀俊昭，田代博嗣という2人の都議とともに，産経新聞の記者を引き連れて七生養護学校に乗り込み，養護教諭を罵倒したり，資料を無断で持ち出そうとするなどの乱暴を働きました。その後も土屋らは，むりやり持ち去った人形たちをテーブルの上に並べて「不適切な性教育教材展示会」なるものを開くといった活動を進め，さらにこうした動きと結託した東京都教育委員会が，七生養護学校の校長をはじめとする多くの教職員を処分したのです。

　これに対して，処分された七生養護学校の元校長や元教員たち，そして教員と協力して子どもたちを守るための性教育をつくりあげていた保護者たちは，処分の取り消し，および教育現場への暴力的な介入によって被った精神的苦痛に対する損害賠償を求めて，都教委，3人の都議，産経新聞を告訴しました。都教委と都議たちに対して不当な処分の取り消しと損害賠償金の支払いを命じる判決が最高裁で確定したのは2013年のことでした。原告たちの（ほぼ）全面的な勝訴であったと言えるでしょう。

　いま振り返って当時の産経新聞の記事や土屋都議らの発言を振り返ってみると，とうてい合理的な思考にもとづく主張であるとは思えないレベルの戯れ言ばかりが目立ちます。たとえば，知的障害のせいで性器の名称を覚えられない子どもたちには，歌にして覚えてもらう。人前で自分の性器を露出してしまう子どもに対して，そういうことをしてはいけないということを教えるために，性器をかたどった人形を利用して教える。そうした実践の何がいけないのかと

128 ● CHAPTER 8 　男が少女マンガを読むのは恥ずかしい?

記者から問われた土屋議員が，まともに反論できずに，とにかく早すぎるとか行き過ぎだといった曖昧模糊とした返答を繰り返す姿が，テレビニュースの映像にとらえられています。

　これほどにお粗末な活動が，しかしその後の性教育や，さらには男女平等教育——「ジェンダーフリー教育」と名づけられた実践を含む——に対するバックラッシュ（揺り戻し）の先駆けとなったことは，残念ながら確かです。七生養護学校の事件から1年あまり後，2005年1月には，自民党が安倍晋三を座長，山谷えり子を事務局長とする「過激な性教育・ジェンダーフリー教育実態調査プロジェクトチーム」を発足させ，「過激」で「行き過ぎ」だとかれらが決めつけた性教育や男女平等教育の弾圧を進めていきました。かれらは独自の「調査」にもとづいて問題のある実例を集めたと主張しましたが，その調査なるものの信憑性はきわめて低く，なかには捏造に近い事例も含まれていることが早くから強く批判されました。たとえば，男女を同じ教室で着替えさせている学校が名指しで攻撃されたのですが，それは性教育ともジェンダーフリーともまったく関係なく，単に予算不足のために男女別の更衣室を用意できないだけだった，といった次第です。しかし，こうした問題点にもかかわらず，自民党保守派が主導したバックラッシュの影響は絶大で，ようやく進みつつあった性教育や男女平等教育を萎縮させることになりました。とくに東京都の教育現場では，ジェンダーフリーどころか，ジェンダーという言葉を使うことさえはばかられるという状況が生じ，いまなおその余波は続いています。

　それにしても，バックラッシュを推し進めた人々は，そうまでして何を実現したかったのでしょうか。誰もが，男であれ女であれ，あるいはどちらにも当てはまらない人であれ，人間の，とりわけ自分自身の身体と心について——したがって，当然ながら性器やセクシュアリティについても——正しい知識をもち，それにもとづいて悔いのない性生活を送れるように支援する。私が知る限り，「性教育・ジェンダーフリー教育」と一括りにされ攻撃された教育実践の精神とはこのようなものなのですが，それのどこが「過激」で「行き過ぎ」なのか，正直なところ，私にはいまだに理解できません。性器のついた人形を教室という文脈から切り離してずらりと並べ，いやらしいと言って責め立てる，そういう人たちの〈まなざし〉こそが，真にいやらしいのではないでしょうか。

4　性教育バッシング　● 129

ともあれこの世には，人々が人間の——とりわけ自分自身の——身体と心について知り，考え，尊重することを望まず，あらゆる手段を使って邪魔しようとしている人たちがいる。しかもそれを，大きな政治権力を利用して推し進める人たちがいる。このような事実こそが，もしかしたら人間の性をめぐる最大の謎なのかもしれません（このテーマについては，第 **13** 章でも改めて考察します）。

QUESTIONS

① 家庭内で性について何を教えられたか，学校でどのような性教育を受けたかについて，他の人と話し合ってみましょう。おそらく非常に多彩な経験が語られると思います。その違いはどこから生じているのかについても議論してみましょう。

② あなたの身のまわりにある「性の二重基準」について，それが変わりつつあることを示唆する面も含めて，調べてみましょう。

読書案内　　　　　　　　　　　　　　　　　　　　　　　Bookguide ●

　本文中で参照した「性行動調査」の全貌は，日本性教育協会編『「若者の性」白書——第 **7** 回 青少年の性行動全国調査報告』（小学館，2013 年）として出版されています。第 **5** 章でも紹介した片瀬一男・阿部晃士・高橋征仁『社会統計学ベイシック』（ミネルヴァ書房，2015 年）は，この調査のデータを用いた統計学の教科書です。この調査を主催している日本性教育協会（日本児童教育振興財団内）のウェブサイト（http://www.jase.faje.or.jp/）でもさまざまな情報が得られます。

　性教育についての書籍はたくさんありますが，まずは北村邦夫［著］・伊藤理佐［イラスト］『ティーンズ・ホディーブック（新装改訂版）』（中央公論新社，2013 年），村瀬幸浩［監修］・染矢明日香［著］・みすこそ［マンガ］『マンガでわかるオトコの子の「性」——思春期男子へ 13 のレッスン』（合同出版，2015 年）などの楽しい入門書を手に取ってみてください。橋本紀子『こんなに違う！ 世界の性教育』（メディアファクトリー新書，2011 年）をひもといて視野を広げられるのもよいでしょう。

　「草食（系）男子」という言葉のオリジネイターである深澤や森岡の文章は以下の文庫本に収められています。深澤真紀『草食男子世代——平成男子図鑑』（光文社知恵の森文庫，2009 年），森岡正博『草食系男子の恋愛学』（メディアファクトリー文庫，2010 年）。瀧波ユカリ『臨死!! 江古田ちゃん（全 8

130 ● CHAPTER **8**　男が少女マンガを読むのは恥ずかしい？

巻）』（講談社，2005〜2014年）は現代日本のセクシュアリティを鋭くえぐる必読のコミックですが，「草食系男子」については典型的な偏見にとらわれているのが残念です。

「草食（系）男子」論の背景である「男性学」は，性役割や性差別を男性の側から問い直す学問です。田中俊之・小島慶子『不自由な男たち——その生きづらさは，どこから来るのか』（祥伝社新書，2016年），熊田一雄『男らしさという病？——ポップ・カルチャーの新・男性学』（風媒社，2005年）からその論点をつかむことができます。

七生養護学校における性教育（「こころとからだの学習」）弾圧事件については，処分を受けた当事者である元校長先生が書いた金崎満『検証 七生養護学校事件——性教育攻撃と教員大量処分の真実』（群青社，2005年）のほか，児玉勇二『性教育裁判——七生養護学校事件が残したもの』（岩波書店，2009年），七生養護「ここから」裁判刊行委員会編『かがやけ性教育！——最高裁も認めた「こころとからだの学習」』（つなん出版，2014年）で全容を知ることができます。これらの書籍からは，「社会の中における性」を考えるための大切なヒントが得られるでしょう。

性教育弾圧とも密接に結びついた男女平等教育攻撃については，その渦中で，浅井春夫・橋本紀子・北村邦夫・村瀬幸浩『ジェンダーフリー・性教育バッシング——ここが知りたい50のQ&A』（大月書店，2003年），上野千鶴子・宮台真司・斎藤環・小谷真理著／双風舎編集部編『バックラッシュ！——なぜジェンダーフリーは叩かれたのか？』（双風社，2006年），若桑みどり・皆川満寿美・加藤秀一・赤石千衣子『「ジェンダー」の危機を超える！——徹底討論！バックラッシュ』（青弓社，2006年）などが出版されました。

近代社会における〈性と権力〉との関係については，かなりの難物ではありますが，ミシェル・フーコー『性の歴史Ⅰ 知への意志』（渡辺守章訳，新潮社，1986年）が，この数十年間のあらゆる議論を導いてきた基本文献です。

CHAPTER 9

〈被害者〉の視点と〈加害者〉の視点

性暴力（1）

WHITEBOARD

KEYWORDS

性暴力　強姦（レイプ）　二次被害　DV（ドメスティック・バイオレンス）
ジェンダー・バイアス　レイプの神話　デートレイプ

1 性暴力の〈意味〉

　これから 2 つの章では，**性暴力**をめぐるさまざまな問題について調べ，考え
ていきます。性暴力がジェンダーと密接に関係する現象であることは疑いよう
がありませんが，その実情をしっかりと理解している人はまだまだ少ないよう
に思われます。本章ではまず，そもそも性暴力とは何かという最も基礎的なこ
とから始め，その本質をつかむことをめざしたいと思います。

　フランスにおける**強姦（レイプ）**の歴史を跡づけたジョルジュ・ヴィガレロ
の研究（邦訳名『強姦の歴史』）を読んでいると，めまいのような感覚に襲われ
ます。そこで描かれる，前近代のフランスにおける強姦への意味づけが，現在
の良識からあまりにもかけ離れているからです。強姦された女性は，被害者と
して同情されるどころか，道徳的に堕落した女として世間から非難されました。
強姦自体は犯罪とされてはいたものの，それは女性を傷つけたからではなく，
女性の所有者である親や夫の財産を損なったという理由からでした（強姦され
た女性は恵まれた結婚をすることが難しくなるので，財産としての価値が下がってしま
ったのです）。女が言うことは信用できないとされていたために裁判に訴えるこ
とも難しく，その数は非常に限られたものでした。要するに，かつて強姦の被
害者は泣き寝入りする以外の選択肢をほとんどもたなかったのです。そもそも
暴力全般が「寛容」に受け止められ，被害者の救済を気にかける人などほとん
どいなかったその時代，強姦のような性暴力をその被害者である女性の視点か
ら問題にする発想もなかったようです。

　セックスにおける女性の意思が尊重され，強姦被害者の苦しみが配慮の対象
とされるようになるには，さらに 1 世紀以上の歳月が必要でした。しかしなが

134 ● CHAPTER **9** 〈被害者〉の視点と〈加害者〉の視点

ら今日においてさえ，上記のような状況が完全に過去のものになったとは言えないとヴィガレロは指摘しています。日本の状況もさほど変わりありません。性暴力を被害者の身になって受け止めるという感受性がようやく共有されはじめたのはごく最近のことで，しかもいまなお不十分と言わざるをえません。今日でも，性暴力の被害者は周囲から好奇の目を向けられ，ことさらに「落ち度」を非難されるという**二次被害**に遭いやすく，それゆえ多くの人がやむなく泣き寝入りすることを強いられているのです。それどころか，強姦を「合意のうえでのセックス」，子どもに対する性的虐待を「愛情」，配偶者を殴ることを「夫婦げんか」，子どもを殴ることを「しつけ」と呼び，自分は何も悪いことなどしていないと開き直る加害者も後を絶ちません。

　ここではいったい何が起きているのでしょうか。性暴力や DV（ドメスティック・バイオレンス）をなくすことはなぜこれほどまでに困難なのでしょうか。本章ではその答えに少しでも近づくために，性暴力だけでなく，「暴力」そのものの普遍的な性質を分析することから考察を始めたいと思います。いっけん遠回りに見えても，実はそれが性暴力や DV の本質をつかむための近道であるからです。

2　暴力をどう定義すべきか

▶〈誰の視点〉から見るかが重要

　そもそも暴力とは何を指すのでしょうか。字面から見て，それが「力」の一種であることは確かです。けれども，いったいそれはどのような性質の力なのでしょうか。

　暴力と聞くと，私たちはつい「殴る」とか「刺す」といった行動を思い浮かべます。あるいは，他人の頭を平手で軽くはたくぐらいなら暴力ではないが，握り拳で思い切り殴れば暴力である，といった発想をしがちです。しかし，これでは暴力という現象の本質をつかむことはできません。たとえば，路上で屈強な男が通りがかりの女性をいきなりぶん殴ったら，ほとんどの人はそれを暴力事件として認識するでしょう。それに対して，たとえ同じ人物が同じ強さで他人を殴ったとしても，それが格闘技の正式な試合中，きちんとルールに則っ

て行なわれたのであれば，それはれっきとしたスポーツです（ボクシングの試合を見て，暴力沙汰だと言って警察に電話する人がいても，相手にしてもらえないでしょう）。同じ動作が，あるときには暴力になり，あるときにはスポーツの技になりうるのです。

このように，暴力と暴力でないものとの境界線は特定の動作や力そのものに宿っているわけではなく，それらを私たちがどのような文脈の中で行使するか，言い換えれば，どのように意味づけるかにかかっています。いかなる行為も，もっともな理由のある，正当な行為とみなされれば暴力ではなく，もっともな理由のない，不当な行為とみなされれば暴力と呼ばれる可能性があるのです。

それでは，正当と不当の区別はどのようにして決まるのでしょうか。あるいは，決めればよいのでしょうか。ここで忘れてはならないのは，行為の意味は複数あるという事実です。すべての人が同じ行為を同じように意味づけるなどということはありえません。他者の心身をひどく破壊するような行為でも，それを行なった側にとっては記憶にさえ残らないような取るに足りないふるまいかもしれません。学校における陰湿ないじめの事例がそのことを物語っています。まして差別や戦争などの状況下では事態はさらに悲惨なものになることも，きちんと歴史を学んだ人には常識でしょう。筆者も本書でしばしば使っている「私たち」とか「人々」といった言葉，さらには「民族」とか「国民」とか「日本人」とかいった概念は，一枚岩のような対象をイメージさせやすいのですが，それは錯覚であり，言葉による一種のトリックにすぎません。どれほど均質に見える集団の内部にも，必ず意見や価値観の対立があるのです。大切なのは，この厳然たる事実をしっかりと認めたうえで，その対立をどのように扱うかを考えることです。

このことをしっかり認識したうえで，いったいどのようにして暴力という現象をつかまえればよいのでしょうか。最も基本的なことは，暴力という概念を意味のあるものとして理解するためには，〈被害者〉の視点をとらなければならないということです。

このように言える根拠は，特定の価値観やイデオロギーではありません。それは論理的な必然性であり，したがって誰もが認めざるをえないはずのものです（論理体系そのものに複数性を認める論理学者は例外としておきましょう）。暴力と

いう現象が存在するということを前提として認めるならば，それを〈被害者〉の視点から意味づけなければならない。もしも反対に〈加害者〉の視点をとるなら，そもそも暴力という現象はこの世に存在しないことになってしまうからです。子どもを殴り殺したり餓死させたりした親は，それを「しつけ」だったと抗弁するかもしれません。女性を脅して性行為を強要した男性はそれを「合意のうえでのセックス」だったと言い訳するでしょう。かれらの視点から見れば，それらはすべて問題のないこと，あるいは良いことであって，暴力などではありません。こうした〈加害者〉の言い分ばかりが通る世界には，暴力など存在しないのです。なんと治安の良い世界でしょう。しかし，あなたはそういう世界に住みたいですか。

3　性暴力の概念をめぐる誤解・曲解

　暴力という現象は，〈被害者〉の視点をとることによって，はじめて存在する。暴力を論じるための出発点であるこの命題には，しばしば誤解がつきまといます。ここでは，よくある誤解についてコメントしておきましょう。それは，〈被害者〉の視点をとらなければならないということを，「誰かが被害に遭ったと訴えれば，たとえ訴えられた側が実際には何もしていなくても，犯罪者にされてしまう」と解釈するという誤解です。結論を先に言えば，こういうことを言う人は，暴力という概念（定義）と，その概念に対応する出来事が実際に起こったか否かという事実認定（証拠）という相異なる問題を混同しています。

　性暴力に限らず，何らかの被害の訴えがあったとき，その事件が本当に起こったかどうかをきちんと調べる必要があることは当然です。そこで疑わしい要素があれば容疑者は無罪とされねばなりません。その人が犯人でないことが示される必要はありません。冤罪という恐るべき暴力の発生を防止するためには，この「疑わしきは罰せず」という大原則をあくまでも遵守することが絶対に必要であり，性犯罪も例外ではありえません（実際にあった痴漢冤罪事件をヒントにした周防正行監督の映画『それでもボクはやってない』には，冤罪被害の恐ろしさが克明に描かれています）。

しかしこのことは，暴力を〈被害者〉の視点から見るべしという命題とまっ
たく矛盾していません。なぜなら，そもそも「暴力行為があったかどうかを調
べる」ということが意味をなすためにも，その前提として「暴力」という概念
が成り立っていなければならないからです。そして繰り返すならば，〈被害者〉
がそれを不当だと感じたか否かということこそは，「暴力」概念における必須
の要素なのです。

　ここで次のような疑問が寄せられるかもしれません。〈被害者〉が訴える通
りの行為が事実として行なわれていたとしても，それが暴力であるか否かを
〈被害者〉が決められるというのはおかしいのではないか。それではどんな些
細なことでも暴力にされてしまいかねない。たとえば，他人とすれ違うときに
たまたま肩が触れたといったくらいのことで「セクハラを受けた」と騒ぐ，極
端に敏感な人がいたらどうするのか。――こうした意見には一理ありますが，
やはり「〈被害者〉の視点をとる」という原則に対する誤解があると言わざる
をえません。確かにこの原則は，それを具体的な行為に当てはめれば簡単に暴
力とそれ以外を区別できるというようなものではありません。そんなふうに考
えるのは，法律があれば裁判など要らないというのと同じようなものです。実
際には，具体的な一つひとつの行為を暴力とみなすべきか否かについて判断を
下すためには，当該社会における常識をふまえ，他のさまざまな要素も考慮し
なければなりません。原則と応用との間には距離があって当然なのです。

　それなら，結局のところ，何が暴力に当たるかは常識的に判断すればよいの
ではないかと言う人がいるかもしれません。それは違います。『強姦の歴史』
が明らかにしていたように，ある地域のある時代の常識は，そもそも〈加害
者〉に都合良くできているかもしれません。今日でもなお，性暴力の〈被害
者〉を罰する――念のため，〈加害者〉ではありませんよ――法律や慣習をも
つ国が実在しています。日本社会においても，のちに見るように，〈被害者〉
に不当な苦しみを強いる風潮は根強く残っています。そのような常識を絶対視
しなければならない理由はありません。そこに「暴力を〈被害者〉の視点から
見る」という別の原則をぶつけることによって，常識が守るに値するものなの
か，それとも変えるべきものなのかをつねに検証する――社会のあり方をより
良いものにしていくためには，そうした姿勢が必要であるはずです。

138 ● CHAPTER 9　〈被害者〉の視点と〈加害者〉の視点

4 文化の違い？

　性暴力をめぐる意味づけの違いが，〈加害者〉と〈被害者〉の間だけではなく，文化の違いという大きなスケールで顕在化することがあります。宮崎駿監督のアニメーション映画『となりのトトロ』をめぐる日本とアメリカ合衆国での受け止め方の違いはその興味深い一例です。問題は，主人公である女の子たち（サツキとメイ）が父親といっしょにお風呂に入るシーンです。日本ではごく当たりまえの光景であり，それどころか育児に積極的な父親が褒められるかもしれないこの場面を観たアメリカ人たちの少なからぬ部分が，戸惑いを隠しきれないようなのです。なぜならアメリカでは，父親が娘といっしょにお風呂に入ったことがわかれば，性的虐待の可能性を疑われ，警察に通報されかねないからです。ずいぶん過敏な対応であるように思われるかもしれませんが，子どもに対する性的虐待の問題を軽視している日本人にとってはそこから学ぶべきものもあるでしょう。とはいえ，どう見ても単に子どもたちをお風呂に入れているだけの『トトロ』のお父さんを犯罪者扱いするのは，やはり奇妙な感じがします。このような文化的背景の違いから生じる行為の意味づけの違いに関しては，そう簡単にどちらが正しいと言えるようなものではないように思えます。

　けれども，もしもその「文化」によって実際に苦しめられている人がいるのだとしたらどうでしょうか。映画の中のメイとサツキは，お父さんといっしょにお風呂に入ることを楽しみにしているわけで，たぶんその経験は歳をとればとるほどいい思い出として蘇ってくることでしょう。そうであるからこそ，彼女たちと文化の文脈を共有しない他人が別の尺度を持ち込んで，それは悪いことだからやめろと主張しても説得力に欠けるのです。それに対し，実際に傷つけられた被害者がいるなら，それを「文化の違い」の一言で切り捨てることはできません。

　1999 年に起きた一つの事件がこの点で示唆的です。新聞報道によると，当時，カナダのバンクーバーに駐在していた日本の総領事（50 代の男性）が，公

4 文化の違い？ ● **139**

邸で妻と口論になって顔を殴り負傷させ，地元警察の取り調べを受けた際，事実関係を認めながらも，「単なる夫婦げんかを暴力と見るかどうかは，日本とカナダの文化の違い。大騒ぎするようなことではない」などと述べたというのです。この事件についてはこれ以外に情報がありませんし，加害者の発言として引用されている部分も実際の発話にどれくらい忠実かわからないので，この事例そのものを暴力事件だと断定することは避けなければなりません。そのことをふまえたうえで言えば，病院に行かねばならないほどの——そして，それを見た病院が警察に通報しなければならないほどの——怪我を妻に負わせることが「日本の文化」だから無問題だなどという言い訳に同調する日本人はそれほど多くないでしょう。なかにはその通りとうなずく輩もいるかもしれませんが，男女問わず，とんでもないと怒る人だって相当数いるはずです。そのように相異なる意見があるのなら，どちらが「日本の文化」だなどと簡単に決めることはできません。総領事だろうが何だろうが，個人が勝手に日本の文化を代表しないでもらいたいものです。記事中には，殴られた妻が告訴するつもりはないと話したとありますが，告訴するしないはともかく，彼女がこの事件を「日本の文化」だといって納得していたとはとうてい思えません。万が一，この事例ではたまたまそうだったとしても，同じような状況ですべての被害者が同じように考えるはずはないし，考えるべきだなどとは言えないでしょう。

　「文化」とか「伝統」を持ち出す人は，それが分割不可能なひとかたまりの何かであるかのように言い立てることが多いのですが，たとえ一つの文化——という言い方が仮に意味をもつとして——の内部であっても，ある行為や出来事に対する意味づけは必ず複数あり，それらがときには平和的に共存し，ときには争い合っているのです。葛藤や対立のない一枚岩のような「文化」など存在しません。文化が違えば特定の行為の意味づけも違うことは事実であり，したがって一つの行為の意味を理解するにはその人がどんな文化的背景を背負っているかを知ることは大切ですが，しかしそれ以上に大切なのは，その文化の内部で苦しめられ，傷つけられている人がいないかどうか，いるとしたらその理由は何かを認識し，そのような被害を防止することです。

5 ジェンダー・バイアスと強姦神話

　強姦やDVはジェンダー・バイアスに深く浸透された現象です。その被害者の多くが女性であり，加害者の多くが男性であるというだけではありません。性暴力に関する人々の意識や語りの内部にもジェンダー・バイアスが浸透しているため，加害者に都合のいい意味づけが優先されがちだからです。

　それどころか，性暴力の背景をなす一般的な性規範の中に，すでにジェンダー・バイアスが巣くっています。最もわかりやすいのは，すでに触れた通り，セクシュアリティに関して，男性を能動的なもの，女性を受動的なものとする規範（性の二重基準）でしょう。このことは，セックスに積極的な女性に対する奇妙な蔑み――「あばずれ」とか「淫乱」といった負の価値を含む言葉にそのことが象徴されています――につながっているだけでなく，性暴力の理解をも歪めています。たとえば，性行為において合意があったかなかったかの判断基準が「女性がノーという意志表示をしたかどうか」に置かれがちだという事実にそのことが見て取れます。それはすなわち，女性側の返事があいまいな場合や，抵抗があっても（！）それが十分に強くなかった場合は，セックスに合意したとみなされてしまうということです。こうした基準を採用するならば，女性の側が「本当は嫌だったが，恐怖や不安のせいでしっかり拒否できなかった」ような場合は「合意した」とみなされてしまうことになるでしょう。それが根本的に加害者側にとって都合の良い，偏った基準であることは明らかです。

　それではどうすればよいのか。別のより良い基準を探してみましょう。たとえば，「当人（女性）がノーと言ったかどうか」ではなく，「当人（女性）がイエスという意志表示をしたかどうか」を合意／非合意の基準としてはどうでしょうか（もちろん，脅迫によって無理に言わされたような場合は話が別です）。この新しい基準の候補に従うなら，性暴力とみなされる行為の範囲はこれまでより広くなります。それは，当人の意志に反した性行為が強要されてはならないと考える人にとっては良いことですが，反対に，相手の意志など無視して性行為をしてもよいと考える人たちにとっては都合の悪いことかもしれません。つまり，

この新たな基準に賛成するか反対するかによって，その人が——当人の性別とはかかわりなく——〈加害者〉の視点をとっているか〈被害者〉の視点をとっているかがわかるということです。

　より直接に性暴力の観念を歪め，暴力を見えにくいものにしているジェンダー・バイアスの数々は「**レイプの神話**」と呼ばれています（「強姦神話」と訳されますが，英語の「レイプ」（rape）の方が日本語の「強姦」よりも広い範囲の行為を表すので，ここでは後者を採用しました）。映画などで描かれてきた典型的なレイプのイメージは以下のようなものでした——性欲をもてあました男が，夜，人通りの少ない道で，通りがかった若く魅力的な女性を衝動的に襲い，力で押さえつけてセックスを強行する。もちろんそうした事例も実際にありますが，それだけがすべてではありません。それどころか，数々の調査研究によって，こうしたイメージ通りのレイプはむしろ少数派であることがわかってきています。すなわち，レイプの圧倒的多数は（暗い夜道ではなく）室内で行なわれ，ほとんどが（衝動的ではなく）計画的であり，かつ過半数が（通りすがりの人間ではなく）被害者と面識のある者による犯行なのです。また，女性の抵抗を押さえつけるのに，腕力などの力は必ずしも必要ではありません。脅迫によって恐怖を与えるだけでも，被害者を従わせることは可能なのです。

　このように実態とずれたイメージすなわち神話は，単なる無知で済まされることではありません。神話が実態と取り違えられ，やがて神話がそのままレイプの定義にすり替わってしまうと，その歪んだイメージ＝定義に合わない事件は見逃されてしまう，という悪影響があるからです。たとえば，「レイプとは，見知らぬ男にいきなり襲われるもの」という偏見にとらわれている人は，面識のある相手，まして恋人や夫婦としてつきあっている相手からセックスを強要されたという被害者からの訴えに直面しても，自分の信じるレイプの定義には一致しないために，それは合意のうえでのセックスだろうと考えてしまうかもしれません。実際，親しい相手からセックスを強要され傷つけられる「**デートレイプ**」の被害は後を絶たないのに，これまで被害者たちの訴えは聞き届けられてはこなかったのです。それどころか，被害者本人でさえも，そのような状況を性暴力の被害であるとは認識できずに，自分を責めるという罠に陥ってしまうことさえあるのです。このような神話が覆され，「見知らぬ相手からであ

142 ● CHAPTER **9**　〈被害者〉の視点と〈加害者〉の視点

ろうと面識のある相手（恋人や夫婦も含む）からであろうと，本人が望まないセックスを他人から強要されればそれは性暴力であり，レイプなのだ」というように，〈被害者〉の視点から強姦を定義し直す作業が進められるようになったのは，ごく近年のことなのです。

　女性が十分に抵抗しなかったのなら和姦だという観念も，まさに〈加害者〉にとって都合のいい神話にほかなりません。1949年の最高裁判決では，強姦を構成する要件としての物理的暴力は「相手の反抗を著しく困難にする程度のものであることを要し，かつそれで足りる」とされています。反抗が「不可能」である必要はなく「著しく困難」であればよいという趣旨なのですが，いったいそれはどのような状況なのでしょうか。被害者は，それが望まない性行為だったと認めてもらうために，どれだけの恐ろしい脅迫や酷い暴力をふるわれなければならないのでしょうか。この判決から半世紀以上が経った現在でも，十分に抵抗しなかったとか逃げようとしなかったとかいった理由で被害者を責めるような判決は繰り返し出されてきました。こうした判決を下す裁判官たちには，突然他人から襲われたり脅迫されたりした人間はパニックに陥ったり身がすくんで動けなくなったりするということや，あるいは命の危険から逃れるために加害者の言う通りにしたり，ときには積極的に加害者の機嫌をとるような行動をせざるをえないといった，人間心理への基本的な洞察が欠けているのではないでしょうか。こうした判決はまさに〈加害者〉の視点に立ち，その結果として暴力を追認するものだと言わざるをえません（ただし，最近になって，こうした現状を改善しようとする動きが高まってきました。この点については第**10**章で改めてお話しします）。

　このことと密接に結びついているもう一つの神話は，「強姦とは性欲を満たすために行なわれる」という思い込みです。もちろん性欲も重要な要素です。しかし，加害者心理に関する研究が蓄積されるにつれて，こうした平板な描き方では性暴力の実像をつかまえられないということが明らかになってきました。長年にわたって性犯罪者と接してその更生のための治療と教育に携わってきた藤岡淳子は，性暴力とは「性的欲求によるというよりは，攻撃，支配，優越，男性性の誇示，接触，依存などのさまざまな欲求を，性という手段，行動を通じて自己中心的に充足させようとする」ものだと述べています（『性暴力の理解

5　ジェンダー・バイアスと強姦神話　●　143

と治療教育』）。こうした見方を例証するものとして，藤岡が引き合いに出すある事例は衝撃的です。遊び仲間に誘われて輪姦行為を繰り返したある少年は，特定の恋人もいて定職もあり，とりたてて性欲をもてあましていたわけではありません。それなのに，なぜ性犯罪に走ったのか。彼自身の証言によれば，強姦（輪姦）は，恋人とのセックスとも，また，泣き叫ぶ被害者を殴りつけてセックスをするといった「強姦神話」とさえ，まったく違っていたということです。「実際には，ホテルの部屋に連れ込んで仲間３人で取り囲んだだけで，被害者はまったくおとなしくなった。進んで服を脱ぎ，言われなくても『恥ずかしい』姿態をとり，こちらの機嫌をうかがって何でもした。ハーレムの王様になったようで，自分が強くなったようで，とても気持ちよかった」──これが彼を輪姦にのめり込ませた心理でした。

　もう一つだけ，根強く信じられているかもしれないレイプの神話の一つに触れておきましょう。それは，女性は心の奥底ではレイプされることを密かに期待しているという（「被強姦願望」とでも呼ぶべき）神話です。集団強姦を繰り返していたある加害者が，法廷で「強姦された女は泣いて喜ぶと先輩から聞き，実際にやってみたらその通りだった」という自己正当化をしてみせた事例があります。そこまで極端ではなくても，こうした奇妙な「深層心理学」めいた神話を何となく信じ込んでいる人はそれほど珍しくないかもしれません（これが杞憂なら，以下の文章は無駄になりますが，そうであるならむしろ喜ばしいことです）。これほど〈加害者〉にとって都合のいい神話はないでしょう。ここで重要なのは，これは実際に一部の女性が抱いているかもしれない，大勢の男にセックスを強要されて興奮するといったセクシュアル・ファンタジーとは何の関係もないということです。その種の，他人にはとても言えないようなファンタジーの一つや二つは誰もが抱いているでしょうが（少なくとも私自身はそうです。もちろんその内容は言えませんが），しかしそれはあくまでも本人にとって心地よいシナリオにもとづく物語なのであって，実際にレイプされることへの期待とは別物です。両者を区別できない人は，人間の心理あるいは欲望というものをよほど単純に考えているのでしょう。

　ここまで，性暴力とはそもそもどういう行為なのかという本質を照らし出してきました。引き続き次章では，性暴力のさまざまなタイプとそれらの背景に

ついて見ていきます。

QUESTIONS

① 性行為が，暴力ではなく，本当の意味で「合意」にもとづいていると言えるためには，どのような条件が必要でしょうか。本章，また第 10 章の内容なども参考にしながら，できるだけ具体的なシチュエーションに即して考えてみてください。

② 性的ファンタジーを各自が心に秘めているなら問題はありませんが，それを公開し，商品として，あるいはネットを通じて広まり，社会的影響力をもつなら話は別です。具体的には，性暴力を肯定するような AV（アダルトビデオ）は，視聴者に対して，「セックスとはこういうものだ」というメッセージを発していると言えるでしょう。その影響について，資料を集め，議論してみましょう。

読書案内　　　　　　　　　　　　　　　　　　　　　　Bookguide ●

　本文冒頭で紹介したジョルジュ・ヴィガレロ『強姦の歴史』（藤田真利子訳，作品社，1999 年）は，フランス革命の頃から 20 世紀に至る性犯罪の歴史をあとづけた，重厚な歴史書です。日本の過去について，これに匹敵するほどの本はまだ書かれていません。

　現在の日本社会における性暴力について知るには，読売新聞大阪本社社会部『性暴力』（中央公論新社，2011 年）をまずは一読してみてください。気が滅入るような事例が次から次へと出てきますが，それが現実（の一端）であることは否定できません。

　レイプ被害の当事者が書いた小林美佳『性犯罪被害にあうということ』（朝日新聞出版，2008 年）を読むと，被害者が負わされる心身の傷の深さに言葉を失います。著者が実名と顔写真を明らかにしたのは，被害者が自分を責めたり恥ずかしがったりする必要はないんだよというメッセージを世間の人々に，とりわけ他の被害者たちに伝えるためです。

　やや古い論文ですが，福島瑞穂「性は日本でどう裁かれてきたか」は，日本の警察や司法による性暴力対応を歴史的に振り返り，今日もまだ克服されきっていない問題点の根を明らかにしています（中下裕子・福島瑞穂・金子雅臣・鈴木まり子編著『セクシュアル・ハラスメント──「性」はどう裁かれているか』有斐閣，1991 年，所収。のちに，加藤秀一・坂本佳鶴恵・瀬地山角編

5　ジェンダー・バイアスと強姦神話　● 145

『フェミニズム・コレクションⅡ　性・身体・母性』勁草書房，1993 年，に再録）。

　加害者の心理を含め，性暴力を引き起こす原因について，本文中では藤岡淳子『性暴力の理解と治療教育』（誠信書房，2006 年）を参照しました。杉田聡『レイプの政治学──レイプ神話と「性＝人格原則」』（明石書店，2003 年）は，「レイプは性欲から起こるのではない」という見方を強調しすぎることは新たな神話をでっちあげることだと批判しています。同じ著者による，『AV 神話──アダルトビデオをまねてはいけない』（大月書店，2008 年）は，性暴力の底流をなす男たちのセックスに対する偏見を論じて示唆的です。

　「デートレイプ」については，アンドレア・パロット『デートレイプってなに？──知りあいからの性的暴力』（村瀬幸浩監修，冨永星訳，大月書店，2005 年）が大切な点をわかりやすく教えてくれます。

　性暴力被害者としてとりわけ傷つけられやすい位置にいるのが，性風俗産業に従事する女性（セックス・ワーカー）たちです。一次被害に遭いやすい（とくに派遣型の業態の場合）だけでなく，性道徳規範から逸脱した女性として，被害の深刻さを理解してもらえないという二次被害にもさらされやすいからです。田中麻子『不可視の性暴力──性風俗従事者と被害の序列』（大月書店，2016 年）がこの問題に取り組んでいます。

　性暴力の実態を統計的に把握することも重要です。各年度の「犯罪白書」（法務省）から強姦と強制わいせつの認知件数について知ることができますが，本文中に記した通り，性犯罪においては被害者が泣き寝入りすること（暗数）が多いので，そこに示された数字そのものは必ずしも実態を示しているとは言えません（暗数の問題については，法務総合研究所「第 4 回犯罪被害実態（暗数）調査」も参照のこと。その結果の一部は「平成 24 年版犯罪白書」に載っています。http://hakusyo1.moj.go.jp/jp/59/nfm/n_59_2_5_3_2_2.html#h5-3-2-03）。内閣府男女共同参画局が 3 年ごとに行なっている「男女間における暴力に関する調査報告書」からも，被害を受けながら誰にも相談しなかったという女性が多いことがわかります（最新版である平成 26 年度調査の報告書は以下で読めます。http://www.gender.go.jp/policy/no_violence/e-vaw/chousa/h26_boryoku_cyousa.html）。財団法人女性のためのアジア平和国民基金「高校生の性暴力被害実態調査　委託調査報告書」（研究代表野坂祐子，2004 年，http://www.awf.or.jp/pdf/0161.pdf）や，第 8 章で紹介した「青少年の性行動全国調査」の性暴力被害に関する質問項目も参考になるでしょう。

CHAPTER 10

第 10 章

「わいせつ」と「レイプ」は同じ罪なのか

性暴力（2）

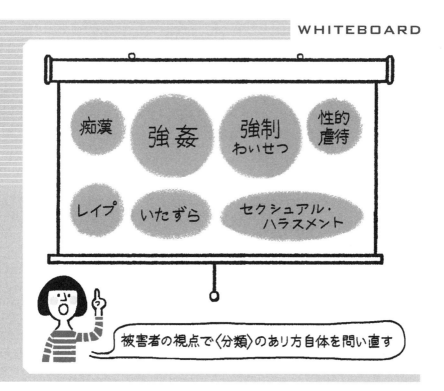

KEYWORDS

強制わいせつ　　強姦　　準強姦　　集団強姦　　セクシュアル・ハラスメント（セクハラ）　　代償型（対価型）／環境型　　心的外傷（トラウマ）後ストレス障害（PTSD）　　二次被害　　公正な世界仮説

1　性暴力の〈分類〉に着目する

　ひとくちに「性暴力」と言っても，その種類はたくさんある，ように見えます。たとえば日本の刑法では，「強姦」と「強制わいせつ」が区別されてきました。さらに，日常語では「痴漢」や「いたずら」といった言葉も使われてきました。近年では「レイプ」という外来語が，従来の「強姦」とはやや違うニュアンスを込めて使われるようになっています。「セクシュアル・ハラスメント」（セクハラ）や，子どもへの「性的虐待」を性暴力の一種としてとらえる見方も少しずつ広がってきました。

　こうした〈分類〉は何を表しているのでしょうか。これらは，第1章の例を用いて言うなら，水素原子と酸素原子との区別よりも，惑星とそれ以外の天体との区別の方に似ています。なぜならこれらは，私たちが名づける前には，そもそも存在しないものだからです。性的な行為の中で，ある特定の基準を満たした性行為を私たちは性犯罪あるいは性暴力と呼び，さらにそれをより細かい基準に従って上記のようにタイプ分けしているのです。したがって，基準が変われば〈分類〉のあり方も変わります。すなわち，ある行為を性暴力と呼ぶか呼ばないか，さらに，ある行為を「強姦」と呼ぶか「強制わいせつ」と呼ぶかは，私たちの社会がどのような社会であるか——たとえば，加害者（男性）に都合のよい社会なのか，それとも被害者（女性）に目を向ける社会なのか——を映し出しているはずです。

　たとえば，上記のリストのうち，「いたずら」という語は，若い読者の方々にとってはもはや死語なのではないでしょうか。もしそうだとすれば，それは喜ぶべきことでしょう。なぜなら「いたずら」という概念は，今日であれば

148 ● CHAPTER **10**　「わいせつ」と「レイプ」は同じ罪なのか

「子どもへの性的虐待」と呼ばれ深刻な問題とみなされる種類の行為を、取るに足りないことであるかのように感じさせる効果をもっていたからです。

以上のように、性暴力の〈分類〉がどのように成り立っているのかを分析することで、私たちがさまざまな性暴力をどのように意味づけているかが見えてきます。ここからは、具体的な素材に即して分析作業をしていきましょう。

強姦罪とわいせつ罪

刑法における性犯罪の規定

この節では、日本の刑法が性犯罪をどのように〈分類〉しているかを見ていきます。ただし現在（2017年2月）、性犯罪に関する罰則規定の改正作業が進められており、本書が刊行される頃には改正が果たされている可能性が高まっています。具体的な変更点についてはのちほど説明しますが、その改正の意義を理解するためにも、まずは旧刑法の文言を分析しておくことは有意義でしょう。何と言っても、刑法の性犯罪規定は、明治40年にその基本的な部分が定められてから今日に至るまで、長期にわたって受け入れられてきたのです。それは当分の間、日本人の性暴力観を映し出す鏡として、分析に値する素材であり続けるはずです。

それでは関連する条文を以下にまとめて掲げておきます（資料1）。

資料1
（強制わいせつ）
第176条　13歳以上の男女に対し、暴行又は脅迫を用いてわいせつな行為をした者は、6月以上10年以下の懲役に処する。13歳未満の男女に対し、わいせつな行為をした者も、同様とする。
（強姦）
第177条　暴行又は脅迫を用いて13歳以上の女子を姦淫した者は、強姦の罪とし、3年以上の有期懲役に処する。13歳未満の女子を姦淫した者も、同様とする。
（準強制わいせつ及び準強姦）
第178条　人の心神喪失若しくは抗拒不能に乗じ、又は心神を喪失させ、若しくは抗拒不能にさせて、わいせつな行為をした者は、第176条の例による。

2 女子の心神喪失若しくは抗拒不能に乗じ，又は心神を喪失させ，若しくは抗拒
　不能にさせて，姦淫した者は，前条の例による。
（集団強姦等）
第178条の2 2人以上の者が現場において共同して第177条又は前条第2項の
　罪を犯したときは，4年以上の有期懲役に処する。

　一見して明らかなように，ここには「性暴力」という語は登場しません。し
かしながら，「暴行または脅迫」または「心神喪失若しくは抗拒不能に乗じ」
といった文言は〈性行為の強制〉という性暴力の定義におおむね対応するもの
として解釈できるでしょう。

　実は，ここで興味深いのは，**資料1**には含まれていない，その前後の部分と
の関係です。すなわち，直前の第174条には「公然わいせつ」，第175条には
「わいせつ物頒布等」の罪が規定されており，反対に少し後には，第182条
「淫行勧誘」（「営利の目的で，淫行の常習のない女子を勧誘して姦淫させた者」を罰す
る），第184条「重婚」などの規定が見られます（ちなみに1907〔明治40〕年の
刑法制定時には第183条として「姦通」の罪が記されていましたが，これは1947〔昭和
22〕年に廃止されました）。そしてこれらの条文は，「第22章　わいせつ，姦淫
及び重婚の罪」としてひとまとめにされています。

　さて，ここで立ち止まって，上のリストをじっくり眺めてみてください。何
だか奇妙な感じがしないでしょうか。具体的に言えば，「強姦」と「重婚」が
同じ章にまとめられているのはなぜでしょう。両者はまるで違うことではない
でしょうか。また，「強制わいせつ」「公然わいせつ」「わいせつ物頒布」では
同じ「わいせつ」という言葉が使われていますが，それぞれの意味は大きく異
なるのではないでしょうか。いったい，これらは何を基準として他の罪と区別
され，またお互いに区別されているのでしょうか。

「わいせつ」とは何か

　ここでは議論をわかりやすくするために，「わいせつ」という概念に的を絞
って分析してみたいと思います。「わいせつ」という言葉は，第175条では，

150 ● CHAPTER **10** 「わいせつ」と「レイプ」は同じ罪なのか

「わいせつな文書，図画，電磁的記録に係る記録媒体その他の物」というように，さまざまな媒体にかかる形容詞として登場しています。それが具体的に指しているのは，ヌード写真，エロマンガ，アダルトビデオなどでしょう。そうした「物」を「陳列」したり「頒布」したりすることがなぜ刑罰の対象になるかと言えば，それらが「徒に性欲を興奮又は刺激せしめ且つ普通人の正常な性的羞恥心を害し善良な性的道義観念に反する」（1951年名古屋高裁判決）からだとされています。第174条（公然わいせつ）における「わいせつ」は「物」ではなく「行為」を形容していますが（わいせつな行為），意味は第175条とほぼ同じだと考えられます。

これらに対して，第176条（強制わいせつ）に出てくる「わいせつな行為」とは，どう見ても他人の性欲をかき立てるという意味ではありません。それは実際の性行為を指しており，かつ，それが強制された場合を対象にしています。けれども，他人に性行為を強制することと他人の性欲を刺激することはまったく異質な行為であり，罪としての性質もまるで異なるのではないでしょうか。強制わいせつが問題なのは，他人の「性欲」を刺激したり「性的羞恥心」を害したりするからではなく，被害者の心身を酷く傷つけるからであるはずです。

このように，同じ「わいせつな行為」という文言であっても，その意味するところは，「公然わいせつ」と「強制わいせつ」とではまったく異なっていることがわかります。付け加えるなら，「わいせつ物陳列」の罪にしても，いわゆる「露出狂」の行為などは，それを見せられる者に性欲や羞恥心を催させるというよりも，むしろ不快感や恐怖感を催させる部分が大きいのではないでしょうか。

それでは，これほどまでに異なる事柄が，なぜ同じ「わいせつ」という言葉で表されているのか，さらには「重婚」のようにもっと異なる事柄まで含めて，なぜ同じ一つの章にまとめられているのでしょうか。おそらくその主な理由は，ここに集められたさまざまな「罪」がどれも性（セクシュアリティ）に深く関わっているということでしょう。大まかに言って，刑法第22章の各条文は，ある種の性道徳を侵犯するさまざまなやり方を寄せ集めたものであるように思われます。すなわち，それはそもそも〈被害者〉の視点から一貫して性暴力を分類しているわけではないのです。

〈被害者〉の視点からの法改正へ

とはいえ，今日の法実務や刑法学において〈被害者〉の視点がまったく無視されているわけではありません。強制わいせつは「（被害者の）性的自由や性的自己決定権」を侵害し，他方，わいせつ物陳列等は「（公衆の）性的羞恥心」を害するというように，2種類の「わいせつ」概念を区別するのが主流の解釈です。けれどもそのことは，まだ刑法の条文には反映されていないのです。この点は今回の法改正でも基本的には変わらないと思われます。それゆえ，今後のさらなる刑法改定にあたっては，「わいせつ」という概念を後者に限定するか，あるいはそもそもやめてしまって，現行の強制わいせつ罪や強姦罪を「性的自由の侵害」といった概念でひとまとめにする方がすっきりするように思われます。

「強姦」と「強制わいせつ」との区別には別の問題もあります。この両者を分ける基準は「姦淫」すなわち男性器の女性器への挿入が行なわれたか否か（ただし判例によれば，男性側が射精する必要はない）ですが，はたしてこのような基準は合理的でしょうか。確かに，性器挿入によって被害者のショックがさらに大きくなったり，性感染症や妊娠によって被害がより深刻になることはありえます。しかし，だからといって，性器挿入がなければ犯罪の程度が軽いというわけではないでしょう。たとえば，道具を使って女性の性器や身体を酷く損傷しても，それは強制わいせつであり，強姦よりも一段軽い罪にとどまります。

もう一つの重要な問題は，この基準では男性に対する強姦というものがそもそも成り立たないことです。あとで述べるように——当然のことながら——男性（とくに年少者）も性暴力被害に遭うことがあるのに，それはせいぜい強制わいせつ，または暴行罪にしか結びつけられないのです。

今回の改正案ではこうした点も対象とされ，これまでの強姦に相当する行為の範囲が広げられるとともに，男性の被害者も含めるように文言が変更される見込みです。ほかにも，強姦罪を非親告罪とすることや，法定刑の下限を懲役3年から5年に引き上げること等が盛り込まれています。

以上のように，性暴力について，現在の法律や世論において流通している〈分類〉を前提とするのではなく，そうした〈分類〉のあり方自体を問い直す

ことを通じて，気づかれにくい問題点に光を当てることは重要です。ただしそれは，いかなる〈分類〉もしてはいけないということではありません。むしろ，既存の〈分類〉のあり方にとらわれず，さまざまな視点から，さまざまな〈分類〉の仕方を試してみることで——同時にそれが特定の視点からの〈分類〉にすぎないという限界もつねに意識しながら——問題の多面性や奥行きを把握することができ，その理解を深めることもできるはずです。

なお，近年，「強姦」に含まれる「姦」という文字を嫌ってそれを「強かん」と表記したり，「レイプ」という外来語を用いたりする人たちが増えています。性暴力の〈分類〉の仕方そのものを見直すという意味では，こうした実践にも大きな意義があるでしょう。

セクシュアル・ハラスメント

セクシュアル・ハラスメントと権力関係

セクシュアル・ハラスメントが性暴力の一種であることは明らかですが，暴力としての性質には強姦等とは異なる面があります（なお，セクシュアル・ハラスメントをセクハラと略すことは，問題を軽く感じさせることにつながりかねないので不本意なのですが，以下では紙幅の都合からセクハラと略記することにします）。すなわち，強姦が主として物理的な力や脅迫によって性行為を強要することであるのに対して，セクハラを可能にする力は社会的な権力だということです。組織内における不均衡な権力関係を背景として，立場の強い者が弱い者に対して性的に不快な状況を強いることがセクハラの本質なのです。より具体的には，会社の上司が部下に対して，雇用上の地位に関わる条件と引き替えに——たとえば，自分とセックスしなければ解雇すると脅すなど——性行為を要求すること，あるいは，職場で多数派の男性たちが少数派の女性の身体に触れたり，性的な話題を強要したりすることなどが典型的なセクハラです（前者を「**代償型**〔または**対価型**〕」，後者を「**環境型**」と呼びます）。

ただし，こうした分類はあくまでも理念的なものであり，実際には両方の面を兼ね備えた事件も多々あることを理解しておいてください。近年の事例では，

福岡を中心に展開する某学園グループの総長が，複数の女性職員に対する強制わいせつの罪で有罪とされた事件がその典型です。新聞報道等によれば，この加害者は十数年間にわたって数多くの女性職員たちに無理矢理抱きつくといった行為を繰り返していたのですが，強力なワンマン体制を敷いていたためにほとんどの教職員は逆らうことができず，抗議した人は配置転換を強いられるといった異様な状態が続いていたとのことです。これは刑法上の性犯罪であると同時に深刻なセクハラ事例でもあり，しかもそのセクハラには「代償型」「環境型」両方の面が含まれた，性暴力の総合展示場のような事例でした。このように，現実の事例の一つひとつは，上記の〈分類〉のどちらかにぴったり収まるわけではありません。しかし，だからといって，概念的な〈分類〉が無意味になるわけではありません。まったく逆に，複雑な要素が絡み合う現実の事件を分析し，その問題点や背景をはっきりさせるためには，それをさまざまな角度から照らし出す光源としてのさまざまな概念が必要不可欠なのです。

　なお，セクハラはまず職場の問題として認識されるようになったという経緯から，それを分類する概念も主に職場を念頭に置いて整備されてきましたが，実際にはそれは職場だけでなくおよそ組織と呼びうるもの——会社，学校，軍隊，NPO団体等々——であればどこにでも起こりうるものです。なぜならどんな組織にもその成員間には必ず不均衡な権力関係が存在しうるからです（なお，ここでは必ずしも権力イコール悪だと言っているわけではありません。権力作用によって生じる事柄の中には，セクハラのように悪しきものもある，ということです）。

┃ セクハラの〈発見〉

　セクシュアル・ハラスメントという概念は，1970年代以降にアメリカ合衆国で発展し，日本では1980年代に入って知られるようになったものです。ということは，それまで日本にはセクハラという現象は存在しなかったのでしょうか。その答えは，ある意味ではイエス，別の意味ではノーです。職場で上司から望まない性行為を強要されたり，同僚から嫌がらせを受けたりする女性たちは確かに存在していたのだから，現在の時点から振り返って，日本社会にはずっとセクハラがあったと言っても間違いではありません。けれども，そうした〈被害〉が周囲や世間からは見過ごされ，むしろ〈被害者〉の方が我慢すべ

154 ● CHAPTER **10**　「わいせつ」と「レイプ」は同じ罪なのか

きものとして片づけられていたという意味では，そこにはいまだ性暴力として
のセクシュアル・ハラスメントは存在していなかったとも言えるでしょう。
「セクシュアル・ハラスメント」という新奇な名前がそうした〈被害〉経験の
集積に対して与えられた瞬間から，それは大きな「問題」であり，解決すべき
事柄として誰の目にもその存在を顕わにするようになったのです。

　それは，太陽系に新しい惑星が発見されたことと少し似ています。その天体
はずっと昔からそこに存在していたのですが，「惑星」という概念を当てはめら
れ，名づけられることによって，その受け止められ方が変化したのです。た
だし，惑星はただ黙々と運動し続けているだけで，自分が惑星と呼ばれようが
呼ばれまいが全然気にしていないのに対して，日常的な性暴力をセクハラと名
づけることで可視化することに尽力してきたのは，まさにその〈被害〉を受け
た当事者たちだったという決定的な違いを見落としてはなりません。

　とはいえ，セクハラという概念を知ったすべての人が直ちにその実情を正し
く認識し，〈被害者〉の視点から性暴力として理解できたわけではありません。
この概念が紹介された当初，「性的嫌がらせ」と和訳されていたという事実が
そのことを象徴しています。そこから始まり，次第に日本語の「嫌がらせ」と
いう言葉にはとうてい収まらない悪質なケースも多いことが理解されるにつれ
て，この邦訳は廃れていきました。1989 年には新語・流行語大賞（ただし「セ
クシャル・ハラスメント」という表記）に選ばれるほど一般に広まりました。1992
年には日本初のセクハラ裁判とされる通称「福岡セクハラ裁判」で原告が勝訴
し，1999 年には改正労働基準法に「セクシュアル・ハラスメント防止ガイド
ライン」が盛り込まれるなど，セクハラへの認知は広く社会に浸透し，対応も
進んできているように見えます。

　しかし現在でも，深刻なセクハラの加害者には，被害者本人や周囲の人から
どれだけ抗議されてもまったく受け付けず——自分が悪いことをしている，他
人に嫌な思いをさせているということをまったく認識できず——処分されたり
告訴されたりしてはじめてショックを受ける人が少なくないと言われています。
先ほど触れた学園グループのように加害者が大きな権力をもっていたり，ある
いは信頼できる相談体制がつくられていないために，被害者が泣き寝入りせざ
るをえない組織も多々見受けられます。残念ながら，まだセクハラという「問

題」が十分に正しく認識されるようにはなっていないのです。

　それゆえセクハラという概念の〈発見〉が意味するものは，性暴力被害という問題が問題として認識される可能性の増大であったと考える方がよいでしょう。単なる可能性とは真っ白なキャンバスのようなもので，それ自体には大した価値はありません。キャンバスに絵が描かれてはじめて芸術作品としての価値が生まれるのと同じように，セクハラの場合も，職場や学校などの組織環境の改善や裁判による被害者救済といった具体的な取り組みの積み重ねを通じて，その概念が切り拓いた可能性を真に意味あるものにすることができるのです。そうした取り組みに終わりはありません。

4. 二次被害と性暴力の再生産

　性暴力の被害者は身体だけでなく心にも深い傷を負うことが多く，他の犯罪被害者に比べても**心的外傷（トラウマ）後ストレス障害**（PTSD：Posttraumatic Stress Disorder）を患う確率が高いことが知られています。男性の姿が目に入っただけで恐怖に身がすくんだり，無力感や自責の念から鬱状態になったり，襲われたときの恐怖が生々しく蘇る「フラッシュバック」に苛まれるなどの後遺症から，人間関係や日常生活に支障をきたすケースも少なくありません。

　このように，性暴力そのものによってすでに深く傷つけられている被害者が，警察や裁判関係者，また周囲の人々や世間から，冷たい対応や心ない言葉によって攻撃され，精神的に傷つけられてしまうことを，**二次被害**──加害の方に焦点を当てれば二次加害──と呼びます。具体的には，被害者からの相談に対して男性警察官が無造作に対応したり，裁判の場で被告側の弁護士が原告の過去の性経験に触れたりすることなどがその典型です。これらについてはすでに多くの批判がなされ，徐々に改善されつつあるようですが，しかしながら最近も，被告が撮影した犯行時のビデオを原告が確認のために観ることを求められ，その必要性が問題とされた事例がありました。

　こうした公的な場での問題以上に厄介なのは，被害者の周囲の人々や世間が無神経に，あるいは悪意から，被害者に対して「危険な場所にいたのが悪い」

156 ● CHAPTER **10** 「わいせつ」と「レイプ」は同じ罪なのか

「本気で抵抗しなかったのではないか」といった攻撃を行なうことがもたらす二次被害です（これらを警察等によるものと区別して，三次被害と呼ぶ場合も見られます）。暴力の被害者に対するこのような心ない攻撃は，それ自体が悪質な暴力行為であると言うべきでしょう。

　性暴力の被害者には，こうした二次被害を予期し恐れるために，事件を告発することをあきらめる人が多いと考えられています。内閣府の「男女間における暴力に関する調査報告書」（2015年）によれば，女性の7.5％が「異性から無理やりに性交された」経験をもっていますが，そのうち誰かに相談した女性は31.6％にすぎません。近年の日本における強姦の認知件数は年間数千件で推移していますが，上記のような調査をもとに，実際の被害はその数倍から十数倍に及ぶのではないかと推測されています。

　このように「泣き寝入り」する被害者が多いということを加害者も予期し，たとえ暴力をふるっても自分が告発される可能性は少ないと判断するならば，そのことが犯行を後押しすることになるでしょう。すなわち，性暴力の二次被害は，一つの事件の被害者を苦しめるだけでなく，新たな性暴力を助長する危険性も併せ持っているのです。したがって，「自分は性暴力の加害者になどならない」と自信をもっている多くの男性，さらには女性も，性暴力にまったく責任がないとは言い切れません。性暴力の被害を軽く見たり，面倒を恐れて被害者が告発することを抑圧したり，また被害者の側の「落ち度」をあげつらったりする傾向は，たとえ性暴力の直接の加害者にならない人にも無縁ではないからです。暴力を傍観することはそれに荷担することに等しいとしばしば言われますが（刑法解釈上も，集団強姦の場に居合わせた者は，たとえ自分が強姦をしなくても同罪と判断されます），二次被害を引き起こすことは傍観どころではなく，もう一つのあからさまな暴力です。そのような暴力に荷担しないためには，ジェンダー・バイアスに満ちた性暴力観を乗り越え，性暴力の被害者がそれ以上傷つけられなくても済むように，社会全体のあり方を変えていかねばなりません。

　しかし，それは決してたやすいことではないでしょう。奇妙なことに，性暴力に限らず，犯罪事件に接して「やられる方が悪い」「だまされる方が馬鹿だ」といった反応を臆面もなくさらす人は少なくないからです。被害者を責めると

4　二次被害と性暴力の再生産 ● 157

いう，この倒錯した態度はどこから生じるのでしょうか。これは簡単に答えられる問題ではありませんが，認知心理学における「**公正な世界仮説**（または公正な世界理論）」（Just World Hypothesis/Theory）というアイデアが一つの示唆を，少なくとも反省のための視点を与えてくれるかもしれません（この場合の「仮説」ないし「理論」とは，専門家が論文に書くもののことではなくて，私たちが広く共有している「ものの見方」を指しています）。この世界は基本的には公正な理から成り立っており，良いことをすれば良い目に遭い，悪いことをすれば悪い目に遭うようにできている。したがって，悪い目に遭った人は，本人が悪いことをしたに違いない……。私たちの思考回路には，このような論理学的には誤った推論を行なうような歪み（認知のバイアス）が内蔵されているというのです。

　世界は基本的に公正にできている。善人が幸せになり，悪人は報いを受ける。そうでなければやっていられない。そうであってほしいという願望は誰にでもあるでしょう。けれども，残念ながら現実はそうなっていないという事実を直視しなければなりません。自分は安全だと信じたいために，事実から目を背け，不運な被害者を突き放す——それが，公正な世界仮説という心理メカニズムの本性です。私たちは，自分の感じ方やものの見方がそのような歪みを伴っているかもしれないという可能性に謙虚になり，被害者の痛みへの配慮を押し広げようとすべきではないでしょうか。それもまた，性暴力と闘うやり方の一つです。

⑤　男性の被害

　性暴力の加害者の圧倒的多数が男性で，被害者の圧倒的多数が女性です。日本の警察統計によれば，2014（平成26）年における「強制わいせつ」の認知件数7400件のうち，女性が被害者であるケースが7186件で，97.1％を占めています。男性が被害者のケースは214件にすぎません。

　しかし，ということは，男性の被害者も少ないながらいるということでもあります。その実態の全貌は把握されていませんが，しかし他のデータからも，男性に対する性暴力の存在は示唆されています。たとえば，日本性教育協会

「青少年の性行動全国調査」（2011年）によれば，「無理やり性的な行為をさせられた」被害経験をもつ女子は中学生1.9％，高校生4.9％，大学生6.1％で，若い女性の性暴力被害をめぐる非常に深刻な状況が浮き彫りになりましたが，男子の方も中学生0.4％，高校生0.6％，大学生2.3％が被害経験ありと答えています。アメリカ合衆国の統計でも，被害者の数パーセントは男性であるとされ，その加害者は親，兄弟，親族，近所の人，教師，牧師など多岐にわたっています。

　このように，男性に対する性暴力が存在することは明らかですが，その実態の把握や対応策の整備はまだ進んでいません。それどころか，一般的には「性暴力の被害者は女性だけ」と信じ込んでいる人がまだ多いように思われます。それも一つの「強姦神話」だと言うべきでしょう。

　すでに述べたように，このような神話は性暴力に対する人々の認知を歪め，問題の正確な理解を妨げます。被害者自身も例外ではありません。性的虐待に遭った男性たちの治療に長らく取り組んできたアメリカの心理療法家リチャード・B・ガートナーが紹介している，ある男性被害者の語りは印象的です。かれは，「自分は男ではなく，被害者だ」と言いました。性暴力被害に遭うのは女性だけだという思い込みに縛られ，ならば被害者になった自分はもはや男性ではありえないと，自分のアイデンティティを打ち砕かれてしまったのです（『少年への性的虐待』）。

　男性が性的虐待の被害経験を身近な人に打ち明けたとしても，理解や同情を得られにくいことも根深い問題です。性別を問わず性暴力の被害に遭うことがとてつもない恐怖の経験であり，つらいトラウマを残しがちであることを理解している人が少なく，そもそも男性がそのような被害に遭う可能性すら考えたことのない人たちが多いので，被害者の叫びを正面から受け止めることができないのでしょう。そうした男性たちは，自分が被害者の立場に置かれたときにはじめてそのことの重さを実感できるのかもしれません。電車の中で痴漢被害に遭った男性たちに対するインタビュー調査からは，その瞬間に感じた戸惑いと，その後に続いて襲ってきた恐怖感をうかがい知ることができます。筆者自身も，さいわい性暴力被害には至らなかったものの，白昼の繁華街で見知らぬ男にしばらく追いかけ回されたときの金縛りにあったような恐怖を，20年以

5　男性の被害 ● 159

上経っても忘れることができません（この話を男の知人たちに話して，気持ちを理解してもらえたと感じたことはまだ一度もありません）。

　幼少期に大人の女性から性的に誘惑され，わけもわからないうちに性行為を強いられたような場合でさえ，普通の男たちはそれをラッキーな経験とみなし，笑い話として片づけてしまいがちです。しかし実際にはそうした経験も，大人（女性）が自分の欲望を満たす道具として子ども（男性）を利用する虐待行為，すなわち性暴力にほかならず，被害者にトラウマを残すことが知られています。

　前章で女性の「被強姦願望」という神話について述べたのと同様の問題を，ここから読み取ることができるでしょう。すなわち，大人になってから少年期の性的体験について夢想することと，実際の少年期に大人から性的行為をしかけられることとは，まったく異質の，むしろ正反対の経験だということです。前者はあくまでも自分自身が自由に思い描くことのできるセクシュアル・ファンタジーであるのに対して，後者は自分よりも圧倒的に強い力をもつ他者によって巧妙にコントロールされ，自由を奪われる経験だからです。

✍ 終わりに

　前章と本章では，性暴力と呼ばれる現象の輪郭をつかもうとしてきました。もちろん——残念ながら——これだけで性暴力に関わるすべての問題，あらゆる側面を網羅できたわけではありません。とくに，戦争や軍隊と性暴力との関係という現代の非常に切実なテーマについては，まったく触れることができませんでした。悩んだ末に，紙幅の制約から中途半端に論じるよりはその方がよいだろうと判断したためです。このテーマについては参考文献を多めに挙げておきますので，ぜひそれらに目を通してみてください。

　本書で扱う他のテーマについても当てはまることですが，とりわけ性暴力については，知識を得ればそれで終わりというわけにはいきません。いや，それでは本当に知ったことにすらならないと言うべきでしょう。それはいま，この瞬間にも起きている，そしてその被害に遭う人がいる，不当な暴力なのですから。そして，私たちはその被害者になりうるのと同時に，加害者にもなりうる

160 ● CHAPTER **10** 「わいせつ」と「レイプ」は同じ罪なのか

こと——言うまでもなく，とりわけ男性は——を知るならば，そうならないた
めに何が必要かを考え，実行し，周囲に広げていくことが求められるのではな
いでしょうか。

QUESTIONS

① 性暴力を〈分類〉する言葉には，本章に挙げたもの以外に，どのようなもの
があるでしょうか。国語辞典には採用されていないようなスラングやみなさん
の周囲だけで使われている言葉も含めて，リストを拡大してみましょう。そし
て，それらの言葉が，性暴力へのどのような態度を表しているかを分析してみ
てください。

② 刑法の新しい性犯罪規定（2017 年に改正される見込み）と，本章で紹介し
た旧規定を比較して，変更点とその理由について調べ，その意味について議論
してみてください。

読書案内　　　　　　　　　　　　　　　　　　　　　　　Bookguide ●

　日本の従来の刑法における性犯罪の取り扱いについては，**林幹人『刑法各論
（第 2 版）』**（東京大学出版会，2007 年）などが参考になるでしょう。
　セクシュアル・ハラスメントについては数多くの文献が出ていますが，比較
的新しいものの中から**牟田和恵『部長，その恋愛はセクハラです！』**（集英社
新書，2013 年）を挙げておきます。セクハラの背景に権力関係があるという
ことがよくわかるでしょう。**金子雅臣『壊れる男たち——セクハラはなぜ繰り
返されるのか』**（岩波新書，2006 年）は，労働相談に携わる中で著者が出会っ
た，自分の加害性にまったく気づけない男性たちの末路が丹念に描かれていま
す。**キャサリン・A・マッキノン『セクシャル・ハラスメント・オブ・ワーキ
ング・ウィメン』**（村山敦彦監訳，こうち書房，1999 年）は，この概念を発明
したとも言えるアメリカ合衆国の法律家による基本書です。
　性暴力が生み出す被害者の心的外傷（トラウマ）については，**小西聖子『ト
ラウマの心理学——心の傷と向きあう方法（新版）』**（NHK 出版，2012 年），
宮地尚子『トラウマ』（岩波新書，2013 年）など，定評ある専門家による一般
向けの本が増えてきました。もちろん性暴力以外の原因によるトラウマについ
ても教えてくれます。**ローラ・デイヴィス『もし大切な人が子どもの頃に性虐
待にあっていたら——ともに眠りともに笑う』**（麻鳥澄江・鈴木隆文訳，青木
書店，2004 年）は，マニュアル本のようなタイトルですが，性暴力被害を生

6　終わりに　● **161**

き延びることをめぐって，深く自分を見つめ直させられる本です。

　男性の性暴力被害については，心理療法家リチャード・B・ガートナーによる『少年への性的虐待——男性被害者の心的外傷と精神分析治療』（宮地尚子ほか訳，作品社，2005 年），アンデシュ・ニューマン，ベリエ・スヴェンソン『性的虐待を受けた少年たち——ボーイズ・クリニックの治療記録』（太田美幸訳，新評論，2008 年）があなたの認識を改めてくれるでしょう。

　戦争に関わる性暴力は複雑で多面的な現象であり，これまでの研究からも，①強姦等が平時のような歯止めを失って行なわれる，②軍隊やその占領地域内において，強制的な性労働が組織的に行なわれる，③軍事組織内におけるセクシュアル・ハラスメントや性差別，といった諸側面についての研究を日本語で読めるようになっています。メアリー・ルイーズ・ロバーツ『兵士とセックス——第二次世界大戦下のフランスで米兵は何をしたのか？』（佐藤文香監訳・西川美樹訳，明石書店，2015 年）は主に①と②に関わる示唆的な書物です。②の側面では，いわゆる「従軍慰安婦」問題について基本的な事実を学んでおくことが不可欠です。この問題については，1990 年代以降，国家間の政治問題となる中でありとあらゆる言説がまき散らされましたが，その多くは読むに値しません（それらを見分けるのは案外簡単で，タイトルに「嘘」「捏造」「真実」といった断定的な語句が使われているものや，扇情的な図版が表紙に用いられているものは避けるのが無難です）。ここではこの問題について学ぶ者が政治的立場などというものに関係なく読むべき書籍として，比較的初期に出版された基本書である吉見義明『従軍慰安婦』（岩波新書，1995 年）と，各国の「慰安婦」制度の比較や平時と戦時における性暴力の関係性を問うなど多くの専門家が複数の視点から問題をとらえなおした歴史学研究会・日本史研究会編『「慰安婦」問題を/から考える——軍事性暴力と日常世界』（岩波書店，2014 年）の 2 冊だけを挙げておきます。これらの書物は②のテーマについても啓発的ですが，第二次世界大戦後の日本に関する研究として，平井和子『日本占領とジェンダー——米軍・売買春と日本女性たち（フロンティア現代史）』（有志舎，2014 年）も加えておきましょう。③については，ロバーツ『兵士とセックス』の監訳者である佐藤文香が『軍事組織とジェンダー——自衛隊の女性たち』（慶應義塾大学出版会，2004 年）という興味深い研究をまとめています。日本の自衛隊におけるジェンダーの構造を分析したものですが，性暴力の背景を考えるうえでも貴重な示唆が得られるでしょう。

CHAPTER

第 11 章

「女性差別は終わった」という残念な妄想

性別職務分離と統計的差別

WHITEBOARD

KEYWORDS

セクシズム　　社会的文脈　　人間開発指数　　ジェンダー・ギャップ指数　　性別
職務分離（ジェンダー・セグリゲーション）　　男女特性論　　コース別人事管理制
度　　パートタイム労働者　　非正規雇用　　統計的差別

　ジェンダーをめぐる暴力や格差はたまたま生じたものではないし，また生物
学的な本能のせいにして片づけられるものでもありません。それは社会全体の
構造に組み込まれた差別のメカニズム，とりわけ賃労働をめぐる差別と分かち
がたく結びついています。たとえば，夫から繰り返しDVを受けていたとして
も，その夫に経済的に依存している妻が逃げることは困難です。子どもを抱
えていればなおさらのこと。つまりDVとは，個人間における腕力の強弱だ
けではなく，ジェンダーにもとづく経済格差から生じる問題でもあるのです。
本章および次章では，このような男女間格差をもたらす社会的要因を探ってい
きたいと思います。

　ただし本題に入る前に，本章では，近年のネット上などでよく見かける〈現
在の日本社会にはもはや女性差別など存在しない〉という主張——なかには，
いまや差別されているのはむしろ男性の方だ！と息巻く人さえいます——につ
いてまず検討しておきましょう。もしもそのような主張が真実を言い当ててい
るのであれば，本章を支える問題意識そのものが無効だということになりかね
ないからです。もちろん，女性に対する差別（セクシズム）が実際になくなっ
たのであればそれは喜ぶべきことであり，そのために本書のような本が不要に
なるなら，筆者としては本望です。けれども，実はまだまだ性差別があるのに
それをなくなったことにしているのなら，見過ごすわけにはいきません。本当
のところはどうなのでしょうか。

1 女性優遇は男性差別？

▶ 女性専用車両とレディースデイ

　男性差別云々を申し立てる人たちの多くが，通勤電車の女性専用車両や映画
館の女性限定割引（レディースデイ）といった「女性優遇」策をその証拠として

164 ● CHAPTER 11 「女性差別は終わった」という残念な妄想

持ち出しています。確かにこれらは，それだけを切り取ってみれば，女性を男性よりも優遇していると言えるでしょう。けれども問題は，そのような切り取り方自体が妥当かどうかです。人のふるまいや社会的制度の意味を理解するためには，それらがなぜ，何のために行なわれ，どのような働きをしているのかといった**社会的文脈**の中に位置づけてみなければなりません。具体的には，そもそも女性専用車両が導入され定着するに至った経緯や，レディースデイというサービスが企業と顧客にもたらしている効果を考慮する必要があるのです。

┃ 女性専用車両 ┃

　もともと女性専用車両は，列車内における痴漢という性暴力犯罪への対処策として導入されたものです。つまりその本来の目的は痴漢の被害者（になりやすい人たち）を加害者（になりやすい人たち）から遠ざけることであって，女性を男性から隔離することではありません。これは決定的に重要なポイントですが，なぜかしばしば見落とされています。

　それではなぜ女性／男性という性別がクローズアップされたのか，そしてなぜ男性専用ではなく女性専用車両なのかと言えば——本書をここまでお読みになってきたみなさんにはすでにおわかりだと思いますが——加害者の圧倒的多数が男性であり被害者の圧倒的多数が女性であるという非対称性が性暴力の現実であるからです。興味深いことに，女性専用車両に文句をつけている人たちの中に，公平を期するための男性専用車両を要求する人はほとんどいないようなのですが，いったいなぜなのでしょうか。もしも仮に，痴漢の被害者の多くが男性だったとしたら，男たちはとっくに抗議の声を上げ，男性専用車両ができていたことでしょう。

　念のために確認しておきますが，女性専用車両が痴漢対策として理想的な方法だというわけではありません。本来は痴漢という犯罪自体を撲滅することが望ましいに決まっているのですが，それが実現するのはいつのことになるか——そもそも可能かどうかさえ——わからないので，さしあたりの対症療法がとられたということです。この点について，加害者ではなく被害者の方が行動の変化を求められるのはおかしいという批判もあるでしょう。確かに，本来ならば痴漢をしそうな人たちの方を集めて隔離するのが筋かもしれません。しか

1　女性優遇は男性差別？　　● 165

しそれはどう考えても技術的に非常に難しく，また人権保障の観点からもほとんど不可能であることは明らかです。女性専用車両とは，こうした諸条件の下でやむなく採用されている不完全な痴漢対策にすぎないのです。

このように，女性専用車両という現象をきちんと社会的文脈の中に位置づけてみるならば，それは女性を「優遇」しているわけでも何でもないということが見えてくるはずです。それは女性たちに何かプラスをもたらしているわけではなく，せいぜい痴漢被害というマイナスを少しでも埋め合わせてゼロに戻そうとする補償的措置にすぎないのですから。それどころか，むしろ「優遇」されているのは，そもそも痴漢被害に遭う危険性が低い男性たちの方ではないでしょうか（もちろん男性も痴漢被害に遭うことがありますから，これはあくまでも全体的な傾向の話です）。いわばこれまでの通勤電車はすべてが男性優先車両だったのに，ほとんどの男性たちはそのことに気づいていなかっただけではないでしょうか。

こうした観点からさらに，これまでの列車は「健常者優先車両」「子どもを連れていない人優先車両」「高身長者優先車両」等々でもあったのではないかと考察を広げていくこともできるでしょう。自分がマジョリティ（多数派，主流派）に属する人は，こうした視点をもつことが難しく，優遇されている自分の状況を当たりまえのように受け止めがちです。それにもかかわらず，他人が優遇されることにはやたらと敏感で，自分が損をしているのではないかと不安で仕方がなくなってしまう人がいるようです。マジョリティが陥りやすいこのような傲慢性には，いくら注意してもしすぎることはありません。自戒の念を込めて書きとめておきたいと思います。

レディースデイ

女性専用車両に比べて，映画館のレディースデイのような女性限定割引サービスの正当性は微妙な問題を含んでいます。映画が好きだけどお金がないのであまり映画館に行けないという若い男性が，自分だって割引価格で新作映画が観たいと思う気持ちは，映画好きの人なら共感できるでしょう。けれども，そうした実感がどれほど切実なものであっても，客観的に「女性優遇」であり「男性差別」であると言えるかどうかは別の問題です。はたしてレディースデ

イをそのように批判することはできるでしょうか。

　女性限定割引サービスが導入された経緯は業種や地域などによってさまざまですが，女性客を呼び込むことで集客数や売上高を増やすという目的は共通です。その効果について言えば，映画館の場合，レディースデイ（水曜日が多いようです）に女性客が増えたことは事実らしいのですが，そのぶん他の曜日の女性客が減少した可能性もあり，全体として収益の増加につながっているかどうかは一概に言えません。ただ，女性の方が映画館に行く回数が多いため，女性に人気のある映画の方がヒットしやすいうえに，女性は独りではなく複数で映画館に行く傾向があることや，自分が観た映画について友人に話す機会が多いことなどから，1人の女性客を惹きつけることが2人以上の集客につながりやすいと期待することにはそれなりの根拠はありそうです（NTTコム「第3回『映画館での映画鑑賞』に関する調査」2014年）。映画館業界の人々はそのような期待に賭けているのでしょう。

　しかしながら，儲かれば何でもやっていいというわけではありません。私たちの問題は，レディースデイの市場経済的合理性ではなく，それが「男性差別」であるか否か，言い換えれば，そのようなサービスを社会として倫理的に許容すべきか否かということでした。企業が顧客の属性によってサービスの内容を変えることは，平等性という基準に照らして適切であることもあれば，不適切な差別に該当する場合もあります。ここでも重要なのは，そのサービスの意味を社会的文脈の中に位置づけて理解することです。

　たとえば，身体に障害のある人に対して映画館が入退場時に手助けしたり，特別な座席を設置したりすることは，障害者の正当な権利を実現する方策として正当化されます。そうしたことに対してさえ「健常者差別だ」と謎の文句を言うような人は，もはや無視するしかありません。すでに女性専用車両について述べたように，差別を受けている人々に対する局所的な優遇措置は差別行為ではなく，まったく反対に，差別を是正する行為だからです。もしも映画館のように公共性の高い施設が健常者だけを念頭に置いて造られているとしたら，そのことの方が不正なのです。

　他方，映画館が顧客の肌の色や出身地によって料金を変えたり，入場を制限したりすることは明らかな差別です。日本の映画館でそのような事例があった

1　女性優遇は男性差別？　　● 167

かどうかは知らないのですが，公衆浴場や飲食店では，外国人の——しかも「ロシア人」とか「中国人」といったように特定の国籍をもつ人たちの——入場を断る店がしばしば現れ，そのたびに輿論の批判を浴びてきました。マナーの悪い外国人対策だといった理由が挙げられることもありますが，それならナニジンであれ——もちろんニホンジンも含めて——マナーの悪い人を閉め出せばよいのであって，顧客を国籍や民族によって差別化してよい理由にはなりません。もしもこの議論がピンとこないという人がいたら，たとえば以下のような事態を想像してみるとよいでしょう。あなたが所属している〇〇大学の学生がスターバックス・カフェでトラブルを起こしたために，以後その店ではあなたも含めた「〇〇大学の学生」すべての入店が禁じられ，やがてそうした対応は特定の店舗だけでなく全国の店舗に広がり，さらに他のカフェや居酒屋もそうした動きに追従していった……。このときあなたは，ご自分も含めた〇〇大学生が排除されるのは仕方がない，と思えるでしょうか。イエスと答える方には，もう何も申しません。なお付け加えるなら，人種や国籍にもとづく差別は，大学名による差別以上に深刻であると言うべきです。大学なら他の大学へ入り直すこともできますが，国籍や肌の色は基本的に変えられないからです。

　さて，ここまでの考察をふまえて，映画館の女性限定割引を男性差別と呼ぶべきかどうかについて考えてみましょう。問題は料金という金銭に関わることなので，ここではお金の問題という側面に話を限ることにします。もし仮に，世の中に経済的な男女間格差がなく，男性も女性も同じように仕事をして同じくらいの収入を得ているのなら，性別によって入場料に差をつけるのは——男女どちらが高い場合でも——差別であると断定できます。しかし，現実はそうではありません。あとで見ていくように，収入や雇用の安定性などにおいて，いまなお女性は劣位に置かれているのです。しかも，20代だけを見ると可処分所得の格差はほとんどないのに，年齢が上がるにつれてその差は開いていきます。このように経済的に劣位にある集団が割引を受けることは不当でしょうか。もしそうだとするならば，生活苦にあえいでいる人が生活補助を受けたり貧乏な学生が奨学金をもらうことはお金持ちの人々に対する差別だというような，奇妙なハナシになってしまいます。

　もっとも，映画館はべつに収入の低い女性に対する福祉事業として割引サー

ビスを行なっているわけではありません。それに、収入の低い人に対する割引というなら、映画好きの貧乏学生は男性であっても割引を受けるに値すると言うべきでしょう。さらに、他人の性別を判定するという作業そのものに伴う問題もあります。外見的に女性に見えない人はどのように扱われるのでしょうか。性別が記載された身分証明書が必要なのでしょうか。戸籍上は男性であるトランス女性が十分には女性としてパスできていない場合、割引を受けられるのでしょうか。

　レディースデイというサービスにはこうした問題がはらまれている以上、現時点で「男性差別」であるとまでは言えなくとも、今後は消えていくべきものであると筆者は考えています。雇用や労働をめぐる男女平等が達成されれば、このようなサービスはおのずと消滅していくでしょうし、もし消滅しなければ、そのときこそは断固として「男性差別」を告発すべきでしょう。そういうわけですから、女性割引が気に入らない人は、男女平等の社会を実現するために頑張って活動してください。なお、以上の考察はあくまでも経済格差という視点からのものであり、その他の要素、たとえば男性が多い場所に女性が同席する際の恐怖感といった問題は無視しています。読者のみなさんは、筆者が触れなかった他の観点からの考察も試みてください。

男女間の賃金格差の現状

　日本社会における男女の社会的な地位や待遇には明らかな不平等が根強く残っています。国連が毎年発表している「**人間開発指数**」(HDI) は、平均余命、教育水準、1人当たり国民所得といった指標にもとづいて、国や地域の生活の質や発展の度合いを示すものですが、それによると近年の日本の順位は下がり気味ではあるものの、2014年度は187カ国中17位で、まだまだトップクラスに位置しています。ところが、世界経済フォーラムが発表している「**ジェンダー・ギャップ指数**」(GGI) では日本は長らく下位に甘んじており、2016年度の順位も144カ国中111位でした。これは、①経済的参加と機会 (労働力率、同類職の賃金、所得、専門職・管理職比率など)、②教育達成 (識字率、就学率など)、

③健康と生存（健康寿命，出生性比），④政治的エンパワーメント（国会議員数，大臣数など）という4つの視点から男女間の平等度を測るもので，日本は③が40位とまあまあの順位である以外，①が111位，②が76位，④が103位と軒並み低くなっています（ちなみに上位は1位アイスランド，2位フィンランド，3位ノルウェーと北欧諸国が占めており，アイスランドは7年連続首位をキープしています）。

　どうやら日本の女性と男性との間には，ベーシックな栄養や健康などについては目立った格差は見られないものの，経済力や政治的地位の面では大きな格差があるようです。本章では，経済格差を表す最もわかりやすい指標として男女間の賃金格差を選び，その背景を探ってみたいと思います。働くことの意味はお金を稼ぐことだけではないし（社会参加や自己実現といった要素も重要です），また経済格差を賃金だけで測ることはできませんが（雇用の安定性や資産などの格差も重要です），多くの人にとっては働いて金銭収入を得ることが生きるために不可欠の手段ですから，男女間格差の指標として賃金に注目することは妥当でしょう（なお，議論をなるべく簡単にするために，以下では給与所得者に的を絞って話を進めます）。

　国税庁「平成27年分民間給与実態統計調査」によれば，2015年の1年間を通じて勤務した給与所得者の平均給与は420万円ですが，性別ごとに見ると男性の521万円に対して女性は276万円であり，半分程度の給与しか得られていないことがわかります。また，給与階級別の人口割合の分布を見ると，年収300万円以下の低所得層は男性では23.1%なのに対し，女性では64%とおよそ3分の2に及んでいます。反対に高所得層について見ると，男性の28.2%が年収600万円を超えているのに対し，女性は5.6%しかいないことから，男女間に厳然たる賃金格差があることは明らかでしょう（表11.1）。

　それでは，このような格差はなぜ生じるのでしょうか。これまでの研究によって，最も大きな要因は「職階」と「勤続年数」の差であることが指摘されています。職階の性別格差は多くの国に見られますが，日本における格差は（韓国と並んで）極端に大きく，就業者全体の43%が女性であるにもかかわらず，管理職に女性が占める割合は11.3%にすぎません（図11.1）。さらに細かく見ると，管理職といっても，民間企業の係長相当では女性が16.2%を占めるの

CHART 表11.1 男女の年収分布（給与階級別所得者数・構成比）

区 分		2011年分		2012年分		2013年分		2014年分		2015年分	
		（千人）	（%）	（千人）	（%）	（千人）	（%）	（千人）	（%）	（千人）	（%）
男	100万円以下	798	2.9	862	3.2	884	3.2	915	3.3	884	3.1
	100万円超　200万円以下	1,971	7.2	2,078	7.6	2,051	7.5	2,098	7.5	2,068	7.3
	200万円超　300万円以下	3,764	13.8	3,692	13.5	3,703	13.4	3,714	13.2	3,599	12.7
	300万円超　400万円以下	5,435	19.9	5,238	19.2	5,150	18.7	5,138	18.3	5,190	18.3
	400万円超　500万円以下	4,827	17.7	4,757	17.4	4,717	17.1	4,878	17.4	4,968	17.5
	500万円超　600万円以下	3,390	12.4	3,460	12.7	3,571	13.0	3,582	12.8	3,660	12.9
	600万円超　700万円以下	2,212	8.1	2,234	8.2	2,324	8.4	2,356	8.4	2,375	8.4
	700万円超　800万円以下	1,567	5.7	1,609	5.9	1,645	6.0	1,657	5.9	1,696	6.0
	800万円超　900万円以下	1,041	3.8	1,047	3.8	1,103	4.0	1,123	4.0	1,180	4.2
	900万円超　1,000万円以下	667	2.4	710	2.6	698	2.5	752	2.7	778	2.8
	1,000万円超　1,500万円以下	1,228	4.5	1,186	4.3	1,243	4.5	1,364	4.9	1,414	5.0
	1,500万円超　2,000万円以下	252	0.9	238	0.9	267	1.0	284	1.0	302	1.1
	2,000万円超　2,500万円以下	72	0.3	77	0.3	75	0.3	86	0.3	92	0.3
	2,500万円超	85	0.3	75	0.3	104	0.4	102	0.4	109	0.4
	計	27,308	100.0	27,262	100.0	27,535	100.0	28,050	100.0	28,314	100.0
女	100万円以下	3,133	17.1	3,073	16.8	3,331	17.6	3,262	16.7	3,232	16.5
	100万円超　200万円以下	4,791	26.1	4,887	26.7	4,933	26.1	5,116	26.2	5,125	26.1
	200万円超　300万円以下	4,202	22.9	4,105	22.4	4,117	21.8	4,315	22.1	4,203	21.4
	300万円超　400万円以下	2,944	16.0	2,948	16.1	2,943	15.6	3,103	15.9	3,189	16.3
	400万円超　500万円以下	1,581	8.6	1,578	8.6	1,684	8.9	1,755	9.0	1,809	9.2
	500万円超　600万円以下	820	4.5	816	4.5	902	4.8	920	4.7	969	4.9
	600万円超　700万円以下	366	2.0	371	2.0	410	2.2	448	2.3	462	2.4
	700万円超　800万円以下	195	1.1	202	1.1	234	1.2	238	1.2	250	1.3
	800万円超　900万円以下	112	0.6	101	0.6	125	0.7	126	0.6	135	0.7
	900万円超　1,000万円以下	61	0.3	65	0.4	72	0.4	69	0.4	76	0.4
	1,000万円超　1,500万円以下	110	0.6	109	0.6	125	0.7	120	0.6	125	0.6
	1,500万円超　2,000万円以下	22	0.1	22	0.1	25	0.1	22	0.1	34	0.2
	2,000万円超　2,500万円以下	6	0.0	10	0.1	10	0.1	9	0.0	9	0.0
	2,500万円超	7	0.0	7	0.0	9	0.0	9	0.0	9	0.0
	計	18,349	100.0	18,294	100.0	18,919	100.0	19,513	100.0	19,626	100.0

（出所）　国税庁「平成27年分民間給与実態統計調査」2016年より。

に（これでも少ないですが），課長相当だと9.2%，部長相当では6%と，職階が上がるにつれて女性比率は下がり，しかも企業規模が大きくなるほど女性は少なくなってしまいます。また勤続年数を見ると，男性の平均13.3年に対して女性は9.8年と，これも大きな開きがあります（前掲「民間給与実態統計調査」）。日本の会社では同じ職場で長く働き続けるほど出世しやすく，賃金も上がるという慣行（年功序列制）が続いてきましたから，これら2つの要因は絡み合っ

2　男女間の賃金格差の現状 ● 171

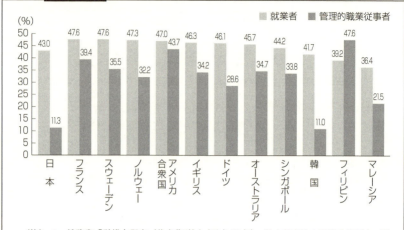

図11.1 就業者および管理的職業従事者に占める女性割合

(注) 1 総務省「労働力調査（基本集計）」（平成 26 年），独立行政法人労働政策研究・研修機構『データブック国際労働比較 2014』より作成。
2 日本は 2014 年，その他の国は 2012 年の値。
3 総務省「労働力調査」では，「管理的職業従事者」とは，就業者のうち，会社役員，企業の課長相当職以上，管理的公務員等をいう。また，「管理的職業従事者」の定義は国によって異なる。
(出所) 内閣府『男女共同参画白書 平成 26 年版』2014 年より。

ていると見てよいでしょう。

　統計学的に，これら（勤続年数と職階）の数値を男女差がなくなるように補正すると，賃金格差は縮小します。したがって，女性が継続的に就労することができ，いまよりも昇進しやすい職場環境をつくることが，男女間の賃金格差を解消するために有効な方策であると言えるでしょう。けれども重要なのは，そのために具体的にはどうすればよいのかということです。いったん勤めたら簡単に辞めるな，働く以上は出世をめざして頑張れと女性たちを叱咤すればよいのでしょうか。もしも格差の根本的な原因が女性たちの甘えにあるのだとすればそれでよいかもしれませんが，一人ひとりはそれなりに頑張っているのに社会のしくみによって格差がもたらされているのだとすれば，こんなことを言われても言われた側は迷惑なだけでしょう。経済格差のような社会現象の原因を個々人に押しつける精神論では現実を変えることはできません。それどころか，社員を使い捨ての駒としか考えないブラック企業の後押しをすることになり，むしろ事態を悪化させてしまいかねません。大切なのは，格差をもたらす社会

全体の構造や制度のあり方を見極め，ポイントを押さえた改善策を講じていくことです。

3 男女経済格差をもたらす企業側の要因 1
Ⅲ▶ 性別職務分離と男女特性論

　それではもう一歩踏み込んで，なぜ女性の勤続年数は短く，高い職位に就きにくいのかを調べてみましょう。この問いに答えるには，女性を雇う企業側の事情だけでなく雇われて働く側の事情も，そして両者の相互作用をも考慮に入れなければなりません。しかし，一挙にすべてを見渡そうとしても頭がこんがらがってしまいますから，最初に①企業側の要因を考え，次にそれと②働く側の要因との関係というように，順を追って見ていくことにしたいと思います。

　賃金の性別格差をもたらす企業側の要因とは，女性差別的な雇用慣行・制度です。ただし差別と一口に言ってもその内容はさまざまです。女は男に比べて能力的に劣ると決めつける経営者や管理職，女性上司の命令なんか聞けるかと反発する社員といったあからさまな差別的言動はもちろん問題ですが，そのような個々人の偏見だけではなく，もっと組織的に固定化された要因をつかまえることが必要です。ここでは，そうした要因の一つである「**性別職務分離**」（ジェンダー・セグリゲーション）に着目してみましょう。

　性別職務分離とは，女性社員をいわゆる女性向けの職種に偏って配置する人事慣行です。注意していただきたいのですが，それは「個々人の能力に応じて配置していたら，結果として男女の分布に偏りが見られた」ということではありません。そうではなく，一人ひとりの適性を軽んじ，性別というたった一つの属性のみにもとづいて仕事を振り分けることが性別職務分離のポイントです。

　労働経済学者の熊沢誠は，「性別職務分離」を「低賃金」「短い勤続」と並んで男女経済格差の主な要因であるとし，なかでも「法的規制が及びにくいこともあってもっとも執拗に生き残り，また再生産もする性差別の領域」であると指摘しています（『女性労働と企業社会』）。熊沢が経営者たちに対する聞き取り調査によって明らかにしたところによれば，かれらが考える女性向きの職種とは，第1に「繰り返しの多い定型的または補助的な仕事」，第2に「男の

顧客の気を引き女の顧客を安心させるようなソフトな接客」だということです。前者の具体例としてはコピー取りやお茶くみ，後者の具体例としては受付係などが典型的でしょう。主に男性である経営者や管理職の人々は，女性はそもそもこうした仕事に向いているという性差の観念によって，性別職務分離を正当化しているのです。

　ところで読者の中には，こんな疑問を抱く人がいるかもしれません。確かに，男はこう，女はこうと決めつけすぎるのはよくないかもしれないけど，実際のところ，男女には異なる適性があるのではないか。たとえば，女は力仕事には向いていないだろう。だとしたら，ある程度の性別職務分離はあってもよいのではないか。しかるべき「区別」は，不当な「差別」とは違うのではないか。こうしたひと連なりの考えを「**男女特性論**」と呼びます。これはしばしば聞かれるタイプの意見で，一見もっともらしいように思われるかもしれませんが，よく考えていくといくつもの落とし穴があります。

　第1の問題点は，それが単なる「分離」，言い換えれば水平的な「区別」ではなく，多くの場合，実は上下関係を伴う「差別」だということです。「差別ではなく区別だ」という，頻繁に耳にする決まり文句は，たいていの場合は差別の現実をごまかすためのレトリックでしかありません。「補助的」な仕事が職位や賃金の上昇に結びつきにくいことくらい，常識に照らして考えてみればわかるはずです。男女特性論によって正当化される性別職務分離こそが，女性たちを待遇の低い職場に押し込めているのです。この問題を解決するには，「補助的」な仕事や「接客」を担当する人も管理職と同等の待遇を与えられるようにしなければなりませんが，それはおよそ考えにくいことでしょう。

　第2に，性別職務分離が固定化されていると，個々人がもっているそれぞれの能力が発揮されにくくなります。これは女性だけでなく男性についても言えることですし，また働く側にとってやりきれないことであるだけでなく，企業の側にとっても大いなる損失でしょう。なにしろ，高い労働生産性をもちながら，いわゆる女性向きの職務に甘んじない優秀な女性たちを活用することができないのですから。

　第3の問題点は，そもそも男女の特性とされるものがしばしば偏見であり，必ずしも実態を反映していないということです。第**6**章でも論じたように，

174 ● CHAPTER **11**　「女性差別は終わった」という残念な妄想

身体的能力や認知能力における性差はおそらく事実として存在するでしょう。けれども職業に関連して重要なのは，慎重な科学的研究によってはじめて明らかにされうるような微細な違いではなく，もっとずっと明確な差であるはずです。そう考えると，「力仕事」でさえ，集団としての男女の能力差が問題になるのは非常に限られた職種ではないでしょうか。まして，女性がみな「補助的」な仕事に向いているなどということはありえないし，「ソフトな接客」に至っては，女性の側に属する能力ではなく，顧客がそういう態度を女性にばかり要求するというだけのことにすぎません。

　ところが厄介なことに，男女特性論がまったく現実から遊離しているとも言い切れません。なぜなら社会現象には，最初は根拠のない偏見でも，それを前提に人々が行動すると，やがて現実のものになってしまうという「予言の自己成就」作用があるからです。女性が「繰り返しの多い定型的または補助的な仕事」に向いている，言い換えれば創造性やリーダーシップに欠けているという思い込みを多くの人々が——しばしば当の女性自身さえもが——抱いていると考えてみてください。そうした状況の下では，いざ女性が創造性やリーダーシップを必要とする仕事を任せられたとしても，当人も周囲も自信をもって仕事に臨むことができず，結果に対する評価も過度に厳しくなりがちです。ちょっとしたミスを取り上げて「やっぱり女はだめだ」と決めつけるようなことがまかり通ってしまうのです。そんな雰囲気が立ちこめている中で本来の能力を発揮できる人材はごく少数ではないでしょうか。このように，「女には能力がない」という偏見が，結果として女性たちの能力（パフォーマンス）を実際に低下させてしまうのです。こうした損失を防ぐためには，男女特性論にとらわれない意識づくりが不可欠です。

　ここまでは主に一つの企業・組織内に見られる性別職務分離にフォーカスしましたが，男女の職域や職業の分離はより大きな規模でも見られます。たとえば医師と看護師のように，一つの現場に関わりながらも，決定権・命令権をもつ職業には男性が多く，それを補佐するものと位置づけられがちな職業には女性が多い傾向があります。あるいは，大学教員に女性が少ない一方，小学校や幼稚園の教員は女性が過半数を占めるというように，同じ教職であっても，母親役割の延長上にあるがゆえに女性向きとされる職業には女性が多いといった

3　男女経済格差をもたらす企業側の要因1　● 175

偏りも見られます（ただし小学校でも，教頭や校長の座に就く女性は少数派であるというように，性別職務分離の構造は入り組んでいます）。このような状況もまた，男女間の経済格差の背景であると同時に，男女一人ひとりの適性や希望を反映しない男女特性論によってもたらされている面があるのです。

4 男女経済格差をもたらす企業側の要因2

ⅠⅠ▶ 統計的差別

　現在，日本の多くの企業は，基幹的な「総合職」と補助的な「一般職」という「コース別人事管理制度」を採用しています。これは，雇用機会均等法によって明示的に男女別の募集・採用を行なうことができなくなった企業が，なおも旧来の性別職務分離を維持しようとして編み出した奇策であり，欧米には見られません。また，女性には**パートタイム労働者**が多く，また不安定な地位の**非正規雇用**が多いといったように，雇用形態にもジェンダーによる偏りが見られます。これらの諸要因が重なって，男女間の賃金格差を生み出しているのです。とりわけ近年は女性の非正規雇用が拡大し，単なる格差ではなく「貧困の女性化」が進んでいることが指摘されています。

　それにしても，日本の企業はなぜこのような制度や慣行を維持しているのでしょうか。その深奥に性差別意識や男女特性論といった非合理的な偏見があることは間違いありません。けれども，企業のように複雑な組織のふるまいをそのように気持ちの問題として片づけることはできません。企業とは，できる限り少ないコストでできる限り大きな利潤を手に入れるという目的に向かってそれなりに合理的に行動する主体であり（それができない企業は市場から淘汰される，すなわち潰れてしまいます），したがって，企業がこれほど頑なに男女の分離を維持しているのなら，そこには何らかの合理性を見出せるはずだと考えるのが妥当でしょう。それでは，それはいったいどのような合理性なのでしょうか。

　すでに見た通り，女性の平均的な勤続年数は男性に比べて短いという統計的事実が知られています。言い換えれば，仮に男女が同時期に就労しても，女性は男性よりも早く離職する確率が高いということです。このような条件の下で，企業経営者は次のように考えるかもしれません。女性を一人前の社員にするた

176 ● CHAPTER 11 「女性差別は終わった」という残念な妄想

めに数年間かけて教育訓練を施しても，その投資に見合う働きをしてくれるようになる前に辞められてしまうなら，投資が無駄になる危険性が高い。そうしたリスクを避けるため，女性の雇用は控えるか，それほど教育訓練のいらない一般職に回すことにしよう——。

このように，女性の相対的な離職確率が高いという統計的事実にもとづいて企業が男女の待遇に差をつけることを「統計的差別」と呼びます。言うまでもなく，これは差別です。統計的に（集団としての）女性の方が（集団としての）男性よりも会社を早く辞めやすいということが仮に事実であるとしても，一人ひとりの労働者にとっては，女性であるというだけで一律に男性よりも悪い待遇を強いられる道理はないからです。この点は何度でも強調しなければなりません。しかしながら，このような統計的差別を単なる非合理的な差別意識の表れと同列に片づけてすませるわけにもいきません。なぜならそれは，できるだけコストを抑えて利潤を最大化するという，企業にとっては当然の合理的行動と結びついているからです。

念のために付け加えておけば，女性の早期離職が企業にとって本当にそれほどのコストであるかどうかは明らかではありません。日本企業の年功序列的賃金体系の中では，若い社員は給料以上に働いているという可能性も指摘されています。それが事実だとすれば，あまりに早く女性を退職させるのは，企業にとってかえって損になるはずです。しかしながら，いずれにせよそれは本質的な問題ではありません。実際にはどうであれ，女性社員には離職に伴う余分なコストがかかると企業経営者が信じているならば，統計的差別が生じる可能性はあるのです。

しかしながら，いくら企業が性別職務分離によって女性を「二流」の働き手として位置づけようとしても，働く側がそれに応じなければうまくはいかないはずです。働く側の女性たち・男性たちもまた，男女間の賃金格差を支えるメカニズムに組み込まれているのです。その面については，引き続き次章で見ていくことにしましょう。

QUESTIONS

① 日常語としての「差別」は非常に多義的に使われています。本文中で示したように，それをまったく正反対の意味で用いる例すら目立ってきました。このままでは「差別」という語は実質的に無意味になってしまい，社会的不正を糾す機能を奪われてしまいかねません。そこで，「差別」という概念をどのように定義すればよいかを考察してみてください。考察にあたっては，最低限，以下のような論点を意識してください。差別の有無を分ける基準は何か。被差別者の主観（不快感）か，差別者の主観（意図）か，それとも客観的な基準を立てられるのか。個々人の相異なる属性に応じて相異なる取り扱いをするべきか，それとも一律に同じ取り扱いをすべきか。何をどうすれば，差別を解消したことになるのか。

② 女性向き，男性向きとされる職業・職種の具体例を出して，それぞれの待遇や地位関係がどのようになっているのかを分析してみましょう。

読書案内 | Bookguide ●

出版からやや時が経ってしまいましたが，間接差別など，女性の労働をとりまく社会の構造をつかむには，**熊沢誠『女性労働と企業社会』**（岩波新書，2000 年）をまずおすすめします。経営者が女性に「ソフトな接客」といったジェンダー役割を期待していることを聞き取り調査から明らかにするなど，リアルなデータに密着しつつ，男女賃金格差をもたらす企業側の要因を鋭く分析しています。本文中でも参照した**筒井淳也『仕事と家族――日本はなぜ働きづらく，産みにくいのか』**（中公新書，2015 年）は，多くの統計データを駆使して，企業側だけでなく働く側の意識も含めた，賃金格差の社会的背景を論じています。

「統計的差別」に関しては，**川口章『ジェンダー経済格差――なぜ格差が生まれるのか，克服の手がかりはどこにあるのか』**（勁草書房，2008 年）が，ゲーム理論を利用して精緻な分析を行なっています。**山口一男『ワークライフバランス――実証と政策提言』**（日本経済新聞出版社，2009 年）は，副題通り，実証的データにもとづいて性別格差解消の道筋を論じています。これらはいずれも少々歯ごたえのある経済学の専門書ですが，じっくり読み通せば得られるものは多いはずです。山口の論文「男女の賃金格差解消への道筋――統計的差別に関する企業の経済的非合理性について」はウェブ上で公開されていますので，まずはこれに取り組んでみるのもよいでしょう（*RIETI Discussion Paper Series 07-J 038*，独立行政法人経済産業研究所，2007 年，http://www.rieti. go.jp/jp/publications/dp/07j038.pdf）。

女性労働に関する各種の基本的なデータは，内閣府『男女共同参画白書』，厚生労働省『労働経済白書』，国税庁『民間給与実態統計調査』等から得られます。いずれも，ウェブ上で検索すればすぐに見つかるはずです。国連開発計画『人間開発報告書』の英語版は国連のサイトに行けば無料で読むことができますが，日本語版は概要だけで，本文全体は冊子体で発行されています（現時点での最新版は『人間開発報告書 2015 人間開発のための仕事』横田洋三・秋月弘子・二宮正人監修，CCC メディアハウス，2016 年）。世界経済フォーラムの「ジェンダー・ギャップ指数」（The Global Gender Gap Report）もウェブサイト（英語版）で見られます（2016 年版は，http://reports.weforum.org/global-gender-gap-report-2016/）。

本文中で言及したレディースデイに関係する興味深いデータは，NTT コム「第 3 回『映画館での映画鑑賞』に関する調査」（http://research.nttcoms.com/database/data/001895/）を参照しました。

CHAPTER 第 12 章

ワーク・ライフ・バランスを阻むものは何か

性別役割分業，ホモソーシャル，マタニティ・ハラスメント

WHITEBOARD

KEYWORDS

女性の二重負担　間接差別　ワーク・ライフ・バランス　同性社会的な欲望 (ホモソーシャル)
マタニティ・ハラスメント　少子化　1.57ショック　合計特殊出生率　晩婚化・非婚化

　男女間の賃金格差をもたらしている企業側の要因として，性別職務分離や統計的差別という雇用慣行があることがわかってきました。けれども，これだけではまだ事態の半面しか見たことになりません。働く側がそれを——積極的にであれ消極的にであれ——受け入れない限り，そのような慣行が長期にわたって固定化することはないからです。男女賃金格差をもたらすメカニズム全体を明らかにするためには，雇う側と雇われる側の相互作用をつかむ必要があるのです。

1 男女賃金格差をもたらす労働者側の要因

▐▶ 性別役割分業

┃ 性別役割分業の「合理性」 ┃

　企業の女性に対する統計的差別にそれなりの合理性がある——少なくとも，経営者たちがそう思い込む——とすれば，企業がみずから進んでそれをやめることは期待できません。したがって政府が介入して是正するしかないのですが，それがなされずに統計的差別が動きはじめてしまうと，働く側もその状況に適応せざるをえなくなり，性別役割分業が固定化していくのです（なお本章では，「性役割」を男女別の役割全般という広い意味で用い，「性別役割分業」を就労と家事・育児の分割という限定された意味で用いることにします）。

　もう少し具体的に見ていきましょう。頑張って仕事を続けても昇進や昇給が見込めないのならば，結婚して子どもをもった女性は家事・育児に専念して夫を支えた方が家計的に有利になるかもしれません。仮にそうでない場合でも，あとで見るように性別役割分業意識が強い社会では，たとえフルタイムの共働きでも家事・育児のほとんどは女性が担うことになりやすく（**女性の二重負担**），仕事と家庭生活の両立は困難であるため，やむなく仕事を辞める女性が増えま

182 ● CHAPTER **12** ワーク・ライフ・バランスを阻むものは何か

す。かくして，多くの女性はどこかで仕事上のキャリアに見切りをつけ，就労自体をあきらめるか，短時間労働（パートタイム）などに転じます。こうして女性の離職確率が高まると，企業はそのことを先読みして女性を冷遇するため，女性の離職確率がさらに高まり，それに対して企業は……以下繰り返し。こうして男女の賃金格差をもたらす構造が固定化してしまうのです。

このような循環運動の行き着いた先にあったもの，それは過酷な残業，就業時間外での仕事仲間や取引先とのつきあい，頻繁な転勤（そしてそれに伴う長期の単身赴任），……といった日本企業に特有の労働慣行でした。これが「主婦付きの男性労働者」だけに可能な働き方であることは言うまでもないでしょう。当然，家庭を守ってくれる「奥さん」のいない女性たちが同じように働くことはきわめて困難であり，そのため女性たちは，独身のまま仕事に専心するか，それとも結婚して家庭を優先するかという（男性には求められない）二者択一を強いられてきたのでした。たとえ個々の企業に性差別の意図がなく，女性を幹部候補生として育てようとしても，社会全体がこのような状況であるなら，実際には困難です。このような状況を「**間接差別**」と呼びます。間接差別を解消するためには，「主婦付きの男性労働者」モデルから脱皮して，性別にかかわらず仕事とそれ以外の生活を両立できるようにすること（**ワーク・ライフ・バランス**）が必要です（本章の最後でこの論点を再び取り上げます）。

▎性別役割意識

先ほども触れたように，「男は仕事，女は家庭」という性別役割分業は，家計に関する合理的な計算によってもたらされている面もありますが，他方では性別役割分業そのものを是とする意識もなお根強く見られます。意識調査によれば，「夫は外で働き，妻は家庭を守るべきである」という考え方に賛成する人の割合は，大きな流れとしては減りつつあるとはいえ，それでも 2014 年時点で 44.6％ であり，反対と答えた 49.4％ と比べてそれほど差がないことがわかります（内閣府「女性の活躍推進に関する世論調査」2014 年度）。

賛成と答えた人にその理由を尋ねると，①「妻が家庭を守った方が，子どもの成長などにとって良いと思うから」(59.4％)，②「家事・育児・介護と両立しながら，妻が働き続けることは大変だと思うから」(37.3％)，③「夫が外で

1 男女賃金格差をもたらす労働者側の要因 ● 183

働いた方が，多くの収入を得られると思うから」(27.0%) といった答えが上位を占めました。これらのうち，③は経済的合理性に関わる回答ですが，①と②は家事・育児（さらには介護までも！）が女性の役目であることを前提とした答えです。ただし，②を選んだ男性が 31.2% なのに対して女性では 42.5% もいることに注目してください。家事・育児（さらには介護までも！）を自分の役目として受け入れていても，あるいはそうであるからこそ，女性の方が男性よりもその厳しさをよりリアルに感じているのでしょう。

独身の人たちが将来の結婚相手に求める条件の調査結果からも，性別役割分業意識についての興味深い傾向が見えてきます（厚生労働省「第 15 回出生動向基本調査〔独身者調査〕」2015 年）。男女ともが「重視する」と答えたダントツ第 1 位の要素は「人柄」なのですが，第 2 位の「家事・育児の能力」と第 3 位の「仕事への理解」も男女共通なのは少々意外に思われるかもしれません。それどころか，結婚相手に「家事・育児の能力」を期待すると答えた人の割合は，男性よりもむしろ女性の方が高いのです（女性 57.7%，男性 46.2%）。おそらく相手に対する要求水準は男女で異なると思われますが，少なくとも女性もまた結婚相手に家事・育児の分担を期待していることは確かです。

逆に男女の違いに目を向けると，最も目立つのは「経済力」で，女性が男性に対して重視する条件（8 項目中）の第 4 位（39.8%）に挙がっているのに対し，男性では第 7 位（4.7%）にすぎません。同様に，相手の「職業」を重視する女性は 30% いるのに対し，男性では 6% だけ。このような非対称性は，家計の主たる担い手は男であるべきという男女それぞれの性別役割分業意識を映し出しています。

男の沽券？

性別役割分業によって誰もが幸せになれているのなら，べつに筆者があれこれケチをつける筋合いもありませんが，もちろん現実はそうではありません。十分な収入源をもたない妻は気に入らない夫と離婚することもままなりません。とくに DV 被害を受けている場合には，これは深刻な問題です。男性もまた，一家の大黒柱でなければならないという役割に縛られていると，失業したことを妻に言い出せず，毎日出勤するふりをしてどこかの公園で一日を過ごす羽目

に陥るかもしれません。もちろん諸条件をすべて考慮したうえでそれでもひた
すら仕事に邁進するとか，あくまでも玉の輿の専業主婦をめざすとかいった生
き方も肯定されるべきですが，それは誰もが性別にかかわらず仕事を得て生活
していけるという土台のうえでの話であって，性別役割分業を望まない人にま
で押しつけてよい理由にはなりえません。

　ここで，男性側の性別役割意識に改めて注目してみたいと思います。最近ど
こかで次のようなエピソードを読みました。ある高収入の女性が，自分より高
収入の男性としか結婚したくないと言っている。仕事のできる女性もやっぱり
男に頼りたいのかと思って話を聞いてみると，どうもそうではないらしい。む
しろ話は逆で，彼女がこれまでに出逢った男性たちは，彼女の収入を知ると劣
等感を剥き出しにして去っていった。そんな出逢いばかりにほとほと嫌気がさ
した彼女は，相手の劣等感を刺激しないで済むように，自分より収入の高い男
性限定で婚活をすることにした……と，だいたいこんなストーリーです。

　これを読んで，みなさんはどう感じたでしょうか。このエピソードそのもの
が実話かどうかはさておき，はたしてこうした男性が実際にいるのか，いると
したら多数派なのかどうかは気になるところです。実は少数派だとする調査結
果もあることはありますが，社会調査として信頼するに足るデータを見つける
ことはできませんでした。ともあれ筆者としては，女も男もパートナーと自分
の収入や学歴を比べたりしなければ，もっと楽しい人生を送れるチャンスが広
がるのに，と思わずにはいられません。男はすべてにおいて女より上にいなけ
ればダメなんだ！という「信仰」（「見栄」とも言う）を心の支えにしている人に
とっては，余計なお節介かもしれませんが……。

┃「主婦」の誕生／「主婦付き労働者」の誕生┃

　ここまで見てきたような性別役割分業の構造はどうやってかたちづくられて
きたのでしょうか。ここでその歴史的経緯を簡単に振り返ってみたいと思いま
す。

　みなさんは「女性の社会進出」という表現をご存じだと思います。古くさい
表現のようですが，いまでも学生諸君のレポートなどにはやたらと登場する決
まり文句です。そして決まり文句の常として，よく考えてみると意味がはっき

1　男女賃金格差をもたらす労働者側の要因　● 185

りしない表現でもあります。社会に進出したということは、それまで女性は社会の外にいたということでしょうか。そうだとしたら、それはどんな場所なのでしょう。そもそも、そんな場所があるのでしょうか。

「女性の社会進出」という決まり文句を何となく使っているらしい人たちの頭の中には、「女性は大昔から家庭の中で家事・育児に専念してきたが、最近になってそれ以外の仕事をするようになった」といったイメージがあるようです。つまり、社会進出イコール仕事（より正確には賃労働）をすること、と理解されているらしいのです。そうだとすれば、社会とはすなわち仕事場（会社）のことであり、家庭は社会には含まれないということになりますね。そう言えば、日本では学生が就職することを「社会人になる」と言いますが、どうやら私たち日本人は社会イコール賃労働の領域と考えているようです。ということは、仕事をしてお金を稼がない人は社会の内側にはいないことにされてしまうわけで、何やら恐ろしい感じがします。

さて、ここで久しぶりに問題です。女性が他の仕事をせず、いちばん家事・育児に専念していた時代、すなわち専業主婦の割合が最も高かったのはいつ頃のことだと思いますか。「女性の社会進出」という概念が的確なものだとすれば、過去に遡れば遡るほど家庭内にとどまる女性が多かったということになるはずです。実際、原始時代まで持ち出して、「男は狩りを、女は家事や育児を……」などと壮大な歴史観をレポートで開陳する学生は（いまでも）結構います。そこまでいかなくても、戦後よりは戦前の方が専業主婦が多かったというイメージをおもちの方が多いかもしれません。

実際には違います。日本で専業主婦になる女性の割合がいちばん高かった（＝労働力化率が低かった）のは、戦後も遠く過ぎ去り、高度経済成長期も終わって低成長期に入った 1970 年代半ばのことなのです。その背景には産業構造全体の歴史的な変化がありました。日本人の多くが第一次産業（農林漁業）に携わっていた時代には、ほとんどの女性が結婚後も家業に従事していました。男女間にはさまざまな性役割の規範があったとはいえ、現在の私たちが「主婦」という言葉で思い浮かべる「家事・育児に専念する女性」などという存在はきわめて稀だったのです。その後、第二次産業（工業）が主流になると就労しない女性の割合が増えますが、それと裏腹に、サービス業の領域が拡大する

のに伴って就労する女性が増えていくという複雑な局面に入ります。しばらくの間は減少分の方が増加分より多く，そのため女性の労働力化率は低下し続けましたが，そうした流れが底を打ち，就労する女性の増加分が減少分を上回るようになったのが1970年代半ばだったというわけです。

ですから，女性が空間的に自宅の外で働くことを「社会進出」と呼ぶなら，確かに戦後になって社会進出する女性が増えたと言えなくもないのですが（ただしその場合，自宅で商売をしている男性も「社会進出」していないことになってしまいますが），だからと言って昔の女性が家事・育児に専念していたというわけではありません。まったく反対に，むしろ時代を遡れば遡るほど，大部分の女性はさまざまな労働に携わっていたのです。「女性は大昔から家庭の中で家事・育児に専念してきたが，最近になってそれ以外の仕事もするようになった」というイメージは単なる妄想です。さらに言えば，「家事・育児」という言葉でどのような範囲の活動を指すのかということ自体が現在の常識に縛られているので，それを別の時代・地域に当てはめることには慎重でなければなりません。

さて，以上のように，「男は仕事，女は家庭」という性別役割分業は1970年代に頂点に達したのですが，それ以降は解体への流れが強くなっていきます。90年代に入る頃には共働き世帯と専業主婦世帯（＝夫だけの収入で生活する世帯）の数が拮抗するようになり，2000年代以降は共働き世帯が逆転して多数派になります（内閣府『男女共同参画白書 平成28年版』2016年）。それとともに男女賃金格差も少しずつ改善されてきたものの，その歩みはきわめて遅く，気がつけば国際的に見て不平等の甚だしい国になってしまっていた――。これが日本の現状です。

職場における女性の身体
▷ セクシュアル・ハラスメントとマタニティ・ハラスメント

ホモセクシュアル／ホモソーシャル

「主婦付き男性労働者」をモデルとして成り立っている職場とは，当然ながら男たちが主役の空間です。そこでは男と男の結びつきが優先され，その慣習やルールを共有できない女は抑圧・排除されるのです。

このような男たちの紐帯はあまりにも濃密であるがゆえに，そこに一種の同性愛的な感情を読み込む試みもなされてきました。しかし今日では，英文学者イヴ・K・セジウィックが提唱した〈同性社会的な欲望〉という独自の概念が広く認められています（『男同士の絆』）。このようにホモセクシュアルなものとホモソーシャルなものとを区別したうえで両者の関係を考えることによって，近代社会において同性愛者と女性とが同時に差別されてきた理由をすっきりと見通すことができるようになりました。すなわち，一方で，ホモソーシャルな結びつきを重視する男たちは，自分たちの関係がホモセクシュアルなものとみなされることを恐れ，同性愛者を自分とは異質な他者として遠ざけ，他方，異性愛主義の男性たちから見て，女性とはもっぱら性的な対象であり，それゆえ職場や政治などのパブリックな領域にはふさわしくない存在とみなされ，排除されるのです。

┃ 同性＝男性社会におけるセクシュアル・ハラスメント ┃

　もちろん現在では，多くの女性たちがさまざまな職場で男性たちと一緒に働いています。それは（異性愛主義の）男たちから見れば，本来ソーシャルであるべき場にセクシュアルなものが闖入してくるということにほかなりません。そのような視線に凝り固まった男たちは，女性を単なる（他の男たちと同等の）同僚や部下とみなすのではなく，あくまでも性的な対象である「オンナ」として扱おうとします。だからこそセクシュアル・ハラスメントの実行者は，男性の同僚には決してしないような身勝手な仕打ちを女性に対しては平気ですることができるのです。

　いまいちど確認しておけば，セクシュアル・ハラスメントとは組織内における力関係の強弱を背景として行なわれる性暴力です（第10章を参照）。可能性としては男女ともに加害者にも被害者にもなりえるにもかかわらず，男性が加害者で女性が被害者というパタンが圧倒的に多いのは，もともと職場が男性を主とするホモソーシャルな空間であるために，女性が周辺的な存在とされやすいからです。近年の調査によれば，仕事をもつ女性の約3割が何らかのセクシュアル・ハラスメント被害を経験しています（労働政策研究・研修機構「妊娠等を理由とする不利益取扱い及びセクシュアルハラスメントに関する実態調査」2016年）。

188 ● CHAPTER **12**　ワーク・ライフ・バランスを阻むものは何か

これは普通に働きたい女性たちにとっては脅威以外の何ものでもありません。プライベートな時間でさえ，好きでもない相手から性的な関心を向けられるのは迷惑なのに，そもそも性的な空間ではないはずの職場で一方的に性欲の対象として扱われることで，安心して働くことができなくなるからです。

マタニティ・ハラスメント

　マタニティ・ハラスメント（略してマタハラ）とは，「働く女性が妊娠・出産・育児をきっかけに職場で精神的・肉体的な嫌がらせを受けたり，妊娠・出産・育児などを理由とした解雇や雇い止め，自主退職の強要で不利益を被ったりするなどの不当な扱いを意味する」言葉です（ウェブサイト「マタハラ Net」より）。それが広く知られるようになったのはここ数年のことで，2014 年に新語・流行語大賞候補になりました。しかし，この概念をいち早く研究テーマに掲げた杉浦浩美によれば，その登場はずっと古く 1990 年代半ばへと遡り，しかも興味深いことに──「セクシュアル・ハラスメント」とは違って──研究者や文化人ではなく，妊娠中に働くという経験をした女性たちの中から出てきた言葉だということです（『働く女性とマタニティ・ハラスメント』）。

　ここからはマタハラの現状を具体的に見ていきますが，その前に，まずは妊娠・出産と就労との関係を大まかにつかんでおきましょう。女性が仕事を続けようとするとき，最大の難関は妊娠・出産です。いまでも「寿退社」という妙な言葉は使われているようですが，実際には結婚のために退職する女性は減っており，近年では 8 割以上の女性が結婚後も働き続けています（厚生労働省「第 15 回出生動向基本調査〔夫婦調査〕」2016 年）。しかし，子どもが産まれてからも仕事を続ける女性となると，半数程度に減ってしまいます。より細かく言えば，正規雇用の人は 7 割近くが勤め続けているのに対して，育児休業制度などの恩恵を受けにくいパートや派遣職員の人は，逆に 7 割以上が辞めてしまっているのが現状です（表 12.1 参照）。

　出産前に仕事を辞めた女性たちにその理由を尋ねた調査の結果は，「自分の手で子育てしたかった」という回答が最も多かった（53.6%）ものの，それに次いで「両立の自信がなかった」（32.8%），「就労・通勤時間の関係で子を持って働けない」（23.3%）といった回答もかなりの割合を占めており，できれば働

CHART

表 12.1 結婚・出産前後の妻の就業継続率，および育児休業を利用した就業継続率（結婚を決めたとき，妊娠がわかったときに就業していた妻）

(%)

| 結婚年／子の出生年 | 結婚前後 | 第 1 子出生前後 | 第 1 子妊娠前の従業上の地位 | | | 第 2 子出生前後 | 第 3 子出生前後 |
			正規の職員	パート・派遣	自営業主・家族従業者・内職		
1985–89 年	60.3	39.2 (9.2)	40.7 (13.0)	23.7 (2.2)	72.7 (3.0)	—	—
1990–94 年	62.3	39.3 (13.0)	44.5 (19.9)	18.2 (0.5)	81.7 (4.3)	81.9 (16.3)	84.3 (17.6)
1995–99 年	65.1	38.1 (17.6)	45.5 (27.8)	15.2 (0.8)	79.2 (—)	76.8 (28.8)	78.1 (19.1)
2000–04 年	71.8	40.5 (22.6)	52.4 (37.5)	18.1 (2.2)	71.4 (2.5)	79.2 (33.5)	77.0 (27.6)
2005–09 年	71.8	40.4 (27.1)	56.5 (46.3)	17.8 (4.7)	71.1 (2.2)	76.3 (43.2)	81.0 (30.7)
2010–14 年	81.0	53.1 (39.2)	69.1 (59.0)	25.2 (10.6)	73.9 (8.7)	78.1 (51.1)	79.2 (44.6)

（注） 就業継続率は，結婚前・妊娠時に就業していた妻に占める結婚後・出産後に就業を継続していた妻の割合，（ ）内は育児休業制度を利用して就業を継続した割合を示す。
（出所） 厚生労働省「第 15 回出生動向基本調査」2016 年より。http://www.ipss.go.jp/ps-doukou/j/doukou15/NFS15_gaiyou3.pdf

きたいが現実的には無理だとあきらめている女性が多いことがうかがわれます（独立行政法人労働政策研究・研修機構「育児休業制度に関する調査研究報告書」2003年）。

　このような困難の背景に根深い性別役割分業意識があることはすでに解説した通りですが，マタニティ・ハラスメントもまた性別役割分業意識と密接に結びついています。「マタハラ Net」では，マタハラを①「昭和の価値観押し付け方」（「母親は家にいるべきだ」等々），②「いじめ型」（「迷惑だ」「わがままだ」等々），③「パワハラ型」（「時短勤務なんて許さない」「夕方帰る正社員なんていらない」等々），④「追い出し型」（「子どもができたらやめてもらうよ」「残業できないとほかの人に迷惑でしょ」等々）の４つのタイプに分類していますが，①はもちろんのこと，その他のタイプであっても，要するに「男（＝専業主婦付き男性）並に働けないオンナは邪魔だ」という考えが妊娠中の女性社員にぶつけられることに変わりはありません。

　同 Net はまた，誰が加害者かという観点からマタハラを「個人型」（直属の上司や同僚が加害者）と「組織型」（経営層や人事担当者が加害者）に分類しています。このような分類は，責任を追及すべき相手を見定めるためには不可欠ですが，実際にはどちらとも言えない場合も多いでしょう。とりわけ厄介なのは，

働く側が雇う側に——すなわち時間外労働を当然とするような価値観に——一体化して，その基準に合わない妊婦を攻撃する場合です。

　2014年10月の最高裁判決は，妊娠中の軽易な業務への配置転換やその後の育児休業取得を理由とした降格を違法だとする原告女性の訴えを認めました。これらは法律（労働基準法，雇用機会均等法，育児休業法）で定められている労働者の権利であることを再確認し，そうした権利の侵害が日常茶飯事になっている職場の実態に警鐘を鳴らしたのです。ところが興味深いことに——案の定と言うべきか——この判決に対して，「原告はわがままだ」といった批判の声がネット上では目立ちました。なるべく人件費を抑えて利益を増やしたい経営者側からこうした声が上がるのは当然とも言えますが，自分も雇われて働く側に属する人々がそれに一体化してしまう心性は非合理の極みです。確かに——出産だけでなく，介護や病気などいかなる理由であれ——休む人がいれば他の社員の労働強化につながることもありえますが，しかしそうならないように人員の数や配置を工夫することは企業側の義務であって，法律で定められた範囲の休暇を取る社員には責められるいわれなどありません。職場の同僚に対するマタハラ加害者は闘うべき相手を間違えているのであり，その報いはいつか必ず自分に跳ね返ってくるでしょう。たとえ自分は妊娠・出産と無縁でも，何らかの事情で残業ができなくなったり長期休暇を取らなければならなくなったりすることは誰にでも起こりえるのです。そうした状況に陥った労働者が使い捨てられることを避けるために，労働基準法や育児休業法といった法律が整備されてきた歴史を忘れるべきではありません。

職場における女性の身体

　マタニティ・ハラスメントとセクシュアル・ハラスメントには重なり合う部分があります。どちらも職場における〈女性の身体〉をめぐる問題であることを考えれば，それも不思議ではないでしょう。この点を考察するうえで，杉浦が聞き取った次のようなエピソードは示唆的です。

　　「うちの社内には男しかいなかったのに，ある日突然，妊婦がいた，っていうようなことを言った人がいて」

　もちろんこの職場には実際には女性も働いていたのです。しかし彼女たちは

男たちと同じように仕事をしている限りにおいて「男」として扱われていた。名誉白人ならぬ名誉男性というわけです。ところが妊娠した人を男とみなし続けることはさすがに無理だった。ここで注目してほしいのは，「男」に対して対置される記号が「女」ではなく「妊婦」であるということです。女性は職場において，女性という性別をその属性の一つとしてもつ一個の人格ではなく，もっぱら特殊な身体としてまなざされるのです。

　職場の「妊婦」が，周囲の男たちからより直截に性的な視線を向けられたり，セクハラ行為をしかけられることも珍しくありません。「妊婦のお腹は触ってもいいんだよねー」と言いながら勝手にお腹を触る男や，出産後の女性に「おまえもついにあの診察台に上がって足を開いて見せたわけやな」と言う男。妊婦を見るたびに「やったんだ」と思って，一人で勝手に恥ずかしがる男。杉浦の調査はこうした男たちの存在を浮かび上がらせています。頭がクラクラしそうですが，世の中にはこういうおかしな男たちもいるということは，読者のみなさんも知っておいた方がよいでしょう。いや，男だけではありません。妊婦は女からも心ない言葉や態度で攻撃されることが少なくないようです。一つの証言を紹介しましょう。

　　「こんな大きいおなか抱えて恥ずかしいと思わないのかしら，っていうような視線なんですよ。私の考えすぎなのかもしれないんですけれども。

　　（中略）なんか，女の人の視線が痛かった，やあねっていう感じですか」
他にも，「男性よりも出産を経験していない年上の女性から冷たい対応が多かった気がします」といった声もあり，根深い問題が感じられます。念のため，こうした事例ばかりを過度に強調して「女の敵は女だ」という決まり文句に落とし込むような愚行は厳に慎むべきですが，しかし職場における女性同士の敵対関係を見ないふりして済ませることもまた不誠実でしょう。誰もが気持ちよく働ける職場環境づくりのためには，不愉快であっても現実を隅々まで見渡すことが大切なのですから。

3 「少子化」問題とワーク・ライフ・バランス

　近年の日本社会では，ジェンダーをめぐる諸問題，とりわけ女性の就労をめぐる諸問題が，「少子化」と絡めて論じられることが多くなっています。筆者としては，少子化があろうがなかろうが，性差別や性役割の押しつけはそれとは独立に解決すべき問題だと考えるので，こうした風潮に棹さすのはやや不本意なのですが，だからといって少子化がどうでもよい問題だというわけではないし，当然ながらジェンダーとも密接な関係がありますから，ここでその概要を見ておきたいと思います。

　「少子化」という言葉は 1990 年の「**1.57 ショック**」をきっかけとして広まりました。この年，**合計特殊出生率**（一人の女性が生涯に産む平均的な子ども数）が史上最低の 1.57 を記録し，子ども数さらには日本の人口全体の減少が近い将来に起こりうる問題としてはじめて広く意識されたのです。事態に危機感を抱いた政府はさまざまな少子化対策を開始しましたが，その後も出生率は低下を続け，2005 年には史上最低の 1.26 にまで落ち込みました。その後はやや回復し，2015 年の出生率は 1.46 まで（わずかとはいえ）戻っています。育児休業推進や保育園の整備などの少子化対策がある程度の成果を上げたという評価もありますが，確かなことはわかりません。生殖医療技術の進歩により高齢出産が増えたことも要因の一つでしょう。しかしその効果も限界に近づいている一方，20 代女性の出生率は上がっていないので，今後も上昇傾向が続くという保証はありません。

　念のため，そもそも少子化イコール悪であると決めつけるのは早計です。人口が減れば自然環境への負荷も減らせるし，都市の過密を緩和でき，学校でも密度の高い教育ができる（ただし財務省の言うがままに教員数を減らしたりすれば無理ですが）といったプラス面を指摘する論者もいます。しかしながら，少なくとも現在進行しているほどの急激な少子化にはさまざまな弊害があると考える方が妥当でしょう。すでに顕在化している問題としては，年金などの社会保障給付を受ける側の高齢者が増えたために，その原資の一部である社会保険料を

納める側の「現役世代」の負担が非常に大きくなっていることが挙げられます（一国の人口を構成する年齢層ごとのバランスという観点から見れば，「少子化」と「高齢化」とは表裏一体です）。また将来的には，労働供給の減少などによる経済活動の不活発化が生じる可能性も否定しきれません。

　けれども，日本に住む人々がそれぞれ自分なりに納得のいく暮らしを手に入れた結果として少子化が進むなら，それは仕方のないことだと言うべきでしょう。政府が国民に出産を強制するなどということは，民主主義の国では許されないからです。むしろ，私たちが少子化という事態に向き合って問題とすべきなのは，その背後に人々の願いを阻害する要因があるということです。子どもをもちたいと望んでいるのに諸事情からその思いをあきらめている人々がいるとしたら，それこそが真に解決すべき問題であって，その結果として少子化に歯止めがかかるなら悪いことではないでしょう。

　さてそれでは，少子化の原因は何なのでしょうか。どうすればそれを解消できるのでしょうか。少子化のように大きな社会問題の原因がただ一つということはありえず，数多くの要因が複雑に絡み合っているというのが唯一の正しい答えだと言ってもよいくらいです。それでも，ほとんどの研究者が認めているように，「**晩婚化・非婚化**」が最も直接的な原因であることは間違いありません。日本では子どもをもつためには結婚することが必要条件とされ，また反対に結婚するなら子どもをもつのが当然という考えが根強いので，人々が結婚しなくなればそれに合わせて出生率も下がるわけです。

　それでは，なぜ人々は結婚して子どもをもとうとしなくなったのでしょうか。そもそも結婚する気がないという人は現在でも少数派です。前掲「出生動向基本調査（独身者調査）」によれば，男女ともに9割近くが「いずれは結婚したい」と考えており，この割合は20年前からそれほど低下してはいないのです。それにもかかわらず結婚しない（あるいは，できない）理由を尋ねると，「適当な相手にめぐりあわない」という当然の回答が男女ともに第1位であるものの，男性では「結婚資金が足りない」と答えた人が30％を超えており，経済的事情がネックになっているとわかります。女性で同じ選択肢を選んだ人は16.5％と少なくなりますが，おそらく「適当な相手」という文言の中に相手の経済力も含めて考慮しているのでしょう。

こうしたデータから浮かび上がるのは，1990年代以降に顕著になった雇用環境の劣化が少子化の重要な要因である可能性が高いということです。とりわけ，低賃金で不安定な非正規雇用（パートタイマー，派遣社員・契約社員等）の増加は深刻な問題です。それまでも中高年女性の多くは非正規雇用に甘んじていたのですが，日本経済の長期的停滞の中でそれが男性にも及んでいった結果，かつては「結婚適齢期」とされた年齢層の男性たちが将来の見通しをもちにくくなり，それゆえに結婚しにくくなったのです。

　それではこの状況をどうやって打開すればよいでしょうか。たとえば，男性が就職しやすくなるように，女性を職場から追い出し，生活のためには嫌でも結婚しなければならないように追い込めばよいのでしょうか。それも一つの方向でしょうが，もちろんその場合には，日本は近代的価値や民主主義の理念とは無縁の国であるという汚名に甘んじなければなりません。そうした復古主義を無理に推し進めるのでないならば，とるべき政策の方向性はおのずと見えてきます。本書の枠内ではくわしく論じることはできませんが，基本的な理念だけは確認しておきましょう。何より大切なのは，若年層の男女双方の雇用を安定させ，ある程度以上の収入を得られるようにすることです。より具体的には，労働基準法違反の長時間労働を厳しく取り締まり，普通の人々が仕事とそれ以外の生活をバランスよく送れるようにすること（ワーク・ライフ・バランス）。なしくずしに進行している非正規化に歯止めをかけ，正規社員になれるチャンスを拡大すること。たとえ非正規であっても正規社員と同じ仕事をすれば同じ給料をもらえるようにすること（同一労働同一賃金または同一価値労働同一賃金）。また，正規雇用／非正規雇用という区別とフルタイム勤務／パートタイム勤務という区別とを切り離し，正規雇用のままでも事情に応じて時短勤務できるようにすること。こうした労働環境の改善策を推し進めつつ，同時に，保育や教育にかかる費用の低減（できれば大学までの授業料無料化）や子ども手当のような給付の充実を行なうことも有効だと考えられます。

　このような，人々の暮らしを向上させるための地道な施策を後回しにしたまま，政府や自治体が「婚活パーティ」や「お見合いあっせん」のような目立ちやすい催しばかりをいくら繰り広げても，抜本的な解決は望めないだけでなく，不本意な結婚を増やして不幸な女性や男性を大量に生み出すだけでしょう。と

んだ税金の無駄遣いです。

＊＊＊

　前章と本章では，男女間の賃金格差に焦点を合わせつつ，それに関連するさまざまな問題を駆け足で眺めてきました。きわめて複雑な事態を，ポイントを押さえつつ，しかし単純化しすぎないように解説してきたつもりですが，あまりにも話を端折りすぎた部分が多いことは認めざるをえません。「読書案内」に掲げる文献をぜひとも手にとって，よりくわしく正確な議論を学んでください。

　本章の中で最も強調した性別役割分業の問題は，2015 年に閣議決定された「第 4 次男女共同参画計画」でも重視され，「男性中心の労働慣行等の変革等を通じ，仕事と生活の調和」を図ることが基本的課題として打ち出されました。今後，この理念を現実のものとしていけるかどうかは，政府の取り組みを見守り，またその推進のために働きかけていくべき私たち一人ひとりにかかっています。

QUESTIONS

① 国立社会保障・人口問題研究所のウェブサイトから「出生動向基本調査」の質問票をダウンロードし，回答してみてください。その結果を——プライバシーの侵害にならない範囲で——他の人と見せ合い，どうしてそのように回答したのかをお互いに説明してみましょう。また，調査結果の概要とも照らし合わせて，自分の考えが世論の中でどのような位置にあるのかを考察してみましょう。

② 「男たちのホモソーシャリティ」は現実社会だけでなく，さまざまなフィクションの中でも描かれています。小説，映画，マンガ，テレビドラマなどから「男同士の絆」の事例を集めて，ジェンダー規範とどう関わっているかを分析してみましょう。

読書案内 ┃　　　　　　　　　　　　　　　　　　Bookguide ●

　本章で参照した各種調査結果や白書等（「女性の活躍推進に関する世論調査」「出生動向基本調査〔独身者調査・夫婦調査〕」『男女共同参画白書』「妊娠等を

理由とする不利益取扱い及びセクシュアルハラスメントに関する実態調査」「育児休業制度に関する調査研究報告書」）はすべてウェブ上で読むことができます。数字やグラフが羅列されたこれらの資料はとっつきにくいかもしれませんが，じっくり読み込んでいけば，思いもかけなかった新たな事実認識が得られるはずです。

ホモソーシャリティという概念については，**イヴ・K・セジウィック『男同士の絆——イギリス文学とホモソーシャルな欲望』**（上原早苗・亀沢美由紀訳，名古屋大学出版会，2001 年）が基本文献です。同著者による『**クローゼットの認識論——セクシュアリティの 20 世紀**』（外岡尚美訳，青土社，1999 年）は，20 世紀におけるジェンダー／セクシュアリティ理論の達成水準を示す論文集です。

今日のような性別役割分業が固定化されてきた歴史的プロセスについては，**落合恵美子『21 世紀家族へ——家族の戦後体制の見かた・超えかた〔第 3版〕』**（有斐閣，2004 年）が非常に明快に解説してくれています。現在と未来のことは，**筒井淳也『結婚と家族のこれから——共働き社会の限界』**（光文社新書，2016 年）を読みながら考えてみてください。**石川由香里・杉原名穂子・喜多加実代・中西祐子『格差社会を生きる家族——教育意識と地域・ジェンダー』**（有信堂高文社，2011 年）は，題名通り「格差」に焦点を合わせた本ですが，性別役割意識の研究としても啓発的です。たとえば，「女性の就業選択」について書かれた章（喜多加実代執筆）からは，女性の就業継続の可否は事前の希望やプランよりも働きやすい職場に恵まれるかどうかにかかっているという，非常に興味深い示唆を読み取ることができます。

マタニティ・ハラスメントについては，本文中で参照した**杉浦浩美『働く女性とマタニティ・ハラスメント——「労働する身体」と「産む身体」を生きる』**（大月書店，2009 年）をまずお読みください。

「少子化」をめぐる論議は錯綜しており，復古的な家族主義・国家主義に堕したような主張も少なくありません。基礎的なデータは，**内閣府『少子化社会対策白書』**で知ることができます（ウェブ上で見られます）。客観的なデータをふまえて聞くに足る議論を展開している書籍としては，**山田昌弘『少子社会日本——もうひとつの格差のゆくえ』**（岩波新書，2007 年），**松田茂樹『少子化論——なぜまだ結婚，出産しやすい国にならないのか』**（勁草書房，2013年），前章でも紹介した**筒井淳也『仕事と家族——日本はなぜ働きづらく，産みにくいのか』**などが挙げられます。**柴田悠『子育て支援が日本を救う——政策効果の統計分析』**（勁草書房，2016 年）も参考になるでしょう。

ワーク・ライフ・バランスについて，全体像をつかむためには前章で挙げた**山口一男『ワークライフバランス——実証と政策提言』**を，そしてそれに加えて，実際に仕事と子育ての両立のために奔走した当事者の思いをありありと伝

える萩原久美子『迷走する両立支援──いま，子どもをもって働くということ』（太郎次郎社エディタス，2006 年，オンデマンドで 2014 年復刊）をおすすめします。品田知美『家事と家族の日常生活──主婦はなぜ暇にならなかったのか』（学文社，2007 年）は，日本社会においてなぜ「ライフ」の部分が軽んじられるのかに迫るユニークな研究書です。

CHAPTER

第 13 章

女は子どもを産んで一人前？

母性愛神話, リプロダクティブ・ヘルス&ライツ, 生殖テクノロジー

WHITEBOARD

KEYWORDS

母性愛神話　３歳児神話　リプロダクティブ・ヘルス＆ライツ　生殖に関する自己決定権　優生保護法　女性解放運動（ウーマン・リブ）　第一波フェミニズム　第二波フェミニズム　母体保護法　セクシュアリティ　民主主義　生殖テクノロジー　生殖技術　生殖補助医療　NIPT　不妊症　不妊治療　代理出産　代理母

1 「母性」という幻想

親になるのもならないのも，素晴しき人生

　子どもを産めるのは女性だけ——あまりにも頻繁に目や耳にする常套句です。そして，そこには何の謎もないように思われるかもしれません。確かにそれは厳然たる生物学的事実です。けれども，少し立ち止まってよく考えてみると，この命題にはかなり偏った，あるいは視野の狭いものの見方が映し出されていることがわかるはずです。

　子どもをつくるという作業は，性交とそれに続く受胎から始まり，いくつもの段階を踏みながら出産後の育児につながっていく，複雑で長期にわたるプロセスです。そこから「産む」という限られた局面だけを切り取って強調することにどんな意味があるでしょうか。それは，子どもをつくることが，あたかも女性だけに関わる問題だという思い違いにつながってしまうのではないでしょうか。

　そしてそのような思い違いは，女性の存在価値は子どもを産んで育てることにしかないという偏見にもつながっています。そのことは，少なからぬ政治家たちの「失言」としてしばしば顕在化してきました。2001年，東京都知事（当時）の石原慎太郎が女性週刊誌上で発言し，提訴さえされた「女性が生殖能力を失っても生きてるってのは，無駄で罪です」「男は80，90歳でも生殖能力があるけれど，女は閉経してしまったら子供を生む力はない。そんな人間が，きんさん，ぎんさんの年まで生きてるってのは，地球にとって非常に悪しき弊

200 ● CHAPTER **13** 女は子どもを産んで一人前？

害」という差別的発言は典型的な事例です。それ以降も，元首相が講演会で「子どもを産まなかった女性の老後の面倒を福祉でみるのはおかしい」という趣旨の発言をして抗議を受けたり，厚生労働大臣が女性を「産む機械」になぞらえたことから辞任に追い込まれるなど，政治家による同類の舌禍事件は枚挙にいとまがありません。

さらに，こうした偏見はなにも復古主義的な政治家の専売特許ではなく，また男性だけのものでもありません。2003 年にベストセラーになった酒井順子のエッセイ『負け犬の遠吠え』には，独身で子どもをもたずに働く友人——と言えるのかどうか……——に対して無意識の「上から目線」を向ける子育て中の主婦たちの様子が絶妙の筆致で描き出されていました。2015 年の春には，人気女優の小雪が第 3 子妊娠を発表した際に口にした「親になって初めて人間にさせていただいたと思っている」という発言がネット上で物議を醸しました。なにしろ，この命題を文字通りに受け取れば，親ではない人は人間ではないことになるのですから，傷つけられたと感じる人がいるのも当然でしょう。

こうした世間の風潮の中に颯爽と登場したのが，2016 年の春に女性雑誌に掲載された有名女優・山口智子のインタビューでした。山口さんは，1980 年代から 90 年代にかけて「トレンディドラマ」と呼ばれたオシャレな舞台設定のテレビドラマにいくつも出演して一世を風靡し，また，やはり有名な男優と結婚したこともあり，女性にとっての「幸せ」を体現する存在とみなされてきた人です。そのような人物が，インタビューアの「結婚はオススメですか？」という質問に返した答えは，数多くのマスメディアや SNS によって「衝撃」「ショック」といった言葉とともに拡散されました。

〈何を結婚の定義にするかにもよると思います。私はずっと，「親」というものになりたくないと思って育ちました。子供を産んで育てる人生ではない，別の人生を望んでいました。今でも一片の後悔もない。夫としっかり向き合って，二人の関係を築いていく人生は，本当に幸せです。〉（『FRaU』2016 年 3 月号，講談社より要約）。

このような山口さんの発言に対しては反発もあったものの，それ以上に意外なほど好意的な反応が目立った印象があります。よくぞ言ってくれた，という共感の声があちらこちらから聞かれたのです。必ずしも子どものいない女性か

らだけではありません。自分の子どもを愛してはいるけれど，ふとした瞬間に，子どもがいなければもっと自由な人生を楽しめたのではないか，と思うことがある――多くのメディアが，そんな女性たちの声を紹介しながら，山口発言を肯定的に報じました。

　こうした反応が多かった理由の一つは，山口さんがあくまでも自分自身の生き方を語り，それを他人に押しつけたりしなかったことにあったかもしれません。上の発言の直前には，〈人生において大事なのは，自分のスタイルを見つけることだと思います。結婚も，人それぞれの形があると思う。人を真似する必要はない〉とも言っているのです。けれども，こうした一般論なら誰でも言えるわけで，やはり好意的な反響の源泉は，「女は子どもを産むのが当然」という世間の圧力に疲れ，傷つけられてきた女性たちからの共感でした。

┃ 「母性愛神話」の呪縛 ┃

　このような出来事を見ていると，確かに時代は変わりつつあるという気がしてきます。おそらくほんの一昔前なら，山口発言はもっと強い反発を招いたかもしれません。もう少し正確に言えば，21 世紀に入ってネット上の SNS が発達するまでは，たとえ山口さんに共感する人がいてもそうした気持ちを表明する機会はごく限られていて，むしろ世間的には――いまの言葉でいえば「リアル」の世界では――小雪さんの発言の方が広く受け入れられたのではないかと思われるのです。

　いや，やはりこのような見方は楽天的にすぎるかもしれません。山口発言が大きな反響を呼んだのは，それがまだまだ普通の女性たちにとっては口にしにくい，あるいは自分自身でさえ認めにくいものだからかもしれないのです。大日向雅美による長年にわたる「**母性愛神話**」研究からは，残念ながら，そのような推測の正しさが浮かび上がってきます。

　大日向の言う「母性愛神話」とは，①女は産む能力をもつのだから育てる能力も当然もっているとする「母性本能説」，②子どもが少なくとも 3 歳になるまでは，母親は家庭にとどまり子育てに専念しなければならないとする「**3 歳児神話**」，③母性とは慈愛と無償の愛に満ちたものであるという「聖母説」，④女性は子どもを産み育てることで人間として一人前になるとする「母親イコー

202 ● CHAPTER **13** 女は子どもを産んで一人前？

ル人間的成長説」，といった構成要素から成る観念複合体を指しています（『増補 母性愛神話の罠』）。このような「母性愛神話」は日本だけに見出されるわけではありませんが，とりわけ近代の日本社会において一種の信仰に近い扱いを受けてきました。そこには科学的根拠があるわけでもなく，また多くの生身の女性たちの思いからもかけ離れた幻想にすぎないにもかかわらず，それを疑うことが何か悪しきことであるかのようにタブー視されてきたのです。

　女性たちの多くは，いつかは結婚して子どもを産み育てたいと思っています。そして多くの母親は，自分が産んだ子どもを愛しく感じているでしょう。けれどもそれは，すべての女性にとって子産み・子育てが無条件の幸福であるとか，母親なら苦悩も葛藤もなく子育てに邁進できるとかいうことを意味するわけではありません。たとえ自分が望んで産んだ子であっても，連日連夜2時間ごとの夜泣きで叩き起こされたり，おむつを嫌がってウンチをまき散らしながら家の中を這い回られたりといった日常に疲れ果てた親が，子どもがかわいく思えないという心境になっても不思議ではないでしょう。そうでなくとも，早朝に出勤して深夜にならないと帰宅しない夫には育児分担を期待できず，来る日も来る日もただ一人，孤独に子どもと向き合わなければならない母親の心労や孤立感を軽視することはできません。

　子育てをする男性にも同じことが当てはまります。育児休暇を取得した男性たちからは，子どもとばかり過ごす日々の繰り返しに絶望的な気分になったり，社会から遮断されていると焦りを感じたり，子どもをベランダから落としてしまおうかと一瞬思ったり……といった生々しい証言が聞かれます。女性であろうが男性であろうが，孤立した状態でいっさいの責任を引き受けなければならない状況での子育ては心身両面への大きな負担になりうるという，それは考えてみれば当然の事実です（こうした経験のない学生のみなさん，とりわけいままで「子どもの立場」からしか物事を見てこず，「親の立場」をリアルに考えたことのない人は，他人事だと思わずに，「自分が毎日2DKのマンションの一室で孤独に赤ん坊の世話をしなければならない状況」をできるだけ具体的に想像してみてください）。

　私たちが真剣に子どもたちの幸福を考え，また次世代の社会のあるべき姿を考えるなら，こうした現実を見据えたうえで，親たちだけに過剰な負荷をかけないよう，社会的なサポートのしくみを整える必要があることは明らかです。

間違っても，幻想の「母性愛神話」を振り回して，そのモノサシに合わない母親たちを責めている暇などないはずです。そうした態度は単なる自己満足かつ自己欺瞞——なにしろ他人に「愛」を求める自分自身が誰よりも激しく他人を攻撃するのですから——であるだけでなく，結局は子育てをますます過酷なものにさせ，最悪の場合には親たちを虐待へと追い詰める，ほとんど犯罪的な行為だと言うべきでしょう。

ところで，公平のために付け加えておけば，前述した小雪さんは「母親＝人間」発言とは別の機会には「子どもが一歳になるまでは子育てが大変すぎて，正直なところ子どもを可愛いとは思えなかった」という趣旨の率直な発言もしているので，必ずしも「母性愛神話」に凝り固まった人と決めつけることはできない，と思います。

 リプロダクティブ・ヘルス&ライツ

子どもを産むか産まないかを最終的に決めることは女性の権利です。妊娠・出産する主体が女性であるという不動の条件がある以上，最終的に〈妊娠するか否か〉〈産むか否か〉を決めるのは，妊娠・出産をみずからの身体において担う女性自身でなければなりません。そして，女性がいかなる決断をしようとも，周囲の人々はそれを受け止めてサポートすることが必要です。そうでなければ，女性はそれこそ「産む機械」へと貶められてしまうでしょう。

ここで早まって誤解しないでください。これは女性がただ独り，誰にも相談せずに決めるべきだという意味ではありません。妊娠は一組の男女がそろってはじめて成立する現象であり，出産やその後の子育てにしても母親だけの責任ではないのだから，子どもをつくるか否かを決断するにあたっては女性がパートナーや親しい人々と相談し，誰もが納得できる決断を下すことが望ましいに決まっています。けれども，そのような理想的な状況がつねに整っているわけではありません。これから見ていくように，家（イエ）制度や性暴力による抑圧が蔓延する現実のただ中で，女性の意思をできるだけ尊重するためにはどうすればよいのか——生殖をめぐる諸問題を考えるには，まず何よりもこのよう

に問うべきです。

　リプロダクティブ・ヘルス＆ライツを直訳すれば「生殖に関わる諸権利と健康」となりますが，内容的にセクシュアリティに関する部分も含んでいることから，日本の外務省は「性と生殖の健康・権利」と訳しています。その骨格は，1994年に開催された第3回国際人口・開発会議（通称「カイロ会議」）での議論を受け，その翌年に発表されたカイロ行動計画において示されました。

　その第1の要点は，すべてのカップルと個人が自分たちの生殖に関わる諸々の事柄（子どもの数，出産間隔，出産する時期）を責任をもって自由に決定でき，そのための情報と手段を得ることができなければならないということ，すなわち**生殖に関する自己決定権**の尊重です。

　生殖に関する自己決定権はすべての人に認められるべき人権ですが，先ほども述べたように，妊娠・出産という具体的な行為の選択における最終的な権利者は女性です。このことは何度でも繰り返し確認するに値します。そもそも生殖に関する自己決定権という概念は，女性の意思が踏みにじられてきた歴史に対する抗議・抵抗の積み重ねを土台としています。

　一方で女性たちは「産む」自由を奪われてきました。たとえば，日本の敗戦後すぐに（1948年）制定された**優生保護法**のもとでは，知的障害のある女性たちが強制的に不妊手術を施され，いまだに政府からの補償を受けられずにいます。いくつかの発展途上国では，人口増加を抑制するために，女性たちが十分な説明なく避妊薬を処方されたり，ときには強い副作用のために先進国では認可されなかった薬品を投与されるといった事態も引き起こされました。

　他方，それと裏腹に，女性たちが「産まない」選択のチャンスを奪われ，「産む」ことを強いられてきたことも見落とせません。たとえば，19世紀から20世紀後半にかけて，ヨーロッパ各国やアメリカ合衆国，そして日本も含む多くの国で妊娠中絶が禁じられ，それでもやむにやまれず非合法の中絶に走った無数の女性たちは，しばしば健康を害し，あるいは命を落とすことを余儀なくされていたのです。

　こうした抑圧に対して真っ向から抵抗し，一定の中絶権を女性が獲得するという成果を挙げたのは，1960年代に各地で高まった**女性解放運動**（ウーマン・リブ）でした（19世紀の女性参政権獲得運動を「**第一波フェミニズム**」と呼ぶのとセ

ットで，この時期の運動を「第二波フェミニズム」と呼ぶことがあります)。なお日本では例外的にいち早く優生保護法下で中絶が認められましたが，明治年間に制定された刑法上の「堕胎罪」が廃止されたわけではなく (刑法第2編第29章「堕胎の罪」第212条～第216条)，実際上は中絶ができるものの，女性の権利という観点から合法化されているわけではないという奇妙な状態が続いています。

　リプロダクティブ・ヘルス&ライツの第2の要点は，できる限り高水準のセクシュアリティと生殖に関わる健康を手に入れる権利です。ここで言う「健康」とは，生殖に関わる身体機能および活動のすべての側面において，単に病気や障害がないだけではなく，身体的・精神的・社会的に完全な良好な状態にあることと定義されています。現実には，いまも (日本も含め) 世界中で多くの女性が妊娠・出産 (分娩) が原因で健康を害し，また命を落としています。このようなことが起こらないよう，質の高い医療や福祉にアクセスできることは女性の権利であり，またこのような状況を改善し，妊産婦死亡率を下げる義務を各政府は負っているのです。またここには，人々が満ち足りた性生活を送ることができる権利も含まれています。それが「性と生殖」という和訳の根拠になっているわけです。

　このように見てくると，リプロダクティブ・ヘルス&ライツという理念は人間としての生活の一部分ではなく，結局はそのすべてに関係し，したがって人権という概念とほとんど広がりを同じくすることがわかります。私たちにとって，妊娠や出産はそれほど重大な意味を不可避的にもってしまう経験であり，だからこそ，すべての人にとって，とりわけ女性にとっては，決して侵害されてはならないものだということを銘記しておきましょう。産みたくない人が産むことを強いられ，産みたい人が産むことを許されないような社会は，民主主義ではなく，一種の奴隷制と呼ぶべきではないでしょうか。

 わたしの身体(からだ)，わたし自身

| 自分の身体をよく知っていますか？ |

　それでは私たちの社会において，リプロダクティブ・ヘルス&ライツはどれ

ほど尊重されているでしょうか。日本政府は，国際社会に向けてはそれを尊重することを明言していますが，国内の状況は本当にその約束を満たしているでしょうか。もちろん現在の日本には，妊娠や避妊を強制する法律はありません。戦後50年近くにわたってある種の障害者や病者の健康と権利を侵害し続けた優生保護法も，その差別性に対する国内外の批判が高まったことを受けて，ようやく1996年に優生政策的部分を削除され，**母体保護法**として生まれ変わりました。しかしながら，本当にリプロダクティブ・ヘルス＆ライツが尊重される世の中になったのかと言えば，堂々と「イエス！」とは言えないように思われます。この点をさらに掘り下げて考えていきましょう。

　妊娠や出産などはまだまだ先の話で実感がもてないという方でも，自分がリプロダクティブ・ヘルス＆ライツを尊重されてきたか否かを測る簡単なテストがあります。次の質問に答えてみてください——あなたは，自分の身体のことを，とりわけ**セクシュアリティ**や生殖に関係する部分のことを，どれくらい知っていますか。もっと具体的に言いましょう。あなたは自分の性器をじっくり観察したことがありますか。そして，どの部位がどういう働きをするのかを理解していますか。自分の性器の形や大きさがわからないという男性はほとんどいないと思いますが，「真性包茎と仮性包茎の違い」や「射精されなかった精子はどうなるのか」を説明できる方は少ないかもしれません。女性器の方は，その構造上，鏡に映してみないとその持ち主自身からはよく見えないということもあって，自分の性器をしっかり見たことがないという女性はかなりいるようです。なぜでしょう。女性たちは，月経や妊娠に関連する基本的な知識を授けられる機会は男性よりも多いのに対して，妊娠に不可欠なはずの性交やセクシュアリティに関する具体的な知識からは，むしろ男性よりも遠ざけられてきたのではないでしょうか。女はセックスについては知らないまま，ただひたすら子どもを産み育てることだけを考えろとでも言うのでしょうか。

　自己決定権がただの「絵に描いた餅」ではなく実質的なものであるためには，それを支える社会制度や人間関係が必要です。たとえば，女子高校生に対してきちんとした性教育を与えないまま，妊娠すると有無を言わさずに退学させ，中絶を強いるというような慣行がまかり通っている日本社会の現状では，胸を張ってリプロダクティブ・ヘルス＆ライツが尊重されているとはとても言え

せん。彼女が妊娠を望んだのか否か，望まない妊娠をしてしまったのだとしたら，それはなぜだったのか。もっと大人になるまでセックスしないという選択はできなかったのか。避妊方法について無知だったのか。それとも，相手の男性に避妊してくれと要求できなかったのか。要求したのに相手が応じなかったのか。そもそも，女性が主体的にコントロールできる避妊法であるピルが日本で普及していないのはなぜか。望まない妊娠をしてしまったときに，産むか産まないかをどうやって決めるのか。子どもを産んでも高校や大学に通うことができるのか。そのための社会的サポートはあるのか。たとえば，高校や大学に託児施設がないのはなぜか。産まない選択をした際には，安全な中絶手術を受けられるのか。その費用は誰がどうやって払うのか。手術後の精神的サポートは十分か。……問うべき具体的な問題はまだまだあります。リプロダクティブ・ヘルス&ライツの現状を知るには，これらの一つひとつを検討しなければなりません。

女性を「産むこと」へ押しやろうとする動き

　近年の日本社会では，むしろリプロダクティブ・ヘルス&ライツを阻害しようとするかのような政治的な動きが改めて目立ってきています。2013年には，政府の有識者会議「少子化危機突破タスクフォース」が若い女性たちに妊娠・出産の適齢期について教えることで少子化に歯止めをかけようと企画した「生命と女性の手帳」（通称「女性手帳」）の内容が世論の大きな反発を受け，国会でも野党側から批判が出されたため，配布が見送られるという騒動が起きました。少子化，より正確にはその直接の要因である晩婚化・晩産化を女性たちのせいにし，子育てを中心とする画一的な生き方を押しつけるかのような構えが猛反発を呼んだのです。そもそも，女性たちは生殖機能に無知だから子どもを産まないのでしょうか。そんなはずはありません。いまよりも生殖に関する知識や情報が貧弱だった昔の方が出生率は高かったのですから。むしろ逆に，昨今では「マル高」（「高齢出産」の略語）や「卵子老化」といった刺激的な言葉によって不安を煽られ，35歳（この数字の根拠も怪しいのですが）までに子どもを産まなければならないという焦りを掻き立てられるケースが多いのではないでしょうか。それにもかかわらず少子化が進行したのは，単に女性だけの責任

ではありえません。第11章・第12章ですでに解説したように，私たちが本気で出生率を向上させたいなら，女性とそのパートナーが子どもを育てながら安心して働き続けられる労働環境および育児環境の整備こそが急務であることは明らかです。

とは言え，妊娠・出産に関する正しい科学的知識を普及させること自体はよいことでしょう。「女性手帳」を批判した人たちも，そのことに反対したわけではありません。ただしその場合には注意すべき点が少なくとも2つあります。第1に，それが現在の生物医学や産科学の水準から見て本当に正しい知識であること。第2に，妊娠・出産という概念を広くとらえ，その一部として「性／セクシュアリティ」を含めてとらえることです。

第1点に関しては，「女性手帳」騒動のあとにも，政府の少子化対策への警戒心をよりいっそう高めざるをえないような事件が起こりました。文部科学省が2015年に発行した高校保健の副教材『健康な生活を送るために』に掲載された女性の（年齢ごとの）「妊娠しやすさ」を示すグラフが，引用元の文献とは大きく異なる形に書き換えられ，22歳をピークに女性の「妊娠しやすさ」が急激に低下するかのように見せかける操作が行なわれていたのです。また，「妊娠しやすさ」（妊孕力）という概念の意味にも要注意です。確かに女性は年齢が高くなると妊娠しにくくなるのですが，そうした傾向をもたらす原因のうちどれくらいが純粋に身体的あるいは生物学的なものなのかを突きとめることは簡単ではありません。なぜなら年齢とともに変化する要素は生殖器官だけではなく，たとえば一般に年齢につれて性交の頻度が下がるため，妊娠機会が減るのは当然だからです。このことを考えても，「妊娠しやすさ」を女性の身体機能という狭い視野だけにおいて見ることは間違いです。

セクシュアリティに関する情報の抑圧

第2点すなわち「性と生殖」の不可分性という観点から見ても，リプロダクティブ・ヘルス＆ライツを尊重するという日本政府の建前は疑わしいと言わざるをえません。過去十数年にわたって，有力な政治家たちが性教育に対する弾圧活動を領導してきたことが，何よりの証拠になるでしょう。

その口火を切ったのは，2002年5月29日の衆議院文部科学委員会において，

当時民主党議員であった山谷えり子が行なった発言でした。山谷は，当時の中学校に広く配布されていた性教育副教材『思春期のためのラブ＆ボディBOOK』を取り上げ，それが中学生に避妊用ピルの利用を推奨していると非難したのです。これに対し，厚生労働省や文部科学省は「問題はない」と回答したものの，同様の非難が日本全国の自治体に飛び火した結果，結局『ラブ＆ボディBOOK』は回収され，絶版にされました。その後に続く一連の性教育弾圧については，第**8**章でも記した通りですが，ここではリプロダクティブ・ヘルス＆ライツという観点から，このことの意味を改めて考えてみたいと思います。

　『ラブ＆ボディBOOK』はイラスト満載のカラフルな小冊子です。その序文に当たるページには「自分の人生の主人公になる」という見出しがつけられ，次のように書かれています。

　　「からだと心」「愛と性」は一生のことだし，健康で幸せな人生をつかむためには自分のからだをよく知り，性についても正確な知識を学ぶことが必要だ。また，周囲に振り回されず，自分で考え，自分の意見を持ち，主体的に行動できるようになることも大切だ。

　これはまさにリプロダクティブ・ヘルス＆ライツの基本そのものです。このあとに続く各ページは，中学生がその理解を深められるように，よく工夫されています。たとえば，冊子の真ん中あたりには「ラブ能力テスト」と題されたページがあり，Ｑ＆Ａ形式で自己診断を促しているのですが，そこには以下のようなクイズ形式で大切な内容が書かれています。質問は，〈大好きな子から「Ｈしない？」と誘われました。あなたならど〜する？〉選択肢は以下の五つ。〈a. 自分もその子が好きだから，する。b. 相手が望んでいるし，きらわれたくないから，する。c.「エロ〜い！」とかなんとかいって，ごまかす。d.「好きだけど，Ｈはまだ早いと思う」とことわる。e.「マジ〜」とかいっているうちにＨされてしまう〉。それに対する解説は，〈「興味や好奇心でＨすると，あとで後悔しそう……／a みたいに「好きあってるなら中学生でもＨはOK」と考えている子もいるけれど，思春期のセックスにはトラブルがつきもの。妊娠，性感染症など，ふたりで責任とれない問題がおこることも多いんだ。だからよく考えて！／b はサイテー！「相手が望んだから」なんて人のせ

いにしちゃダメ！「きらわれそうだから」もヘン。自分の気持ちをいえないようでは，ほんとうのラブラブ関係とはいえないよ」〉。

　望まない性行為を，相手に嫌われたくないといった理由で受け入れてしまう女子生徒たちが実際に少なからずいる現実を考慮すれば，これはとてもリアルで的確な設問であり，妥当な解説ではないでしょうか。このような教材をどうして「フリーセックスの奨励」（山谷えり子），「ピル教育」（『産経新聞』）などと解釈できるのか，理解に苦しみます。この教材をいやらしいものだと決めつけた人たちの頭の中こそがいやらしいのではないかと疑わざるをえません。

　……などと，皮肉を言っている場合ではないのです。最初の引用箇所に含まれる，次の文章をよく読み直してみてください。「周囲に振り回されず，自分で考え，自分の意見を持ち，主体的に行動できるようになること」——これはリプロダクティブ・ヘルス＆ライツだけでなく，まさしく「**民主主義**」の基本理念そのものではありませんか。このことに気づいたなら，性教育の弾圧に血道をあげる人々が恐れているもの，彼らが「過激」呼ばわりして妨害しようとしたものの核心が何だったのかは，おのずと浮かび上がってくるはずです。それは先の引用の反対，すなわち，自分で考えず，自分の意見をもたず，主体的に行動できない人間を，言い換えれば，国家や権力者の思うままに操られるような国民をつくることにほかなりません。第**8**章で紹介した，子どもに性器の名前を教えてはならないという性教育反対派の主張にしても，それだけを切り取れば単に馬鹿馬鹿しいだけのように見えますが，しかし子どもたちにとって自分の性器の名を知ることが自分の身体について知ることの一部であり，したがって自分の身体を自分自身が責任をもって引き受けることへのささやかな一歩であるという本質を理解するならば，性教育反対派が真に抑圧したがっているものが見えてくるでしょう。

　ここまでの分析が的を射ているとすれば，性教育弾圧の背景にある考え方がリプロダクティブ・ヘルス＆ライツという理念と真っ向から対立することは明らかです。みなさんはどちらの道を選びますか？　自分の身体について知ることを放棄し，世間や一部の政治家たちの言いなりになる生き方は，もしかすると結構ラクかもしれませんね。それに対して，「自分の人生の主人公になる」ために，正しい知識を学び，それを活かして未来を切り開いていく生き方は，

3　わたしの身体，わたし自身　● 211

実は面倒くさいものかもしれません。いずれにせよ，結局のところ，どちらを選ぶかを決めるのはあなた自身でしかありえません。ただ一つ，主体的に学び・考えることを人々が面倒くさいと感じるとき，民主主義は危機に瀕しているということは，知っておくに値する歴史の教訓です。

4 生殖テクノロジーが照らし出すもの

┃ 授かる・つくる・選ぶ ┃

　生殖の現在と未来について考えるとき，生殖テクノロジーを無視することはもはやできません。それは，人間が子どもを生む／産むプロセスを操作するさまざまな技術と，そうした技術がさまざまなやり方で用いられる社会的背景を表す言葉です。生殖テクノロジーは，これまでにはありえなかった新しい生殖方法を実現可能なものにしつつあり，それによって私たちの家族観やジェンダー観，そして人間観そのものを揺さぶっています。

　かつて子どもをもつことは「授かる」という言葉で呼ばれていました。もちろん，女と男が性交をしなければ新たな人は生まれないのですが，しかし性交すれば必ず生まれるわけではないし，ましてどんなタイミングで何人のどのような子どもが生まれてくるかは，結局のところ人智を超えたことであり，偶然に委ねられたことだとみなされていたのです。それに対して現在の私たちは，もはや子どもを「授かる」という言い方をあまりしなくなりました。いつからか，それはむしろ「つくる」ものになったのです。すなわちそれは，偶然まかせの受け身的な観念から，自分（たち）自身を主語とする能動的な行為へと，その意味づけを変化させてきたのです。

　「つくる」ことは「選ぶ」という側面を必然的に伴います。そもそも戦後の日本社会において「授かる」から「つくる」への変化が生じたのは，子どもをもつかもたないかは当人たちが決めるという考えが広まり，またそれと絡み合いながら，避妊や妊娠中絶の技術が発達・普及してきたからです。いわゆる不妊治療への応用を中心とする生殖テクノロジーの急速な普及によって，そうした動きもまた加速させられつつあるように見えます。けれども，私たち，とり

わけ女性たちは，本当の意味で「選ぶ」ことができているのでしょうか。当事者の意志決定をねじ曲げる暴力や圧力はもはやなくなったのでしょうか。必ずしもそうとは言えないということはすでに見てきた通りです。そうだとすれば，新しい生殖テクノロジーに対しても，同じ疑問を投げかけてみるべきでしょう。はたしてそれは，私たちのリプロダクティブ・ヘルス＆ライツを良い方向に向かって進ませるものなのか，そこに落とし穴はないのだろうか，と。

▌生殖テクノロジーの全体像 ▌

　生殖テクノロジーと似た言葉として，「（新しい）**生殖技術**」（New Reproductive Technologies），「**生殖補助医療**」（ART: Assisted Reproductive Technology）などがあり，とくに後者は今日の医療現場において日常的に用いられています。生殖補助医療とは，自然の生殖能力が本来の役割を果たせない場合に，医療によりこれを助け妊娠に導く技術のことで，とくに体外受精・胚移植・顕微授精など，不妊治療の中でもとくに高度な技術が必要とされるものを指す，と説明されます（日本産科婦人科学会ウェブサイトより）。これに対して本書では，不妊治療だけでなく通常の妊娠・出産をも含めて科学技術との関わりを問い直すために，生殖テクノロジーというより広義の概念を提案しておきます。

　生殖テクノロジーを，何を可能にする技術であるかという観点から，大きく3種類に分類してみましょう。第1に，妊娠を起こりやすくしたり，出産のタイミングを調整したりする作用をもつ，排卵誘発剤や陣痛促進剤などの薬品（ホルモン薬）。昨今の出産は，病院の体制が整っている平日の昼間に行なわれる割合が高くなっていますが，このようなことは陣痛促進剤なしではありえません。他方，深刻な副作用の被害も報告されており，その功罪をどのように考えるべきかが問われています。第2に，従来は男女間の性交によって実現されていた妊娠のプロセスそのものを補助あるいは（部分的に）代替する，人工授精や体外受精，顕微授精，および胚移植などの技術。生殖細胞（卵・精子・胚）の凍結技術もここに含められます。これらを応用することで，さまざまなタイプの「不妊治療」が行なわれるのです。第3に，染色体異常のような先天的障害の有無を判別する検査技術。胎児の状態を調べるものを出生前検査といい，確定診断に用いられる羊水検査（妊婦の羊水を採取し，そこに含まれる胎児細胞を

4　生殖テクノロジーが照らし出すもの　● 213

調べる）のほか，最近では妊婦の血液検査だけでかなり高い精度の診断を行なえる NIPT（新型出生前検査）が急速に普及しつつあります。他方，体外受精で得られた胚の一部を調べる着床前検査（受精卵検査）も，重篤な遺伝子疾患をもつ子の出生予防や，体質的に流産を繰り返してしまう不育症の女性の「不妊治療」のために使われています。

▌「不妊治療」の光と影 ▌

　ジェンダーに注目する視点から生殖テクノロジーを見渡したとき，最も顕著な問題点は，その大部分がもっぱら女性を対象としていることです。妊娠・出産は女性特有の身体機能なのだから仕方ないじゃないか，などと言ってはいけません。たとえば，いわゆる「**不妊症**」と「**不妊治療**」について考えてみましょう。不妊症の原因についてはまだよくわからない点が多いのですが，おそらく全人口の1割程度の人が不妊体質で，その割合は男女ともにほぼ同じだと考えられています。つまり，あるカップルに子どもができない場合，その原因が女性にあるか男性にあるかは五分五分だということです。それにもかかわらず，男性不妊の治療法の研究は女性に比べて著しく遅れており，また，カップルの不妊の原因が男性側にある場合でも女性が「治療」の対象とされることが多いのです。男性は自分に生殖能力がないことを認めることを恐れるあまり不妊症の検査に行きたがらず，そのために研究が進みにくいと言われることがありますが，女性だって不妊の事実を突きつけられれば同じように（あるいはそれ以上に）傷つくのですから，そんなことは言い訳にならないでしょう。このように，最新の生殖テクノロジーに対する人々の態度にも，妊娠・出産をもっぱら女性だけの問題とみなす根深いジェンダーの作用を見て取ることができます（ところで，いま私は通例に従って「不妊症」や「不妊治療」という言葉を使いましたが，これらは不妊という状態が病気の一種であることを示唆しています。けれども，はたして不妊を病気とみなしてよいのかどうかについては，いまなお議論があります）。

　広い意味での「不妊治療」に含められる**代理出産**には，ジェンダーをめぐるさまざまな問題点が凝縮されています。代理出産には，依頼主側の男性の精子を**代理母**に人工授精する方法（サロゲート・マザー型，遺伝上の母親は代理母側）と，体外受精でつくった依頼主カップルの受精卵を用いて代理母に妊娠・出産

214 ● CHAPTER **13** 女は子どもを産んで一人前？

だけしてもらう方法（ホスト・マザー〔借り腹〕型，遺伝上の母親は依頼主側）の2種類がありますが，いずれの方式もこれまでの事例からさまざまな問題点が浮き彫りになっています。とくに生まれた子の地位が不安定になりやすいことは大きな問題で，依頼主と代理母の両者ともに子どもを欲しがって綱引きになったケースはまだしも，障害児や三つ子が生まれたために依頼主が子どもを引き取ろうとしないケースは深刻です。より原理的な問題としては，代理母が子どもを引き渡すのと引き換えに金銭を得るならばそれは紛れもない人身売買であるという指摘があります。人身売買ではなく一種の労働であるという意見もありますが，妊娠・出産を労働とみなすことの是非も問うべきでしょう。こうした問題点に鑑み，多くの国が代理出産を法律で原則禁止したり，厳格に規制していますが，日本にはいまのところ（2017年3月現在）法規制がありません。

　さらに近年では国境を越えた代理出産が産業化しており，日本やアメリカ合衆国の豊かな男女がインドやタイなどの貧しい女性たちを代理母として雇うことが常態化していました。代理母たちは，仲介業者の用意した施設で集団生活をしながら，先進国で暮らす依頼主たちのために子どもを妊娠・出産し，無事に赤ちゃんが生まれれば，直ちに依頼主に引き渡すのです。代理母たちには，他の仕事に比べればずっと高い報酬が支払われますが，健康を害した場合の補償などは必ずしも整っていません。そもそも，彼女たちがこのような「仕事」に引き寄せられるのは，女性に対して十分な教育機会や職業訓練が与えられていないからであり，そのような性差別から先進国の人々が利益を得るという構図はきわめて不健全なものだと言わざるをえません。そうした批判が国内外で高まったため，現在ではインドやタイも規制の強化に取り組んでいます。今後の展開を注視していきたいと思います。

　それでは，金銭の授受を伴わず，また一国内で行なわれる代理出産なら問題はないのでしょうか。そのように信じ，代理出産以外では自分の子どもをもてない女性を救うためであると主張して，日本産科婦人科学会の会告に違反してまでも代理出産を実施している医師もいます。その人・諏訪マタニティークリニックの根津八紘院長は，依頼主の母親（最高齢は61歳だということです）が娘の代理母になるというやり方でこれまでに数多くの代理出産を手がけてきたことを公言しています（かつては不妊女性の姉妹を代理母としたケースもあったよう

すが，ある時期からやめたようです。理由は明らかにされていません。なお，母親による代理出産も，現時点では新規受付を停止しているようです）。

　根津院長の善意を疑う理由はありませんが，しかし善意で行なわれる代理出産なら問題がないということにはなりません。海外では，妹が不妊の姉の代理母となったところ，人間関係上の深刻なトラブルが発生してしまい，出産後に姉および母親と妹とは音信不通になり，妹は自分が産んだ子どもにも会えないというケースが報告されています。金銭ではなく善意にもとづく行為だとされるがゆえに，代理母となることを期待される側は断りにくく，また意志を踏みにじられてもそのことが顕在化しにくいという危険もあります。2001年に根津院長が日本国内初の代理出産を実施したことを公表した直後にある新聞に掲載された一通の投書には，そうした危険への切実な恐れが表されています。その投書主は，子どものいない義姉が自分に代理出産してほしいと頼んできたら，周囲の家族や親戚はこぞって義姉の味方になるだろう，そして「嫁」という弱い立場の自分には断り切れる自信がないと，不安を吐露していたのです。個人の人権や幸福よりも家名の継承を優先させる家制度的な規範がいまもなお根強く残り，それを再び強化しようとする復古主義的な勢力が政治力を増しつつさえある現在，身近な関係性を舞台として行なわれる生殖テクノロジーの利用は，新たなジェンダー問題を生み出しているのです。

5　最後に

▶「人類としての義務」？

　よく，「子孫を残すことは人類の義務だから……」といった台詞を，さも気の利いたことを言っているかのような自信満々の口調で語る人がいます。そんな義務をいつ・誰が決めたのか教えていただきたいものですが，おそらくそんなことを問うても無駄でしょう。なぜならそういうことを軽々しく口にするような人は，本書の最初の章で説明したように，「義務」だけでなくあらゆる価値やルールは自然そのものに書き込まれているわけではなく，あくまでも人間がつくった約束事であるということを理解していないのだと思われるからです。

　集団としての人類（ヒト）には次世代を生み出す生殖能力があり，多くの女

性と男性には自分と血のつながった子どもが欲しいという欲求があるでしょう。それは事実です。しかし，あくまでも単なる事実であって，義務という規範的概念などではありません。いえ，より正確に言えば，その単なる事実を義務として意味づけるか否かは，私たちの選択にゆだねられているのです。その意味では，たとえば，日本国民のすべてが最低1人は子どもをつくらなければならないという義務を法律として定めることも可能です。問題は，そのような国にあなたが暮らしたいかどうかです。少なくとも私は暮らしたくありません。

多くの女性，男性には，子どもが欲しいという気持ちがあるにもかかわらず，そうした人々がなかなか子どもをもてないとしたら，その原因を突きとめ，改善する。それこそが急務のはずなのに，なぜ一部の政治家や世論は，子どもをもとうとしない人を攻撃し，「産まない」選択を否定しようとするのでしょうか。いったい彼らは，世界の将来を，子どもたちの未来を，本気で良いものにしようと考えているのでしょうか。本章を書き進めながら，私は何度もこの素朴な疑問に立ち返って考えました。その答えの一端は，いまみなさんが読まれてきた通りです。

新しい生命，新しい人の誕生は素晴らしいことかもしれません。そして私たちは，この地球上に生を受けたすべての人が充実した人生を享受できるような世界をつくっていくべきでしょう。しかしそれは，個々人に子どもをもつ「義務」を押しつけることとは関係がありません。生物学者の福岡伸一があるエッセイ集の中で言っているように，人類全体としてきちんと世代更新が行なわれていけばよいのであり，それは個人レベルのリプロダクティブ・ヘルス＆ライツを尊重することと少しも矛盾しないどころか，むしろそれらを両立させることこそが，人類の未来をより良いものにしていくために不可欠の条件なのです。ただし，現在のリプロダクティブ・ヘルス＆ライツはまだまだ未完成の理念です。そこには多くの欠点や矛盾があるでしょう。それらを修正し，この理念をより実効性のあるものへと鍛え上げていかなければなりません。

ジェンダーに関わるすべての問題についても同じことが言えます。解決すべき問題は山積しており，まだ可視化されずに埋もれている問題もたくさんあるはずです。本書はそれらのごく一部に光を当ててみたにすぎません。ここまで本書を読み終えられた辛抱強い読者のみなさんには，この小さな本の枠を超え

5　最後に　●　217

て，より広く，より深く，ジェンダーをめぐる現実を探究していっていただきたいと期待しています——この勝手な思いを記すことで，本書を閉じることにします。

QUESTIONS

① みなさんは，セクシュアリティと生殖について，どれくらい正確な知識をおもちですか。いつ，誰から，どのようにそうした知識を得たのでしょうか。周りの人と話し合ってみましょう。

② 生殖テクノロジーを利用して，同性愛者のカップルや独身女性が自分の子どもをもとうとする動きが広まりつつあり，論議を呼んでいます。たとえば，レズビアンのカップルが，友人男性から精子を提供してもらい，カップルのうちの1人に人工授精を施して妊娠・出産するという方式が試みられています。こうした実践はすべて認容されるべきでしょうか。それとも何らかの社会的規制が必要でしょうか。どのような方法が使われているのか，当事者たちの声，関連する法律などについて調べつつ，その是非について考察してください。

読書案内 | Bookguide ●

「母性愛神話」については，本文中で参照した**大日向雅美『増補 母性愛神話の罠』**（日本評論社，2015年）をはじめとする大日向雅美氏の諸著作が，数々の興味深い——しばしば気の減入るような——事実と問題の本質を知るために不可欠です。**柏木惠子『子どもが育つ条件——家族心理学から考える』**（岩波新書，2008年）は，現代の母親たちの育児不安の現状とその背景について丁寧に解説しています。天野正子・伊藤公雄・伊藤るり・井上輝子・上野千鶴子・江原由美子・大沢真理・加納美紀代編**『新編 日本のフェミニズム5 母性』**（岩波書店，2009年）は，表題通り，日本社会におけるフェミニズムの母性論を集めたアンソロジーです。

母性という観念の歴史研究は豊富にありますが，何よりもまず，**山村賢明『日本人と母——文化としての母の観念についての研究』**（東洋館出版社，1971年）がのちの多くの研究によって参照されている超基本文献です。**坂本佳鶴恵『「家族」イメージの誕生——日本映画にみる「ホームドラマ」の形成』**（新曜社，1997年）は「母もの」として人気を博した映画などを手がかりに，近代日本における母性や家族の観念を分析しています。**田間泰子『母性愛という制度——子殺しと中絶のポリティクス』**（勁草書房，2001年）は，子殺しと中絶

218 ● CHAPTER **13** 女は子どもを産んで一人前？

という逸脱行動が規範的な母性観念とどのように関連しているかを解き明かしています。エリザベート・バダンテール『母性という神話』（ちくま学芸文庫，1998 年）は母性本能という観念が歴史的に構築されたものであることを丹念に立証して，原著がフランスで 1980 年に出版された際には大きな論議を巻き起こした現代の古典です。

　リプロダクティブ・ヘルス＆ライツという概念の背景と歴史については，谷口真由美『リプロダクティブ・ライツとリプロダクティブ・ヘルス』（信山社，2007 年）が専門書レベルでくわしく解説しています。塚原久美『中絶技術とリプロダクティヴ・ライツ──フェミニスト倫理の視点から』（勁草書房，2014 年）は，海外でスタンダードになっている吸引法という安全な妊娠中絶技法がなぜ日本で使われていないかを論じる研究書ですが，リプロダクティブ・ヘルス＆ライツ全般についても押さえています。

　性教育に対する弾圧については，第 **8** 章の読書案内に加えて，広瀬裕子「学校の性教育に対する近年日本における批判動向──『性教育バッシング』に対する政府対応」（『専修大学社会科学年報』第 48 号，2014 年，http://www.senshu-u.ac.jp/~off1009/PDF/nenpo48-8.pdf），加藤秀一「性教育弾圧者が真に恐れているものは何か──最高の，それゆえ最も危険な政治とは」（『論座』朝日新聞社，2007 年 3 月号）が理解の糧になるはずです（後者の内容の一部を本章にも利用しました）。「妊娠しやすさ」グラフをめぐる騒動については，高橋さきの「『妊娠しやすさ』グラフはいかにして高校保健・副教材になったのか」（『SYNODOS』2015 年 9 月 14 日，http://synodos.jp/education/15125）が現時点で最もまとまった解説です（本書刊行後に関連書籍の出版も予定されているとのことです）。

　生殖テクノロジーについては，柘植あづみ『妊娠を考える──「からだ」をめぐるポリティクス』（NTT 出版，2010 年），同『生殖技術──不妊治療と再生医療は社会に何をもたらすか』（みすず書房，2012 年）によって，現状とその問題点をほぼ網羅的に理解することができます。江原由美子『自己決定権とジェンダー』（岩波書店，2012 年）の原著は 2002 年に刊行されたものなので，生殖テクノロジーについての記述には古くなったところもありますが，フェミニズムの立場からの生殖技術論として鋭い議論が展開されています。村岡潔・岩崎晧・西村理恵・白井千晶・田中俊之『不妊と男性』（青弓社，2004 年）は，表題通り男性と不妊との関連に焦点を合わせた貴重な論文集です。

　本文中で参照した酒井順子『負け犬の遠吠え』は講談社文庫（2006 年）に収められています。個々人には子孫を残す「義務」などないとする生物学者・福岡伸一のエッセイは『ルリボシカミキリの青──福岡ハカセができるまで』（文春文庫，2012 年）に収められています。

事 項 索 引

（太字の数字書体は，本文中で **keyword** として表示されている語句の掲載ページを示す）

● アルファベット

DSM　33, 34, 55
DV（ドメスティック・バイオレンス）
　135, 141, 164, 184
FtM（FtM トランスジェンダー）→トランス男性
FtX　37
GID　→性同一性障害
『IS』　21, 22
LGBT（LGBTIQ）　**17**
LGBT 差別　56
MtF　→トランス女性
MtX　37
NIPT（新型出生前検査）　214
SM（サド・マゾヒズム）　49
SRS　→性別適合手術
TG　→トランスジェンダー
TS　→トランスセクシュアル
TV　→トランスヴェスタイト
X ジェンダー　**37**

● あ 行

アイデンティティ（自己同一性）　**26**, 27,
　35, 46
アウティング　47, 65
アスピレーション　105
アナクロニズム　54
家（イエ）制度　204, 216
育児休業（育児休暇）　189, 193, 203
育児休業法　191
異性愛（ヘテロセクシュアリティ）　46-48,
　50
異性愛主義（ヘテロセクシズム）　**49**

いたずら　148
逸　脱　22
1.57 ショック　**193**
遺伝子　65, 66, 81-85
遺伝子決定論　**81**, 83
遺伝子本質主義　**81**
イニシアチブ　**120**, 121, 123
「生命と女性の手帳」（「女性手帳」）　208
医療化　**33**, 42
インターセックス　17, **21**-23
ウーマン・リブ　→女性解放運動
『ウルトラ』シリーズ　97
オカマ　58
オ　ス　19, 24, 25
オス間競争　**86**
男の娘　38
男の子の国　97, 98
男　道　97
男らしさ　39
オナニー（マスターベーション，自慰）
　122, 123
「おネエ」タレント　38, 39
親の進学期待　105
女の子の国　97, 98
女　道　97
女らしさ　39

● か 行

カイロ行動計画　205
加害者　137, 138, 142, 143
科学的知識の単純化　**65**
隠れたカリキュラム　**108**, 109
家事・育児　184
価値判断　73, 74, 91
家庭科の男女共修　**108**

家父長制　127

カミングアウト（カムアウト）　40, **55**, 56

からかい　47

環　境　65, 66, 80, 83, 88

看護職　107

間接差別　**183**

〈基準〉　**10**

規　範　ii, 3, **7**, 13, 127

規範性　**71**, 72

究極要因　87

強制わいせつ　148–152, 154, 158

極端な二分法　**65**

近接要因　→至近要因

勤続年数　170–172

クィア　17, **58**

クィア研究（queer studies）　**58**

クローゼット　**55**

ゲイ　17

刑　法　148, 149, 154, 157, 206

顕微授精　213

権　力　27, 153

権力関係　47, 154

強姦（レイプ）　**134**, 135, 141, 143, 144, 148–153, 157

強姦神話　144, 159

合計特殊出生率　**193**

公正な世界仮説（公正な世界理論）　**158**

公然わいせつ　150, 151

公民権運動　55

高齢出産　193

コース別人事管理制度　**176**

戸　籍　40, 41

「寿退社」　189

子どもへの性的虐待　148, 149

雇用慣行　173, 182

雇用機会均等法　176, 191

『ゴレンジャー』　97

『コロコロコミック』　100

● さ　行

『サザエさん』　98

差　別　**12**, 47, 167, 168, 174, 177, 207

3歳児神話　**202**

自　慰　→オナニー

ジェンダー　ii, iii, **7**, 8, 13, 37, 48, 49, 91, 96, 117, 214, 216, 217

ジェンダー・アイデンティティ　→性自認

ジェンダー規範　57, 103, 118, 120, 121, 123

ジェンダー・ギャップ指数（GGI）　**169**

ジェンダー・ステレオタイプ　**79**, **96**, 98, 102, 106, 109

ジェンダー・セグリゲーション　→性別職務分離

ジェンダー・バイアス　**110**, 112, 126, 141, 142, 157

ジェンダーフリー（教育）　57, 129

至近要因（近接要因）　87

自己執行カテゴリー　**33**

『思春期のためのラブ＆ボディBOOK』　210

シスジェンダー　**32**

自　然　82, 83

自然選択（自然淘汰）　86

時短勤務　195

社会環境決定論　88

社会的実践　6, 7, 13

社会的文脈　**165**, 166

『週刊少年ジャンプ』　100, 116

『週刊少年マガジン』　100, 116

重　婚　150, 151

周産期医療　84

集　団　68, 69, 80, 82, 88, 177

集団強姦　150

出　産　204, 206, 208, 209, 213–215

出生前検査　213

出生率　194, 208, 209

衆　道　52–54

寿　命　83

少子化　**193**, 194, 208

少女マンガ　100, 116, 117

少年マンガ　100

職　階　170–172

女性アスリート　**111**

女性解放運動（ウーマン・リブ）　55, **205**

女性専用車両　164–167

「女性手帳」　209

女性の参政権　12

「女性の社会進出」　185, 186

女性の早期離職　177

女性の二重負担　**182**

進化（evolution）　**85**–87, 89

進化医学　87

人工授精　213, 214

人種差別　7

身体化（エンボディメント）　**6**

陣痛促進剤　213

心的外傷（トラウマ）後ストレス障害
　　156

スクールカースト　**109**

ストーカー行為　72

ストーン・ウォールの反乱　55

生活世界　24

性教育　127–129, 207, 209–211

性行為　141

性行動　122

「性行動調査」　→「青少年の性行動全国調
　　査」

性　差　**62**, **64**, 67, 68, 70–72, 79, 80, 82, 85–
　　88, 90, 91, 104, 118, 175
　　——に関する知識の〈社会性〉　64
　　——の語られ方　64, 67, 91
　　——の生物学的要因　81
　　学歴の——　104
　　デート経験率の——　119

性差別（セクシズム）　80, 84, 88, 90, 91,
　　112, **164**, 176, 193, 215

精　子　19, 24

性自認（ジェンダー・アイデンティティ）
　　23, **25**, 26, 33–35, 49, 57

「青少年の性行動全国調査」（「性行動調査」）
　　118, 120, 123, 125, 159

生殖技術　213

生殖テクノロジー　212–214, 216

生殖に関する自己決定権　**205**

生殖補助医療　**213**

性染色体　20

性選択（性淘汰）　86

性的指向（セクシュアル・オリエンテーショ
　　ン）　48, 49, 57

「性的指向・性自認の多様なあり方を受容す
　　る社会を目指すためのわが党の基本的な
　　考え方」　56

性的自由の侵害　152

性的マイノリティ（セクシュアル・マイノリ
　　ティ）　**17**, 18, 28

性同一性障害（GID）　32–34, 40, 42

性同一性障害者の性別の取扱いの特例に関す
　　る法律（性同一性障害特例法）　41, 42

性の二重基準（セクシュアル・ダブル・スタ
　　ンダード）　**123**, 141

性犯罪　148, 154

生物学　25

生物学的決定論　88

生物学的性差　79, 80, 87, 88, 90, 91

生物学的な性別の定義　24, 25

性分化　**19**, 20

性分化疾患（性分化異常症）　21

性　別　iii, 8, 10, 11, 18, 19, 35, 42
　　——の基準　18, 23
　　——の自己決定権　**23**, **42**

性別違和　32–34, 41

性別職務分離（ジェンダー・セグリゲーショ
　　ン）　**173**–177, 182

性別適合手術（SRS）　32, 34, 42

性別二元制　**22**–24, 57, 58

性別役割分業　**98**, 107, 108, 182–185, 187,
　　196
　　——意識　184, 190

性暴力　**134**, 138, 139, 141–143, 148, 149,
　　152, 153, 155, 156, 159, 160, 165, 188, 204

事項索引　● 223

――の〈分類〉　153
性役割　**64**, 70-72, 82, 90, 91, 104, 193
　　――への期待　70-72
性役割意識　108
性役割規範　57, 82, 85, 88
セクシズム　→性差別
セクシュアリティ　47, **48**, 49, 58, 141, 151, 205-**207**, 209
セクシュアル・オリエンテーション　→性的指向
セクシュアル・ダブル・スタンダード　→性の二重基準
セクシュアル・ハラスメント（セクハラ）　72, 110, 148, 153-156, 188, 189, 191
　　環境型――　**153**
　　対価型（代償型）――　**153**
「セクシュアル・ハラスメント防止ガイドライン」　155
セクシュアル・ファンタジー　122, 144, 160
セクシュアル・マイノリティ　→性的マイノリティ
セクハラ　→セクシュアル・ハラスメント
セックス　iii, 19
セルフ・アイデンティティ　26
専業主婦　186
憎悪言論（ヘイトスピーチ）　**46**, 56
憎悪犯罪（ヘイトクライム）　**46**, 56
草食系女子　125
草食系男子　**124**-126
草食男子　**124**
ソドミー　**51**
『それでもボクはやってない』　137

● た 行

体外受精　213, 214
第3回国際人口・開発会議（「カイロ会議」）　205
第4次男女共同参画計画　196
代理出産　**214**-216

代理母　**214**-216
堕胎罪　206
脱医療化　**33**, 34
男女間の賃金格差　170, 172, 173, 176, 182, 183, 187, 196
男女共学　108
男　色　52-54
男女混合名簿　109
男女特性論　**174**-176
男女平等教育　129
違いの誇張　**65**
痴　漢　148, 165, 166
痴漢冤罪事件　137
稚　児　52
『ちゃお』　100
着床前検査（受精卵検査）　214
デートレイプ　**142**
同一（価値）労働同一賃金　195
東京都立七生養護学校　128
統計学　68, 80
統計的差別　**177**, 182
同性愛（ホモセクシュアリティ）　46-48, 50, 51, 54, 55, 58
同性愛者　50, 51
同性愛者解放運動　55
同性婚　55, 56
『当世書生気質』　53
『となりのトトロ』　139
ドメスティック・バイオレンス　→DV
共働き世帯　187
『ドラえもん』　98, 99
トランスヴェスタイト（TV）　**32**
トランスジェンダー（TG）　17, **32**-34, 36-38, 40-42
トランス女性（MtF）　**38**
トランスセクシュアル（TS）　**32**
トランス男性（FtM, FtM トランスジェンダー）　16, **38**

● な 行

『なかよし』　100, 116
『なぜ理系に進む女性は少ないのか？』　78
なでしこジャパン　112
二次被害　**135**, **156**, 157
ニューハーフ　38
人間開発指数（HDI）　**169**
妊産婦死亡率　206
妊　娠　204, 206, 208, 209, 213-215
「妊娠しやすさ」（妊孕力）　209
認知のバイアス　158
年功序列　171, 177
ノンパス　37

● は 行

胚移植　213
バイセクシュアル　→両性愛
バックラッシュ　129
パッシング（パス）　**36**, 37
パートタイム（労働者）　**176**, 183, 195
『話を聞かない男，地図が読めない女』　64, 65
晩婚化・非婚化　**194**, 208
晩産化　208
被害者　136-138, 141-143, 148, 151, 154-159, 165
『美少女戦士セーラームーン』　98
非正規雇用　**176**, 195
ヒ　ト　87, 216
ヒトゲノム計画　66
『秘密戦隊ゴレンジャー』　99
ピ　ル　208, 210
ピンクカラー　102
貧困の女性化　176
不育症　214
フェティシズム　49
フェミニズム　**127**
　　第一波――　**205**

第二波――　**206**
福岡セクハラ裁判　155
「府中青年の家」事件　56
不妊症　**214**
不妊治療　212-**214**
〈分類〉　4, 7, 8, 46, 47, 83, 88, 148, 149, 152
　　男女の――　8
〈分類〉する実践　ii, 7
平　均　68, 69
平均寿命（平均余命）　84
ヘイトクライム　→憎悪犯罪
ヘイトスピーチ　→憎悪言論
『別冊マーガレット』　116
ヘテロセクシュアリティ　→異性愛
ヘテロセクシュアル（異性愛者）　47
ベトナム反戦運動　55
暴　力　47, 135-138
母性愛神話　**202**-204
母体保護法　**207**
ポップ心理学　**63**, 89
ホモ狩り　56
ホモ疑惑　47, 56
ホモセクシュアリティ　→同性愛
ホモセクシュアル　47, 188
ホモソーシャル　188
同性社会的な欲望　**188**
ホモフォビア　**54**

● ま 行

マイノリティ　17, 28, 46
『負け犬の遠吠え』　201
マジョリティ　46, 166
『マジンガーZ』　97
マスターベーション　→オナニー
マタニティ・ハラスメント（マタハラ）　189-191
身分証明（書）　27
民主主義　**211**, 212
メ　ス　19, 24, 25
　　――の選り好み　**86**

事項索引　● 225

メディアスポーツ　111, 112

● や 行

優生保護法　**205-207**
羊水検査　213
予言の自己成就　175

● ら 行

卵　子　19, 24
「リケジョ」　106
リプロダクティブ・ヘルス＆ライツ　**205-**
　211, 213, 217
『りぼん』　100, 116
両性愛（バイセクシュアル）　17, **48**

ループ効果　**13**, 26
レイプ　→強姦
レイプの神話（強姦神話）　**142**, 144
歴史修正主義　74
レズビアン　17
レディースデイ　164-167, 169
恋愛や性行動のリスク化　**126**
労働基準法　155, 191, 195

● わ 行

わいせつ　150-152
『「若者の性」白書——第7回青少年の性行動
　全国調査報告』　118
ワーク・ライフ・バランス　183, 195

人名索引

● あ 行

安倍晋三　129
アリストテレス　89
安藤美姫　112
石田仁　41
石原慎太郎　128, 200
伊藤祐一郎　106
ヴィガレロ，ジョルジュ　134, 135
ウィリアムス，ウェンディ・M　78, 82, 90
エリオット，リーズ　80, 100
大日向雅美　202
オッカンガム，ギィー　48

● か 行

ガートナー，リチャード・B　159
ガーフィンケル，ハロルド　37
カルーセル麻紀　38
熊沢誠　173
古賀俊昭　128
小雪　201, 202, 204

● さ 行

斎藤美奈子　97, 98
酒井順子　201
佐倉智美　39
サマーズ，ローレンス　78-81, 88, 90
澤口俊之　89
志賀直哉　53
シービンガー，ロンダ　89
シャラポワ，マリー　68
周防正行　137
須川亜紀子　99

● た 行

ダーウィン，チャールズ　85, 86
高橋征仁　125, 126
田代博嗣　128
土屋敬之　128, 129
坪内逍遥　53

● な 行

ナイチンゲール，フロレンス　107
永田夏来　121
中村桃子　4
根津八紘　215, 216
ノウェル，A.　79

● は 行

ハッキング，イアン　13
ピーズ，アラン　63, 65-67
ピーズ，バーバラ　63, 65-67
ピーター（池畑慎之介）　38
ビーティ，トーマス　16, 17, 34, 57
人見絹枝　112
深澤真紀　124
福岡伸一　217
藤岡淳子　143, 144
フロイト，ジグムント　52
ヘッジズ，L. V.　79
ボーヴォワール，シモーヌ・ド　39
堀越英美　101

杉浦浩美　189, 191, 192
セシ，ステファン・J　78, 82, 90
セジウィック，イヴ・K　188

● 227

● ま 行

マツコ・デラックス　39
宮崎駿　139
森鷗外　53
森岡正博　124
森田浩之　111
守如子　122
モロゾフ，ニコライ　112

● や 行

山口智子　201, 202
山谷えり子　129, 210, 211

● ら 行

リンネ，カール・フォン　89
六花チヨ　21

◆著者紹介

加藤秀一（かとうしゅういち）

1963年生まれ。東京大学大学院社会学研究科Aコース博士課程単位取得退学。現在，明治学院大学社会学部教授。

主著　『性現象論──差異とセクシュアリティの社会学』勁草書房，1998年。『〈恋愛結婚〉は何をもたらしたか──性道徳と優生思想の百年間』ちくま新書，2004年。『ジェンダー入門』朝日新聞社，2006年。『〈個〉からはじめる生命論』NHKブックス，2007年。『フェミニズム・コレクションⅠ・Ⅱ・Ⅲ』（共編著）勁草書房，1993年。『図解雑学 ジェンダー』（共著）ナツメ社，2005年。『「ジェンダー」の危機を超える！──徹底討論！ バックラッシュ』（共編著）青弓社ライブラリー，2006年。『テクノソサエティの現在（1）遺伝子技術の社会学』（共編著）文化書房博文社，2007年。『生──生存・生き方・生命（自由への問い 第8巻）』（共編著）岩波書店，2010年。

はじめてのジェンダー論
Introduction to Gender and Sexuality Studies

2017年4月25日　初版第1刷発行
2020年4月15日　初版第6刷発行

著　者　加　藤　秀　一
発行者　江　草　貞　治
発行所　株式会社　有　斐　閣

郵便番号 101-0051
東京都千代田区神田神保町 2-17
電話(03)3264-1315〔編集〕
　　(03)3265-6811〔営業〕
http://www.yuhikaku.co.jp/

印刷・株式会社理想社／製本・牧製本印刷株式会社
© 2017, Shuichi Kato. Printed in Japan
落丁・乱丁本はお取替えいたします。

★定価はカバーに表示してあります。
ISBN 978-4-641-15039-3

JCOPY　本書の無断複写(コピー)は，著作権法上での例外を除き，禁じられています。複写される場合は，そのつど事前に(一社)出版者著作権管理機構(電話03-5244-5088, FAX03-5244-5089, e-mail:info@jcopy.or.jp)の許諾を得てください。